国家自然科学基金项目（No. 41971243）资助

耕地资源利用分析

陈倩茹　谢花林　李致远　著

中国财经出版传媒集团

经济科学出版社

Economic Science Press

图书在版编目（CIP）数据

耕地资源利用分析／陈倩茹，谢花林，李致远著.
—北京：经济科学出版社，2021.12
ISBN 978-7-5218-3043-9

Ⅰ.①耕… Ⅱ.①陈… ②谢… ③李… Ⅲ.①耕地资源–资源利用–研究–中国 Ⅳ.①F323.211

中国版本图书馆 CIP 数据核字（2021）第 231714 号

责任编辑：杨晓莹
责任校对：李　建
责任印制：张佳裕

耕地资源利用分析

陈倩茹　谢花林　李致远　著
经济科学出版社出版、发行　新华书店经销
社址：北京市海淀区阜成路甲 28 号　邮编：100142
教材分社电话：010-88191309　发行部电话：010-88191522
网址：www.esp.com.cn
电子邮箱：bailiujie518@126.com
天猫网店：经济科学出版社旗舰店
网址：http：//jjkxcbs.tmall.com
北京密兴印刷有限公司印装
710×1000　16 开　15.75 印张　270000 字
2021 年 12 月第 1 版　2021 年 12 月第 1 次印刷
ISBN 978-7-5218-3043-9　定价：62.00 元
（图书出现印装问题，本社负责调换。电话：010-88191510）
（版权所有　侵权必究　打击盗版　举报热线：010-88191661
QQ：2242791300　营销中心电话：010-88191537
电子邮箱：dbts@esp.com.cn）

前　言

民以食为天，食以农为源，农以地为本。耕地资源是人类生存发展的重要物质基础和生产资料，是国家重要的战略资源之一。据统计，耕地供给人类88%的食物以及其他生活必需品，具有重要的生产、生态和社会功能，在维护国家粮食安全、生态系统服务供给、统筹城乡发展等方面发挥着不可替代的作用。虽然我国幅员辽阔，土地资源丰富，但是多为山地丘陵，耕地资源仅占国土总面积的12.5%。由于我国人口众多，人均耕地占有量远远低于世界人均耕地占有量的平均水平。与此同时，我国有限的耕地资源还受到水土空间分布不均衡、耕地质量总体上不高、耕地后备资源严重不足等客观条件约束，作为国家重要的战略资源之一，耕地资源的合理利用与保护始终是不可忽视的重点问题。

当前地球已经进入了由人类活动主导的人类世时代，人类正以前所未有的规模和强度深刻影响着全球的自然环境变化，耕地利用作为人类主要活动形式之一，也受到人类活动的深刻影响。虽然我国高度重视耕地保护，实行了世界上最严格的耕地保护制度，但以牺牲耕地为代价谋求经济发展的思维惯性仍未得到彻底扭转，突出体现在城市化过程中不合理的耕地利用方式带来的严重耕地生态危机。

在工业化、城镇化的持续推进下，长期以来根深蒂固的"重用轻养，重产出轻投入，重化肥轻有机肥"的耕地利用观念，"集约农作""多熟制""高复种、高投入、高产出"的耕地利用模式，以及建设用地扩张、农业结构调整、人口快速增长、城市工业"三废"排放、乡镇工业污染、生态退耕、水土流失等因素的影响，耕地污染源及污染类型由单一拓展为多元，导致了耕地面源污染、地力降低、生态环境破坏、生态承载力下降等问题。虽然集约化的耕作方式和农业生产技术的提升依然保障了耕地数量受限时的粮食丰产，但粮食生产的结构性失衡、高品质农产品供给不足、进口粮依赖度增加等问题依然对国家粮食安全形成威胁。

习近平总书记多次强调，要"确保国家粮食安全，把中国人的饭碗牢牢端在自己手中"。党的十八大以来，党中央始终把粮食安全作为治国理政的头等大事，从世情、国情、农情出发，高屋建瓴地提出了"以我为主、立足国内、确保产能、适度进口、科技支撑"新时期国家粮食安全战略。2020年中共中央政治局会议首次提出要落实好"六保"，其中之一就是"保粮食能源安全"。《中华人民共和国国民经济和社会发展第十四个五年规划和2035年远景目标纲要》明确指出，推动经济社会发展全面绿色转型。耕地资源利用方式的绿色转型是经济社会发展全面绿色转型的重要内容。开展耕地资源利用研究，不仅有助于提高耕地基础地力和产出能力，解决当前耕地利用过程中存在的典型问题，还有助于推进农业供给侧结构性改革与农业绿色转型，建设美丽中国。

基于此，本书聚焦当前耕地利用中普遍存在的集约化、撂荒化、生态退化等问题，结合代际差异理论、制度变迁理论、能值理论、社会心理学理论、能值理论等，运用文献归纳、田野调查、计量经济学模型、演化博弈、非参数分析等研究方法，探索新时代实现耕地利用绿色化、生态化、可持续集约化的理论和方法。本书共9章，各章节的主要内容如下：

第1章绪论。首先，介绍了本书的研究背景与研究意义；其次，提出本书的研究目标，提炼本书的研究内容；最后，梳理本书的技术路线与研究方法。

第2章国内外研究综述。系统梳理耕地复种指数变化、耕地利用撂荒化、非粮化、绿色化、生态化、集约化的国内外相关文献，在此基础上对现有文献进行述评，并归纳对本书的启示。

第3章耕地资源利用的基础理论研究。具体包括计划行为理论、代际差异理论、制度变迁理论、土地报酬递减理论、利益相关者理论、能值理论、农业可持续集约利用理论和外部性理论。

第4章中国耕地利用复种指数变化分析。从国家、区域和省域3个层面分析了1998~2012年中国耕地复种指数的变化趋势，并基于泰尔指数探讨了中国耕地复种指数的时空差异，利用计量经济学模型从人文视角探讨耕地复种指数变化的影响因素。

第5章中国耕地撂荒机理分析。首先基于计划行为理论，运用结构方程模型探索农户耕地撂荒的行为决策机制；接下来从农户代际差异视角来探讨其对耕地撂荒的影响，并分析影响不同代际农户耕地撂荒因素的异质性。

第 6 章耕地细碎化对非粮化的影响分析。通过构建有序 Probit 模型和 Tobit 模型，揭示耕地细碎化对农户"非粮化"决策的影响机理，探寻优化粮经作物种植结构与耕地资源配置的路径。

第 7 章中国耕地利用绿色效率测度分析。基于中国 2001~2016 年 30 个省份面板数据，运用超效率 SBM–VRS 模型测度污染排放与碳排放约束下中国耕地绿色利用效率，分别通过 Tobit 模型、松弛值对耕地绿色利用效率的影响因素、优化方向进行分析。

第 8 章中国耕地休养机理分析。包括地下水漏斗区冬小麦休耕政策的农户响应研究，地下水漏斗区农户冬小麦休耕意愿的影响因素及其生态补偿标准研究，以及不同类型农户耕地休耕行为与地方政府休耕补贴行为的演化博弈分析。

第 9 章中国耕地利用可持续集约化测度分析。构建耕地利用的可持续集约化理论框架与能值评价指标体系，通过能值分析对耕地可持续集约化水平进行测度，揭示耕地可持续集约化的时空格局特征。

本书内容是在课题组承担的国家自然科学基金项目《南方丘陵山区耕地撂荒多尺度过程机理与权衡管理研究》（No. 41971243）等资助下的研究成果基础上整理而成。耕地资源利用研究涉及的领域广泛，具有复杂性与深刻性，本书引用了大量相关文献，在此对相关文献的作者们表示衷心的感谢。由于作者学识有限，书中不免有错误与疏漏，恳请同行专家、学者不吝斧正。

江西财经大学生态文明研究院黄萤乾、欧阳振益、程玲娟、金声甜、李哲参与了本书部分研究工作，盛美琪、朱振宏、许信、李哲以及青年教师肖倩、陈颖等参与了部分编辑工作及书稿的校对工作，在此对他们表示衷心的感谢。

本书适合土地资源管理、环境管理、农林经济管理及人口、资源与环境经济学等专业的本科生和研究生阅读，也可以作为政府工作人员的参考用书。

目 录

第1章 绪论 ·· 1
  1.1 研究背景 ··· 1
  1.2 研究意义 ··· 2
  1.3 研究目的和研究内容 ·· 3
  1.4 技术路线和研究方法 ·· 5

第2章 国内外研究综述 ·· 8
  2.1 耕地复种指数变化研究综述 ································ 8
  2.2 耕地利用撂荒化研究综述 ··································· 11
  2.3 耕地利用非粮化研究综述 ··································· 15
  2.4 耕地利用绿色化研究综述 ··································· 19
  2.5 耕地利用生态化研究综述 ··································· 22
  2.6 耕地利用集约化研究综述 ··································· 25
  2.7 文献述评 ··· 30

第3章 耕地资源利用的基础理论研究 ····························· 33
  3.1 计划行为理论 ··· 33
  3.2 代际差异理论 ··· 35
  3.3 制度变迁理论 ··· 39
  3.4 土地报酬递减理论 ··· 43
  3.5 利益相关者理论 ·· 46
  3.6 能值理论 ··· 49
  3.7 农业可持续集约利用理论 ·································· 52
  3.8 外部性理论 ·· 55

第4章 中国耕地利用复种指数变化分析 ························· 59
  4.1 引言 ··· 59

4.2 研究方法与数据来源 …………………………………………… 60
4.3 结果与分析 ……………………………………………………… 63
4.4 结论与政策启示 ………………………………………………… 71

第 5 章 中国耕地撂荒机理分析 ………………………………………… 74
5.1 农户耕地撂荒行为决策分析 …………………………………… 74
5.2 不同代际视角下农户耕地撂荒行为分析 ……………………… 86

第 6 章 耕地细碎化对非粮化的影响分析 ……………………………… 101
6.1 引言 ……………………………………………………………… 101
6.2 理论分析与研究假说 …………………………………………… 102
6.3 研究方法 ………………………………………………………… 104
6.4 数据来源与变量说明 …………………………………………… 105
6.5 模型估计与结果分析 …………………………………………… 108
6.6 稳健性检验 ……………………………………………………… 112
6.7 结论与启示 ……………………………………………………… 113

第 7 章 中国耕地利用绿色效率测度分析 ……………………………… 115
7.1 引言 ……………………………………………………………… 115
7.2 模型构建与指标选取 …………………………………………… 116
7.3 耕地的时空差异分析 …………………………………………… 119
7.4 耕地绿色利用效率影响因素分析 ……………………………… 123
7.5 耕地绿色利用效率优化方向 …………………………………… 126
7.6 结论与政策建议 ………………………………………………… 129

第 8 章 中国耕地休养机理分析 ………………………………………… 130
8.1 地下水漏斗区冬小麦休耕政策的农户响应研究 ……………… 130
8.2 地下水漏斗区农户冬小麦休耕意愿的影响因素及其
    生态补偿标准研究 ……………………………………………… 145
8.3 不同类型农户耕地休耕行为与地方政府休耕补贴行为的
    演化博弈分析 …………………………………………………… 155

第 9 章 中国耕地利用可持续集约化测度分析 ………………………… 179
9.1 引言 ……………………………………………………………… 179
9.2 数据来源和研究方法 …………………………………………… 181

9.3 结果 …………………………………………………… 189
9.4 讨论 …………………………………………………… 192
9.5 结论 …………………………………………………… 194

附录 …………………………………………………………… 196
参考文献 ……………………………………………………… 200

第1章 绪　　论

1.1　研究背景

耕地是最重要的生产要素，是粮食生产的根基、国家粮食安全的生命线。习近平总书记明确指出："耕地是我国最为宝贵的资源。我国人多地少的基本国情，决定了我们必须把关系十几亿人吃饭大事的耕地保护好，决不能有闪失"。[①] 尽管2020年中国粮食生产实现"17连丰"，总产量达13390亿斤[②]，连续6年保持在1.3万亿斤以上，但中国主要粮食品种的进口规模却不断扩大，对外依赖度进一步加大（苏炜，2020；杨智慧等，2021）。随着我国人口数量增长、消费结构不断升级和资源环境承载力趋紧，粮食产需仍将维持紧平衡态势。尤其是新冠肺炎疫情使国际农产品市场供给不确定性增加，牢固树立耕地数量、质量、生态"三位一体"保护理念，坚决守住耕地保护红线，才能筑牢粮食安全的基石，为维护社会经济发展大局提供支撑。

长期以来，人多地少的国情使我国农业生产一直坚持高投入、高产出模式，耕地长期高强度、超负荷利用，造成投入产出效率偏低。工农业产品"剪刀差"较大、劳动力成本上升等原因导致农业比较收益较低、耕地收益下降，造成耕地复种指数降低甚至大量撂荒。伴随着工业化、城镇化进程的深入推进，"占优补劣"蚕食耕地红线，优质耕地资源多被配置到非农生产领域，特别是非粮生产领域，耕地非农化现象蔓延。随着人民膳食结构的变化，农业生产专业化格局的形成，在种粮收益低的背景下，工商资本下乡逐利推动耕地非粮化。工业化、城镇化倒逼大量的高污染工业企业从城镇向农

[①] 2015年5月，习近平总书记对耕地保护工作作出重要指示。
[②] 2020年12月，国家统计局发布数据。

村地区迁移，加之多年来基于化学投入品的生产方式对耕地生态环境造成不同程度的破坏，耕地生态功能急剧下降。生产环境的污染，特别是农业面源污染的加剧，伴随着水土资源的过度利用，使得基础地力下降、耕地质量状况堪忧（于法稳，2021；于法稳和黄鑫，2020；辛良杰等，2015）。

当前耕地利用在数量、质量、生态等方面面临的严峻考验对耕地保护工作提出了迫切要求。中国特色社会主义进入新时代，更应该站在新的战略高度，遵循新的粮食安全观，切实提升粮食综合生产能力，确保粮食数量、质量、生态的三重安全。党的十八大指出，要完善最严格的耕地保护制度。2015年《中共中央 国务院关于加大改革创新力度 加快农业现代化建设的若干意见》和2016年《中共中央 国务院关于落实发展新理念加快农业现代化 实现全面小康社会目标的若干意见》相继提出："实施耕地质量保护与提升行动""坚守耕地红线，推进耕地数量、质量和生态'三位一体'保护"。2017年，农业部《到2020年化肥使用量零增长行动方案》和《到2020年农药使用量零增长行动方案》制定实施。2020年12月中央经济工作会议把"解决好种子和耕地问题"列为2021年要抓好的八大重点任务之一（新华社，2021），耕地保护的重要性又被推到新的历史高度。

"十四五"规划纲要指出，推动高质量发展，必须立足新发展阶段、贯彻新发展理念、构建新发展格局。这为新时代耕地资源利用提出了方向，也提出了更高的要求。在此背景下，聚焦当前耕地利用中普遍存在的粗放化、撂荒化、生态退化等问题，立足于我国的国情、政情和农情，探索如何实现耕地利用的绿色化、生态化和可持续集约化尤为迫切。这对于提高耕地综合生产能力，实现耕地生态环境系统健康，保障耕地资源的可持续利用和绿色高质量发展至关重要，可以为国家粮食安全和社会经济的长远发展提供支撑。

1.2 研究意义

在理论意义方面，本书有助于实现我国耕地资源绿色高质量发展目标：运用泰尔（Theil）指数，从国家、区域和省域三个层面来分析中国复种指数变化趋势；基于计划行为理论和代际理论，分析农户耕地撂荒行为机理；运用计量经济学模型分析耕地细碎化对非粮化的影响及对策；基于生产函数理论和全要素非径向耕地绿色生产率指数测度我国耕地绿色利用效率并探索提升方案；探索影响农户休耕行为的影响因素及其生态补偿标准，分析不同类型农户与政府的休耕演化博弈；基于可持续集约化理论与能值分析方法，构建耕地利用可持续集约化理论框架及能值评价指标体系，测度耕地可持续集约化水平。这些对于拓展新时代我国耕地资源绿色高质量发展的研究思路有重要学术意义。

在实践意义方面，考虑到耕地资源在粮食生产中的基础性作用，以及耕地利用中存在的粗放化经营、投入产出效率低下、地力下降、生态承载力趋紧等问题，运用多学科方法进行理论与实证分析，对于我国社会经济的稳定长远发展具有重要意义：(1) 有助于破解耕地比较效益低等导致的复种指数降低等耕地粗放经营、撂荒及非粮化现象，优化耕地资源配置；(2) 有助于优化耕地投入产出结构，提升耕地利用效率；(3) 有助于揭示冬小麦休耕政策农户响应及休耕意愿的影响因素及补偿标准，促进休耕政策的有效实施；(4) 通过探索耕地资源利用的绿色化、生态化、可持续集约化等解决方案，有助于实现农民增收、提高耕地质量、恢复耕地生态、维护粮食安全。

1.3 研究目的和研究内容

1.3.1 研究目的

(1) 借鉴国内外耕地资源利用的有益经验，系统归纳耕地资源利用的基础理论，包括计划行为理论、代际差异理论、制度变迁理论、土地报酬递减理论、利益相关者理论、能值理论、农业可持续集约利用理论、外部性理论等。

(2) 揭示中国耕地复种指数变化差异及动因，基于计划行为理论揭示农户耕地撂荒行为机理，分析不同代际农户所处的生命周期阶段及其自身禀赋差距对耕地撂荒的影响，探讨影响耕地非粮化的关键因素，为破解耕地利用中存在的粗放化、撂荒化、生态退化等问题提供参考。

(3) 测度中国耕地绿色利用效率的时空差异及影响因素，分析影响农户休耕响应及意愿的影响因素、补偿标准及实现路径，评价耕地利用的可持续集约化水平，为实现耕地利用的绿色化、生态化及可持续集约化提供方案。

1.3.2 研究内容

基于上述研究目标，本书主要研究内容如下：

（1）国内外耕地资源利用的经验借鉴。梳理国内外耕地复种指数变化、撂荒化、非粮化、绿色化、生态化、集约化利用的模式和制度，为我国耕地资源利用提供借鉴。

（2）中国耕地复种指数时空差异及动因分析。基于泰尔（Theil）指数，从国家、区域和省域3个层面分析中国复种指数变化趋势，并从农业政策、人口非农化比重、农民人均经营耕地面积等方面选取指标构建计量经济学模型，从人文视角对耕地复种指数时空差异的影响因素进行实证研究，并提出相应的政策建议。

（3）中国耕地撂荒的农户行为机理分析。一是基于个体有限理性假设，构建农户耕地撂荒计划行为理论逻辑分析框架并进行实证分析；二是从农户代际差异视角来探讨其对耕地撂荒的影响，并分析影响不同代际农户耕地撂荒因素的异质性。

（4）中国耕地非粮化的影响因素及其治理对策分析。构建有序 Probit 模型和 Tobit 模型，探讨了耕地细碎化对农户非粮化种植意愿和种植规模的影响。

（5）中国耕地利用绿色效率测度分析。运用超效率 SBM-VRS 模型测度污染排放与碳排放约束下中国耕地绿色利用效率，并分析耕地绿色利用效率的影响因素及优化方向，为耕地保护及政策建议提供参考。

（6）中国耕地休养机理分析。首先，探讨地下水漏斗区冬小麦休耕政策的农户响应状况及其影响因素；其次，分析地下水漏斗区农户冬小麦休耕意愿的主要影响因素及其生态补偿标准；最后，构建不同类型农户休耕行为与地方政府休耕补贴行为的演化博弈模型，探索促使博弈系统向最优稳定均衡策略演化的必要条件。

（7）中国耕地利用可持续集约化测度分析。构建耕地利用的可持续集约化理论框架及能值评价指标体系，测度耕地可持续集约化水平，通过揭示耕地可持续集约化的时空格局特征，为耕地可持续发展提供依据。

1.4 技术路线和研究方法

1.4.1 技术路线（见图1-1）

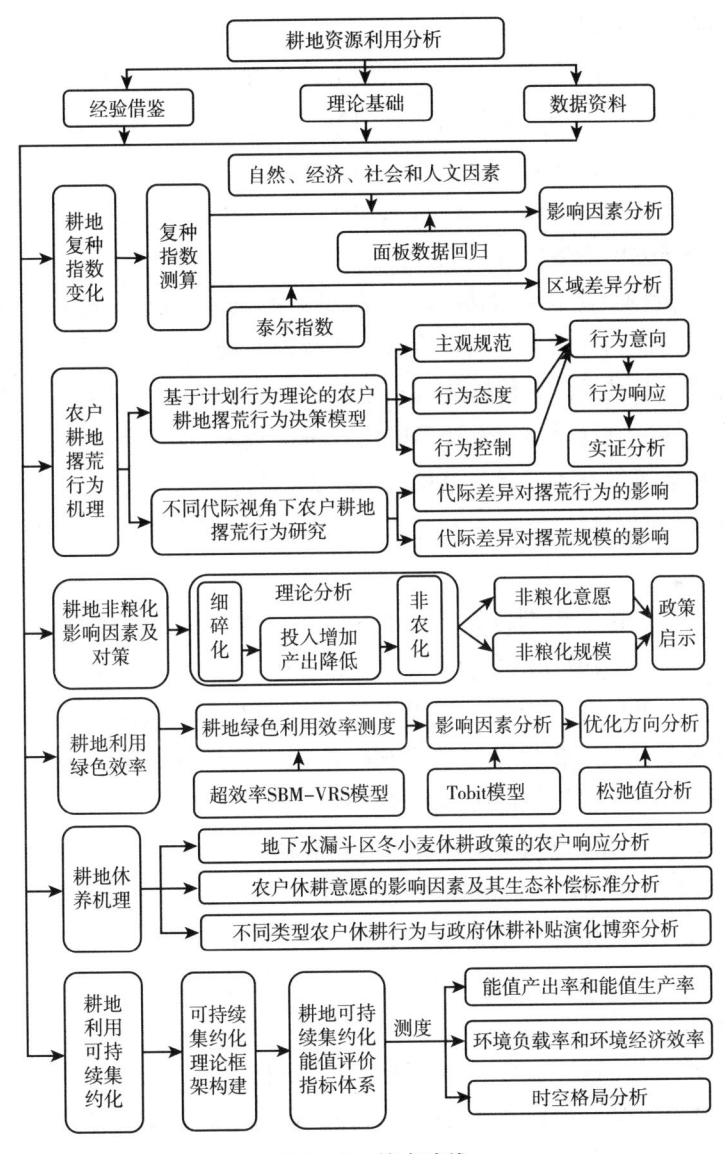

图1-1 技术路线

1.4.2 研究方法

本书立足于理论实践前沿与学科发展动态，结合土地科学、经济学、地理学、社会心理学和管理学等多学科理论与方法，探讨耕地资源利用粗放化、撂荒化、生态退化等典型问题，探索实现耕地资源绿色化、生态化、可持续集约化的有效路径。主要研究方法如下：

（1）文献归纳与经验问题比较研究方法。文献阅读与归纳是有效开展研究工作的基础前提。为了更好地实现研究目标、完成研究内容，本书梳理了耕地利用粗放化、撂荒化、非粮化、绿色化、生态化、集约化相关文献，在此基础上就耕地利用研究热点进行国际比较与分析，从中提炼值得我国在耕地资源利用研究中借鉴的有益经验。

（2）田野调查法。包含访谈调查法、问卷调查法及非正规乡村调查法等多种方式。访谈调查法通过调查员与受访者面对面的双向沟通，可以准确控制访谈环境、获得受访者传递的真实信息；问卷调查法可以与实地抽样调查结合起来，通过有针对性地设计不同的定量调查表和定性调查问卷来辅助调研；非正规乡村调查法包括与基层政府干部、村民代表或焦点人物座谈，以及查阅文字书面资料等方式。上述方式有助于获取关于农户耕地利用的一手数据资料。

（3）计量经济学模型分析法。本书实证分析中运用了较多的计量模型，包括：运用 Logit 模型分析不同代际农户耕地撂荒行为的影响因素，休耕政策农户响应及意愿的影响因素；运用 Tobit 模型分析不同代际农户耕地撂荒规模的影响因素，以及耕地复种指数及绿色利用效率的影响因素；运用有序 Probit 模型和 Tobit 模型分析耕地细碎化对非粮化的影响。

（4）演化博弈分析法。在有限理性和信息不对称条件下，分别构建不同类型农户休耕行为与地方政府休耕补贴的演化博弈模型，分析演化博弈稳定均衡策略以及促使博弈系统向最优稳定均衡策略演化的必要条件，并运用 Python 3.7 软件演化仿真具体参数变化下，不同类型农户和地方政府的演化稳定均衡策略。

（5）机会成本法。该方法的原理为计算选择后放弃的最大收益，即进行环境保护过程中保护者所放弃的最大利益，在与生态环境关系密切的土地利用上具有广泛的应用。本书采用机会成本法，计算地下水漏斗区农户冬小麦休耕的补偿标准。

（6）非参数分析法。运用基于非期望产出的超效率 SBM-VRS 模型，即基于规模报酬改变的超效率 SBM 模型对中国耕地绿色利用效率进行评估并分析其时空差异，并运用松弛值分析效率优化方向。

（7）能值分析法。能值分析可以反映耕地系统各组成部分的能量流动方向，以及投入产出要素在整个耕地系统中的占比。通过比较不同时空下能值指标值的大小，可以系统地分析集约化过程对生态环境系统的影响；通过将能值法引入耕地利用可持续集约化评价研究中，构建耕地利用可持续集约化动态变化的系统框架。

第 2 章 国内外研究综述

2.1 耕地复种指数变化研究综述

复种指数是耕作制度研究中衡量耕地资源集约化利用程度的基础性指标，它能较好地反映耕地集约化的逐年变化过程，也是宏观评价耕地资源利用基本状况的重要技术指标。复种指数是指一块地 1 年内种植作物的次数，一般来说，在单产一定的情况下，复种指数越高，粮食产量也就越高（Cao and Dawson，2005；左丽君等，2009）。

2.1.1 复种指数的提取

复种指数提取方法主要包括两种：以统计数据为基础的耕地复种指数计算和以遥感为基础的植物净初级生产力（NPP）监测（何坚坚等，2018）。基于统计数据的方法，可以借助计量经济学模型，如泰尔指数（Xie and Liu，2015）；GIS 空间分析技术，如探索性空间数据分析（杨丹和叶长盛，2013）等探讨复种指数的时空差异及演变规律。基于遥感的复种指数提取方法仍处于发展中，主要集中在两个方面：其一，主要根据时间序列植被指数，利用不同的拟合方法得到作物生长曲线，实现作物复种模式有效监测；其二，对各类耕地复种模式的提取。峰值法、二次差分法、傅里叶变换法、决策树法、交叉拟合度检验法、直接比较法、形态匹配法以及小波变换法等是国内外反演提取耕地复种指数信息的常用方法（石淑芹等，2017；张伟等，2015；唐鹏钦等，2011；唐华俊等，2010；左丽君等，2009）。

2.1.2 复种指数的时空差异

分析耕地集约利用的时序变化、区域空间差异有助于更好地把握耕地集约利用水平变化特征与规律，解释其驱动机理（吕晓等，2015）。丁明军等（2015）对1999~2013年中国耕地复种指数时空格局进行研究发现，中国耕地复种指数从北到南逐渐增加，研究时段内复种指数整体上呈现显著上升趋势，但区域差异明显。耕地复种指数年际变化率与地形起伏和经济发展水平具有较强的相关关系：起伏度增强，复种指数上升；经济发展水平提高，复种指数降低。

2.1.3 复种指数的影响因素

目前有关复种指数影响因素的研究主要集中在以下方面：一是资源要素层面。康清林等（2017）认为积温波动是导致复种指数偏低的主因。李阔和许吟隆（2017）发现气候异常变化会降低耕地复种指数。刘巽浩（2001）认为合理选择作物搭配和把握生产季节能提高耕地复种指数。张闰娟和何洪鸣（2020）发现地理区位对耕地复种指数的影响较大。二是家庭禀赋层面。朱启臻和杨汇泉（2011）认为农业劳动者女性化会导致复种指数下降。李庆等（2019）发现老龄化会提升经济作物的复种指数。张闰娟等（2020）发现家庭人口规模对耕地复种指数有促进作用。三是国家政策层面。农业补贴等政策会提高耕地的复种指数（张倩等，2016），而农业生产结构被迫调整和保护性耕作政策（包括免耕、休耕、轮作等）会降低耕地复种程度（徐昔保和杨桂山，2013）。梁守真等（2012）认为城镇化虽然挤占了耕地，但在一定程度上也会刺激耕地复种指数的提高。彭继权等（2019）发现农户农业机械化水平的提升对耕地复种有积极作用，特别对经济作物耕地复种指数的提升作用尤为明显。四是农业市场层面。耕地产出的经济效益会直接影响农户的耕地复种行为（李琳凤和李孟刚，2012），而土地市场的发育程度和农业机械社会化服务也会对耕地复种指数产生影响（杨红梅等，2011）。彭继权（2021）发现土地流转对农户耕地复种指数有显著的正向影响。

2.1.4 复种指数的影响

耕地复种指数首先影响农业土地系统能够提供的产品、服务和功能，尤其是粮食产出，也有部分学者结合潜在和实际复种指数评估了耕地复种提升空间及其对播种面积的影响。如何文斯等（2016）认为，在现有耕地面积不变的情况下，提升耕地复种潜力可新增约30%的农作物播种面积。其次，耕地复种指数会反馈于农田生态环境。一方面，有研究表明多熟种植一定程度上可以提高资源利用效率（逄焕成和陈阜，1998）；另一方面，从已有的事实看，很多国家或地区一味通过提高复种指数维持耕地高产，导致肥料和农药等生产投入增加，会加大水土资源承载力，威胁耕地可持续发展（Bommarco et al.，2013；张焕新等，2012）。同样，复种指数增加会带来化肥、杀虫剂、除草剂和地膜等的大量使用，导致农田土壤养分失衡、土壤酸化、有害物质积累等土壤污染和退化，造成土壤通透性降低、排水量减少，加重土壤侵蚀作用和土壤矿化损失，降低土壤肥力（Smith et al.，2016；吕晓等，2015；吴文斌等，2018）。

2.1.5 复种指数的应用

复种指数常常作为耕地的一个重要属性在对土地资源的可持续发展、粮食安全以及对生态环境的评价中发挥重要的作用（左丽君等，2018）。例如，充分考虑不同复种模式特定的农作物组合匹配，综合分析复种指数导致的作物播种面积变化和单产变化，可以科学估算复种指数提升对实际粮食产量变化的影响作用（吴文斌等，2018）。德文达和托马斯（Devendra and Thomas，2002）研究介绍了亚洲的小农生产体系，指出复种是亚洲农业种植的重要特点。史蒂文·弗罗克林等（Steve Frolking et al.，2006）绘制了印度水稻种植区的复种指数区划图，并估算了各类型区的灌溉需求量。林和霍（Lin and Ho，2003）则指出中国正在用处于生态脆弱区的耕地的增加来补偿处于土壤肥沃、复种指数高的耕地的损失，这将严重威胁中国粮食安全。曹和道森（Cao and Dawson，2005）采用复种指数作为输入变量之一建立了生态系统中原动力与物质流的效率间关系的功能模型。

2.2 耕地利用撂荒化研究综述

"土地撂荒"是当前世界主要土地利用变化之一，然而世界范围内对于"撂荒"并没有统一的定义。在现有文献中，可以从动态、静态两方面找到关于"撂荒"的有关定义（Corbelle and Crecente，2008）。从静态的角度来看，撂荒的影响包括自然植被的恢复，或者栅栏、道路、灌溉系统和其他农业基础设施的逐渐退化。当所有这些变化使农业活动难以或不可能继续时，这种情况被称为完全撂荒或有效撂荒（Fao，2006）。然而，由于农业土地所有权转移、农户兼业，或在退休年龄之后继续从事活动（Sineiro et al.，2004）等现象的存在，使完全撂荒的过程被无限期地延长。尽管在这一过程中农业活动得以继续，但它们也表明了一种彻底结束农业活动的趋势，这一情况被描述为"半撂荒"。一个有助于解释半抛荒过程的概念是土地"边际化"，它通常指潜在生产力低的土地。为提高研究针对性，本书以"完全撂荒"为研究对象进行综述。

撂荒是区域与全球、环境与人为因素相互综合作用的复杂过程（Allison and Hobbs，2006；Rey Benayas et al.，2007；Verburg et al.，2007），有学者预计，撂荒在未来的几十年都将继续（Rounsevell et al.，2006；Nowicki et al.，2007；Pointereau et al.，2008）。为防止撂荒对环境经济带来的负面影响（Strijker，2005），有必要深入了解撂荒的时空过程及其驱动因素，预测其未来发展趋势，以便制定有效规划与管理政策，实现撂荒耕地的可持续管理。耕地撂荒驱动力的研究起步较晚，始于20世纪80年代（Lasanta et al.，2017）。目前，撂荒驱动力的划分标准、作用程度、作用方向，学界存在几种不同的观点，根据代表性文献梳理如下。

2.2.1 按作用程度划分

根据驱动力的作用程度，可将耕地撂荒驱动力分为根本驱动力、直接驱动力和主要驱动力（见表2-1）。务农机会成本上升等原因引起的耕地边际化被认为是耕地撂荒发生的必要条件，也是根本原因。耕地边际化源于耕地处于无租边际以外导致的耕地零收益或负收益，理性农户失去在没有利润的耕地上继续经营的动力，导致耕地被边际化，进而被撂荒（李升发和李秀彬，2016）。根据高、中、低等地递减的边际收益，通常低等地会成为最先被撂荒的耕地（定光平，2009）。

表2-1　　　　　　　　按作用程度划分的耕地撂荒驱动力类型

类型	原因	内涵
根本驱动力	耕地边际化	耕地零收益，耕地负收益
直接驱动力	劳动力析出	劳动力数量下降，劳动力质量下降
主要驱动力	社会经济要素变化	城镇化和工业化发展引起农村人口的外迁和非农化；市场需求变化、国际贸易发展以及农资价格上涨等导致的土地利用纯收益下降；农业政策调整；土地制度改革；农业技术升级；农业商品化等

农业劳动力析出被认为是耕地撂荒的直接驱动力（李升发和李秀彬，2016），它不仅包括劳动力数量的减少，也包括青年劳动力外迁引起农业劳动力老龄化所带来的农业劳动能力下降（Romero-Calcerrada and Perry，2004）。帕特里克等（Patrick et al.，2016）认为，劳动力的质量，而非数量，通常是决定耕地撂荒及复垦的因素之一。20世纪中叶的欧洲山区耕地撂荒过程验证了农业劳动力析出对耕地撂荒的直接作用（André，1998；MacDonald et al.，2000）。在地形限制下，机械对劳动力的替代程度不同，劳动力析出对丘陵山区的影响比平原地区更加突出。

社会经济要素变化是耕地撂荒的主要驱动力，包括农村人口非农化、土地收益下降、土地制度改革等（李升发和李秀彬，2016）。例如，文献记载的第一次耕地撂荒，即发生于19世纪初的法国（Debussche et al.，1999；Taillefumier and Piegay，2003；Chauchard et al.，2007），并于20世纪初蔓延到其他西欧国家的耕地撂荒（尤其是山区耕地），是山地社区瓦解的结果（García-Ruiz and Lana-Renault，2011）。又如，发生于波罗的海国家等一些新的欧盟成员国的撂荒，则是由后社会主义经济发展所致（Moravec and Zemeckis，2007）。在中国，耕地撂荒则与家庭联产承包责任制、土地承包权固化、不完善的土地流转市场等土地管理制度有关（Deininger and Jin，2009；Zhang et al.，2014）。

2.2.2 按来源划分

按照驱动力的来源，可将耕地撂荒驱动力分为外部因素与内部因素。外部因素，例如劳动力转移、社会经济模式、公共政策等，是撂荒过程的触发因素，在耕地撂荒中起到催化剂的作用（Lasanta et al.，2017），其中，政策措施对耕地撂荒的催化作用最为显著。例如，欧盟的休耕政策促进了耕地撂荒的发生（Walford，2002）；欧洲共同体第 2079/92 条规定允许 60 岁以上的农户提前退休，也对耕地撂荒起到催化作用。相反，农业环境补贴、山区自然障碍支付等共同农业政策（CAP）措施为农业用地提供了额外收入，有效缓解了耕地撂荒（Lasanta and Laguna，2007）。补贴等政策措施对缓解撂荒的效果具有地域差异（Sang et al.，2014），作为缓解撂荒的重要农业政策工具，需更深入了解补贴的运作方式及人口、生物物理资源、土地租赁的可行性等补贴实施的区域环境。

内部因素，即农业生态和社会经济因素以及农业所有权特征，对撂荒的动态、程度、范围及区域起到决定性作用（见表 2-2）。其中，农业生态或生物物理因素决定了耕地的生产力和盈利能力；社会经济因素可能导致整个地区或特定地块的撂荒；农业财产特征中应重点关注"人口迁移"（Lasanta et al.，2017）。

表 2-2　耕地撂荒的内部因素

农业生态或生物物理因素	社会经济因素	农业财产特征
土壤贫瘠	产品缺乏竞争力	耕地所在地的活跃人口比例低
气候限制	土地成本高	农民比例低
坡度较陡	缺乏资本化	人口迁移
地块小	耕地租赁困难	农田无人继承
难以机械化操作	土地有别于其他的竞争力	家庭遗产纠纷
地块可达性差	经济替代	耕地难以资本化
地块远离村庄或农村	城市化	劳动力工作能力
土壤退化：侵蚀或盐碱化	粗放/集约管理	

2.2.3 按属性划分

按照属性，可将耕地撂荒影响因素划分为物理因素、社会经济因素、管理因素。物理因素指与地球物理、自然地理、生态等有关的因素，及其他可能限制农业生产的环境因素等；社会经济因素包括市场变化、人口流动等；管理因素与开发和土地管理系统缺陷有关，易导致土壤退化、过度开发等（见表2-3）。在三者中，最具决定性的是社会经济因素，其次是与管理不善有关的因素，最后是物理因素（Rey Benayas et al., 2007）。

表2-3　　　　　　　按属性划分的耕地撂荒影响因素

地理—生物—物理	社会—经济	管理
海拔	市场激励	不适宜的农业系统
地质	人口迁移	土地管理不善
坡度	技术	土壤退化
肥力	工业化	洪水频繁
土壤深度	农业特征	过度开发
土壤侵蚀	农民年龄	生产力损失
气候	可及性	

2.2.4 按意愿划分

根据农户意愿，可划分为主动撂荒与被动撂荒。主动撂荒是指农户因生产效益和生产取向等因素主动减少耕作土地甚至全部撂荒，例如，务农机会成本上升，耕地边际收益下降（文华成，2004；徐莉，2010），农地产权不明，耕地流转困难等因素（刘润秋和宋艳艳，2006；李中豪，2013）。被动撂荒是指因为外界自然灾害及人为因素破坏导致土地无法耕作而使农户被迫撂荒，例如，工厂污水乱排放等原因造成耕地污染，农户被迫撂荒（谭术魁，2004）；地质灾害、野生动物损害频繁发生，农户疲于应付，耕地被迫撂荒（黄利民等，2008；赵一海，2010）。

综上所述，耕地撂荒是多个驱动力复合作用的结果，某一子系统要素的变化不仅会对耕地撂荒的结果产生影响，还会对土地利用系统的其他要素产生正向或负向的影响。需注意的是，不同类型的驱动力对耕地撂荒的作用程度、作用方向因农户特征、地块特征或社会经济特征等因素而有差异。在耕地撂荒研究中，应注意到各驱动力之间的互动作用及其特定的作用背景，切忌"一刀切"的情况。

2.3 耕地利用非粮化研究综述

2.3.1 耕地非粮化现状

2002~2017年，耕地非粮化面积和耕地非粮化率的变化趋势基本一致，都呈现先增长后下降再增长的变化过程，在不同的阶段展现出不同的特点。耕地非粮化面积从2002年的50.74×10^{6}公顷快速增加到2003年的53.00×10^{6}公顷；耕地非粮化率也相应地从32.82%提高到34.78%。随后由于农业税的全面取消，显著降低了农民从事农业生产的成本，农业补贴政策的增多也增强了农民的积极性并增加了农民收入（钱鑫和杜雪锋，2019）。从2004年开始，耕地非粮化面积和耕地非粮化率开始呈现显著的下降趋势，2007年耕地非粮化面积下降到44.39×10^{6}公顷，耕地非粮化率也下降到29.52%。2007年后，耕地非粮化面积呈现波动增加的趋势，至2017年达到48.34×10^{6}公顷。这主要是非农就业机会增加导致大量耕地撂荒，以及土地流转加剧非粮化所致。与此同时，耕地非粮化比例呈现小幅波动下降的趋势，至2017年降低到29.06%。在非粮化面积不断增加的同时，非粮化比例却有所下降，说明农村土地整治和严格的耕地保护有效增加了耕地面积。

我国耕地非粮化还存在地区间发展程度不同，非粮化状况存在差异的特点。随着工业化和城镇化的发展，农业用地被挤占，粮食播种比重不断减少的现象较为严重。据统计，1978~2012年东部地区粮食播种面积占全国总播种面积的比重基本呈持续下降的趋势，特别是2000年之后，下降速率更快，多年平均下降速率为0.9%。中部地区依然是我国粮食播种面积比重最大的区域，多年平均为47%，担负着保障国家粮食安全的主要任务。西部地区变动幅度不大，在2006年之前保持在23.7%左右，自2007年后有平缓下降趋势①（何蒲明和全磊，2014）。张藕香等对闽、浙、苏、皖、豫、川、陕、辽、新、蒙10个省份的农户进行了随机调查，发现东部地区转入农地的非粮化程度最高，其非粮化程度与当地的经济发展水平有关（张藕香和姜长云，2016）。其他对浙、冀、豫、闽、赣省份的调查研究也印证了这一观点，即

---

① 上述数据根据《中国统计年鉴》历年有关数据计算得出。

经济发展程度越高的地区，农户种粮意愿越弱（朱冬亮和高杨，2013），流转耕地非粮化比例也更高（周艺霖和宋易倩，2016）。这可能是因为经济发达地区对经济作物、特色农产品等的需求比较大，更高的收益促使城市周边地区农户陆续转向非粮化生产。

孔祥斌于 2019~2020 年通过实地调查并结合统计数据，初步判断目前我国耕地非粮化率约为 27%，但是全国各地区耕地非粮化的类型、程度存在差异。第一种是食物性生产的非粮化。华东地区主要种植茶叶、柑橘、油料等，非粮化率约为 21%；华南地区除种植橡胶外，主要种植甘蔗、香蕉、菠萝、火龙果等热带水果，非粮化率约为 41%；华北地区主要是山区种植苹果、梨、板栗等，非粮化率约为 10%；华中地区主要是稻田蟹、油料、茶叶等，非粮化率约为 34%；西南地区主要是种植花卉、茶叶、烤烟、柑橘等，非粮化率约为 46%；西北地区主要是种植苹果、香梨、哈密瓜等，非粮化率约为 32%；东北地区非粮化现象不明显，非粮化率约为 7%；黄土高原地区主要种植苹果，非粮化率为 30% 左右。第二种是非食物性生产的非粮化，如：北方种植杨树、景观林、草坪；南方种植桉树以及一些区域景观化建设。

2.3.2 耕地非粮化驱动因素

（1）耕地非粮化的社会经济因素，主要包括地区经济发展水平、工商资本、经营规模、补贴政策、种粮收益、土地流转等，前文已介绍耕地非粮化的地区差异，本节不再赘述。

工商资本对耕地非粮化的影响。工商资本下乡逐利推动耕地非粮化。工商资本在成本倒逼、市场引导机制下，进入农业生产领域后，大多会种植经济作物（李云新和阮皓雅，2018）。同时，传统的农地流转大户也因社会资本进入引起土地流转租金上升而导致种粮收益降低，被严重削弱了种粮积极性，甚至转而种植经济效益更高的经济作物，加剧了耕地非粮化（孔祥斌，2020）。

经营规模对耕地非粮化的影响。关于经营规模对耕地非粮化的影响尚未达成一致结论。有学者认为，非粮食作物和粮食作物在劳动生产率方面存在显著差异，经营规模较小时更易导致非粮化种植，而土地经营规模较大时更倾向于较高比例种植粮食作物（姜钰滢，2016；唐娟莉，2013；张宗毅，2015）。随着农户劳动力的非农转移和农业生产服务市场的逐渐完善，种植结构会逐渐趋粮化（罗必良等，2018）。而易小燕和陈印军（2010）认为，农户所经营的耕地面积越大，在转入耕地上种植非粮食作物的倾向越高，非粮化规模也越大。武舜臣等（2019）认为，规模经营的非粮化行为取决于成本收益及地权合约的共同约束，一般规模经营主体经营控制权越强，非粮化趋势越明显。孔祥斌认为，农业生产专业化格局的形成，加速了非粮化趋势。我国农业生产专业化格局正在加速形成，空间扩散效应引导着农民的种植结构与调整方向。

补贴政策对耕地非粮化的影响。靳庭良（2013）研究发现，不同类型的补贴对提高农民种粮意愿的效果不同。提高农户对粮食直补和农机具购置补贴政策的满意程度，会增加农户的种粮意愿，但农资综合直补政策对农户种粮意愿的影响并不显著。王为萍和赵姚阳（2015）指出我国目前的农业补贴激励效应有限，粮食补贴政策不能使真正种粮者受益，并未起到促进粮食种植的作用。与此同时，地方政府出于经济发展和农民增收等多方面因素对蔬菜种植、特种养殖等高效农业的大力扶持和补贴，反而会给农民以导向，促使农民放弃粮食生产而转向高效农业（何蒲明和全磊，2014）。

种粮收益对耕地非粮化的影响。种粮经济效益低是耕地非粮化的根本原因（孔祥斌，2020）。我国的农地利用的比较效益偏低，大部分粮食作物的生产成本与收益不成正比，种植经济作物的收益远高于种植粮食的经营收益（黎磊和高勇，2013）。为实现利润最大化农户和企业逐渐舍弃种粮而转种经济作物，甚至脱离农用地范畴（Chen et al.，2000；黎霆等，2009）。此外，由于种粮收益较低，粮食生产不能成为农民收入的主要来源，劳动力的理性选择也促使劳动力资源在产业结构升级过程中进行优化配置（王少国和刘欢，2014），以实现利益最大化，农村劳动力大量向城市流入，容易造成粮食产量下降（韦素琼和陈健飞，2004；刘庆楷，2014）。

土地流转对耕地非粮化的影响。杨卫忠（2015）认为，土地流转过程中的非粮化趋势越来越明显，农产品内部价格体系合理和种粮比较效益低对耕地非粮化趋势产生了巨大的推动作用。但武舜臣等（2019）认为，非粮化现象并非土地流转下的独特产物，传统农户也存在非粮化的种植选择（史清华和卓建伟，2004；谷小勇和张巍巍，2016），且土地流转未必会加剧非粮化走势。例如，张宗毅等在比对部分流转土地非粮化案例与当年全国非粮作物播种面积比例后发现，土地流转并未提升非粮化比例（张宗毅，杜志雄，2015）。也正因为事实上难以得到统一的认识，当前学术界在土地流转是否会加剧非粮化这一问题上，尚未达成一致。

（2）耕地非粮化的微观农户特征因素。农户的耕地非粮化决策是基于外部的社会经济因素和自身特征进行理性选择的结果，因此农户个体特征与非粮化行为密切相关。已有研究认为，劳动力越短缺、非农收入越多的家庭，种粮意愿越薄弱（陈思羽等，2012）。年龄越低、文化程度越高的农民种粮意愿越薄弱，做出非粮化选择的可能性越高。

（3）耕地非粮化的自然环境因素。耕地资源多宜性特点是耕地非粮化的资源基础（孔祥斌，2020）。在耕作条件普遍较好的中国东中部地区，提高土壤肥沃程度、改善交通和灌溉条件可以增加农户种粮意愿，降低非粮化的倾向（陈美球等，2008；靳庭良，2013）；而西部地区较高的经济作物种植率与当地较差的粮食种植条件有关（Zhao et al., 2017；张藕香和姜长云，2016）。此外，也有学者通过分析粮食种植与气候变化的关系（云雅如等，2005）及土壤和气候因素变化对小麦、玉米、大豆等作物空间分布动态变化的影响（Rounsevell et al., 2003），来分析自然因素对粮食种植的影响。

（4）也有观点认为耕地非粮化是多种因素综合作用的结果。贺军伟等（2013）认为，家庭特征（Gatto et al., 2015）、社会资本的投入和差异化产业政策的缺失，无法在加强土地用途管制同时区别不同产业制定相应引导和扶持政策，导致耕地非粮化倾向难以控制。何蒲明和全磊（2014）认为，耕地非粮化是由于种粮成本高收益低、农民种粮积极性不高，高效农业补贴力度较大、种粮扶持政策较少，农业生产结构发生调整、经济作物地位提升导致的。

2.3.3 耕地非粮化的效应

（1）耕地非粮化的经济效应。黄伟（2014）认为，过度非粮化可能会对经济发展产生重大影响。非粮化对经济增长具有正向驱动作用，经济发展的区域差异导致非粮化对经济增长的贡献率存在区域差异，有研究根据定量分析表明非粮化对经济增长的驱动作用呈现倒"U"形趋势（李晓龙，2007）。杨朝磊等（2020）指出，从短期来看，耕地非粮化确实给社会发展带来了巨大的经济效益。陈江龙和曲福田（2006）指出耕地非农化显著提高了政府的财政收入。以云南省为例，该省的鲜花份额占全国市场份额的50.00%以上，2018年全省鲜花种植总面积为11.4万公顷，综合产值为525.90亿元，给花农带来的直接收入更是高达 124.80 亿元①。但由该现象长期演变所引起的自然环境恶化，不利于可持续发展目标的实现。

（2）耕地非粮化的社会效应。过度耕地非粮化可能会导致粮食减产（郑新奇等，2013），其持续扩张必将威胁区域甚至国家粮食安全。宋戈和武晋伊（2016）运用负外部效益测算方法，定量分析了甘肃省粮食产销平衡区耕地非粮化的负外部效益及其空间分布特征，发现粮食安全负外部效益占 79.25%。还有很多研究分析了耕地非粮化对粮食安全的影响（何蒲明和全磊，2014；梁宇，2015），但大多停留在定性讨论的层面上，缺乏系统分析和定量测算。

（3）耕地非粮化的生态环境效应。耕地非粮化会引起一系列生态环境问题，包括对土壤耕作层不同程度的破坏，增加温室气体排放，加剧农业面源污染等（苏越，2020）。杨志辉（2018）认为，非粮化直接导致了种植粮食作物的耕地面积减少，过度追求经济效益也会导致粮食产量减少、耕地质量下降和土壤污染。杨朝磊等（2020）结合水生态环境、土壤环境、大气环境变化状况，深入分析研究耕地非粮化长期演变所导致的生态环境效应，发现耕地非粮化会对土壤环境、水生态环境与大气环境产生严重影响，造成土壤污染、耕地肥力下降、水生态环境破坏、水质变劣、地下水位下降、农业源温室气体排放量增加等现象。

另外，针对耕地非粮化的生态价值损失，目前国内不少学者已开展了部分研究，同时建立了估算生态价值损失的方法与模型，如杨振等（2013）、陈娟等（2013）、任平等（2014）分别以江汉平原、陕西、四川等地为案例进行了分析，计算出了农地非农化造成的生态价值损失，许恒周等（2013）则研究了耕地非农化对碳排放的影响，提出了农地非农化水平的提高会显著增加农业碳排放量的观点。

2.4 耕地利用绿色化研究综述

2.4.1 耕地绿色利用现状

随着我国新型城市化和工业化深入推进，工业化污染和耕地高强度投入

---

① 云南省绿色食品发展中心商省花卉产业专家工作组.2018 年度云南花卉产业发展公报［Z］. https://www.sohu.com/a/327576006_644801，2018.

(尤其是化肥和农药),再加之国家生态文明建设战略地位提升,新时期下耕地绿色利用面临多重压力。

从数量上看,根据 2006~2015 年《中国国土资源公报》数据,整体来说我国耕地面积呈减少趋势,耕地数量保护形势依旧严峻。具体来说,第一阶段 2006~2008 年,共减少了 5.99×10^4 公顷,年平均减少率为 0.02%;第二阶段 2009~2015 年,共减少 38.46×10^4 公顷,年平均减少率为 0.05%,若按每年平均耕地面积 13518.13×10^4 公顷计算,那么每年耕地平均减少 6.76×10^4 公顷。与此同时,由于城市空间挤压和高强度农业生产模式,我国增加的耕地面积难以弥补因各种原因减少的耕地面积,截至 2014 年底,由于水土流失和地力下降,我国耕地退化面积已高达总面积的 40%,可见我国耕地数量保护压力日益加大。

从耕地质量看,根据 2009 年、2014 年和 2015 年的 3 次《中国耕地质量等级调查与评定成果》,得出这 3 年我国平均耕地等别为 9.91,总体是偏低的,而且中等地、低等地面积占到总评定面积的 69.60%,而优等地只占到 2.80%,说明我国优质耕地是相当少的,大部分为中等地、低等地。从全国耕地各等别占比变化看,可知 2009 年、2014 年和 2015 年优等地面积占比几乎没变,高等地占比减少了 3.00%,减少面积达 162.90×10^4 公顷,中、低等地占比共增加了 3.00%,其中以中等地面积增加为主,增加了 808.52×10^4 公顷。由于耕地占补平衡政策实施中普遍存在的占优补劣、划远不划近、增减挂钩中突破行政区划的总量置换行为,一定程度上造成了高等地面积减少(段龙龙,2016)。当前,如何维持耕地总体质量不下降并提高优、高等地占比是耕地质量保护的重点和难点。

从耕地生态看,根据国土资源部和农业部分别于 2013 和 2014 年开展的全国耕地质量等级评估数据显示,土壤重金属、盐碱化、农药与化肥残留等多因素导致全国耕地土壤点位超标,全国受污染的耕地约有 1000.00×10^4 公顷,占总耕地面积的 8.30%,可见我国耕地的污染面积之大(段龙龙,2016)。据农业部 2015 年的统计数据得知,我国单位面积农药使用量是世界平均水平的 2.5 倍,远远超出了耕地所在系统的环境自动调节能力,使耕地生态环境不断恶化,最后影响到耕地产能的稳定和提升。耕地生态环境恶化主要是由于化学物质(化肥、农药等)使用不当或过度使用造成的,一方面造成土壤酸化、次生盐渍化,降低耕地地力;另一方面造成次生残留污染,既破坏生态平衡,导致土传病害加重,危害农产品安全。同时,低丘缓坡等荒地和未利用土地复垦耕地的无序扩量也在破坏耕地生态环境，耕地绿色利用现状堪忧（祖健等，2018）。

2.4.2 耕地绿色利用评价

现有文献中，关于粮食绿色全要素生产率（周应恒和杨宗之，2021）、农业生态效率（潘丹和应瑞瑶，2013）、农业环境效率（崔晓和张屹山，2014）、生态环境效率（胡振通等，2014）、农业绿色生产效率（李兆亮等，2017）等研究均体现了耕地绿色利用评价的内涵。目前相关研究主要集中在效率评价（胡晓宇和杨璐嘉，2012；封永刚等，2015）、效率差异分析（王宝义等，2018；Xie et al.，2018；张浩等，2016）、提升潜力分析（潘丹和应瑞瑶，2013）、收敛性分析（叶浩和濮励杰，2011；杨朔等，2013）、效率影响因素评价（李兆亮等，2017；谢花林等，2016）等方面。例如，刘蒙罢等（2021）研究发现长江中下游粮食主产区耕地利用生态效率存在"俱乐部收敛"现象，空间溢出效应在其演变过程中发挥着显著影响作用。

国内外学者主要采用索洛余值（Solow residual）、数据包络（DEA）和随机前沿（SFA）等分析手法对耕地利用效率展开分析（魏琦等，2018；龚斌磊等，2020），其中查恩斯（Charnes et al.，1978）等提出的多投入产出 DEA 评价法应用最为普遍。钟（Chung et al.，1997）等通过事先给定相应的方向向量来达到增加期望产出的同时减少投入或非期望产出，提出了方向距离函数法（directional distance function, DDF），它是以 DEA 为基础的一种模型。然而，方向距离函数假设投入产出以相同的比例变化，当存在非零松弛变量时，效率值可能会被高估，所以一些学者通过计算方向性松弛变量提出了非径向方向距离函数（Fukuyama et al.，2009，2010，2011；Färe et al.，2010；Mahlberg et al.，2011；Barros et al.，2012）。基于非径向方向距离函数的 SBM（Slack-Based Model）模型直接将松弛变量加入目标函数中，SBM 模型的经济解释是使实际利润最大化，而不仅仅是得到效益比例最大化（宫大鹏等，2015），这更加接近实际生产情况。然而以上模型均有一个共同的缺陷，运用以上方法得到的效率分布在（0，1]区间，有效的决策单元（DMUs）效率值均为1，无法在多个有效的决策单元中做出进一步比较。托恩（Tone，2002）提出了超效率 SBM 模型，弥补了不能将所有决策单元效率值计算出来的缺陷，该模型首先使用 SBM 模型对所有决策单元进行评价，再运用超效率 SBM 模型对 SBM 有效的决策单元进行进一步评价，弥补了不能将有效决策单元效率值计算出来的缺陷，被国内外学者广泛应用于耕地利用效率的研究中。在效率差异分析方面，应用较多的是曼奎斯特指数及卢恩伯格指数，也有学者运用基尼系数、对数离差均值、泰尔指数对效率省际差异进行分析。例如，崔宁波等（2021）运用超效率 SBM 模型评价了东北粮食主产区耕地生态效率，并采用 Malmquist 指数对效率进行分解、运用 Tobit 模型分析其影响因素，研究表明东北粮食主产区 3 省耕地效率值偏低，但整体处于上升态势，吉林省与辽宁省耕地生态效率提升潜力较大，政府规制、财政支农水平、农业机械总动力对效率的提升具有正向影响，农用化学品投入对效率的提升具有负向影响。

2.5　耕地利用生态化研究综述

2.5.1　土地休耕与生态环境保护

我国耕地长期"重用地、轻养地"的利用模式，导致耕地土壤板结、耕层变浅、化肥依赖度高、土壤抗灾力变差，生态功能降低。脆弱的土地环境与人类生产活动之间形成了一种极不稳定的人地关系，表现轻则土地承载力低、结构失调、土壤破碎化严重、生态环境差等，重则导致自然资源禀赋差、经济发展滞后。而实行有效的土地休耕制度，有针对性地养护保护土地可以改善土壤生态环境，如能加大土壤的腐殖质等增加土壤有机物质含量，提高土壤密实度、减少风蚀作用等（史铁丑和李秀彬，2013）。许多学者研究调查了土地休耕计划的环境效益和效率特征（Feather P., et al., 1999；Khanna M., et al., 2003；Reichelderfer K., et al., 1988；Smith R. B. W., 1995；Wu J. J., 2005），如解决农业面源污染影响的一个有效方法是通过引入在世界各地广泛实施的土地休耕计划（Barling R. D. and Moore I. D., 1994；Fennessy M. S., Cronk J. K., 1997；Dosskey M. G., 2001）。吉普尼和洛萨朵（Giupponi and Rosato, 1999）开发了一个综合的社会经济和环境模型，以检验土地保护休耕方案对流域地下水环境的影响。可见，土地休耕过程中如果目标适当，可以产生足够甚至超过社会成本的生态环境效益（谢花林和何亚芬，2018）。

学者们对国际上各国的土地休耕制度也进行了不同程度的研究，发现各个国家也将政策目标逐步转为生态环境保护。20世纪30年代，美国由于受干旱、沙尘暴等的影响，开始鼓励农户开展土壤保护、改善其他农业环境绩效（钟方雷等，2009）。到1986年该措施发展成为一项全国性的农业环保项目，即土地休耕保护计划（CRP），该计划的主要目标是通过补贴的方式实施土地休耕制度，以达到改善水土资源等自然生态环境的目的（刘嘉尧和吕志祥，2009）。1970年，日本实施稻田休耕转作项目，到1993年乌拉圭回合的《农业协定》也将休耕的目的由最初的维持国内水稻价格、保护农民收入转向改善生态环境与保护物种多样性（王金南和庄国泰，2006）。德国的土地休耕计划在《2000年议程》中也特别强调环境生态与农业结构的改善（欧名豪等，2019）。由此可见，改善耕地生态已成为休耕制度实施的主要政策目标之一。

2.5.2 轮作休耕制度的实施模式

国际上轮作休耕的典型模式主要有：美国的农地休耕保护项目（CRP）（Atkinson et al., 2011）、德国的生态账户指标交易式休耕（Tan et al., 2014）、日本转作休耕（Yamashita, 2015）、欧盟的农户多元选择式休耕（Schmid and Sinabell, 2007）、澳大利及非洲的自下而上民主定规式休耕（D'Aquino and Bah, 2014; Tennent and Lockie, 2013）等。根据其执行的方式，可将其划分为两种类型：一种是"申请式"，此模式以农户为主体，农户自愿向政府提出包含最低补助期望在内的休耕申请，政府进行审批控制，对符合要求的农户给予补助；另一种是"强制式"，此模式在政府自上而下的严格监督下进行，政府以耕地规模、粮食产量及生态环境状况等为标准，决定强制性休耕的区域和规模，并给相应的农户发放补助（徐玉婷等，2018）。

国内学者也意识到我国耕地质量空间异质性较大，轮作休耕必须要结合区域耕地自然条件选择适宜模式（黄国勤和赵其国，2018）。王志强等（2017）提出了恢复平衡型、环境修复型和生态保护型的轮作休耕模式。张慧芳等（2013）设计了季节性休耕、基于土地流转的休耕以及宏观计划型休耕3种模式。孔祥斌（2016）指出新疆、东北及华北区域应进行水资源约束的轮作休耕模式，南方地区应选土地整治和地力恢复相结合的模式，而山区应选择以实施耕地退耕和轮耕休耕结合的模式。谭永忠等（2017）提出分类分区休耕，在生态脆弱区实施长期休耕，而在粮食中低产区实行强制休耕和自愿休耕相结合的方式，选择一定比例的目标地块进行休耕而其余农地由农户自愿提出休耕申请。

2.5.3 利益相关者行为与生态退耕研究

国外学界对休耕制度的演进（苏畅和杨子生，2020；Louhichi et al.，2010；Suson et al.，2020；王茂林，2020）、利益博弈（向荣，2014；杨浩然等，2013；Lienhoop and Brouwer，2015）、补偿机制（Ma et al.，2012；Cai et al.，2011；赵翠薇和王世杰，2010）和效益评价（Shang et al.，2015；Reimer and Prokopy，2014）的研究成果较多，国内也不乏对休耕的历史沿革（赵其国等，2017；杨庆媛等，2018）、时空配置（杨庆媛等，2018；王学和李秀彬，2018）、补偿标准（吴宇哲等，2020；张清等，2021）等方面的探索，而基于利益相关者行为协同视角，运用博弈论开展的休耕研究则较少。

实行耕地轮作休耕制度涉及中央政府、地方政府、村集体、农业企业、农户等利益相关者，是一个多元主体组成的公共行动体系。在我国现行耕地保护制度框架下，基于利益最大化的追求，耕地利用过程呈现不同层级政府之间、政府各部门之间、政府与农民、代际之间等多重利益博弈，各参与主体之间存在着复杂的利益冲突（俞文华，1997；吴次芳等，2002；钱忠好，2003；朱新华等，2008）。要使耕地轮作休耕制度有效的可持续运行，就必须平衡各利益相关者的利益诉求；要保证各利益相关者的参与、协商、合作，就必须构建一个基于利益相关者行为协同的制度框架。博弈论是经济学中的一种优化决策理论，运用博弈论分析休耕实施过程中行为主体的利益关系，有助于促进休耕政策的顺利实施。徐水太等（2020）在研究耕地重金属污染治理式休耕相关利益群体逻辑关系的基础上，构建农户群体和地方政府的演化博弈模型，分别研究未引入中央政府"约束—激励"机制和引入"约束—激励"机制下的主体行为特征及其影响因素，讨论不同情景下农户群体与地方政府的决策行为。王宏宇（2019）运用博弈论的方法，对黑龙江寒地井灌稻地休耕过程中利益行为主体的休耕补贴问题进行分析，有利于国家制定相应政策实现在该地区休耕的利益最大化。李欣（2020）运用博弈论分析工具，重点论述了水稻休耕制度生态溢价博弈情景下的实现路径优化问题，刻画出一个利益主体之间依靠充分博弈，促进生态溢价实现路径优化的内在联系与规律性特征。

耕地休耕是对肥力不足、地力较差的耕地在一定时期内不种农作物，但仍进行管理以恢复地力的方法（张慧芳等，2013）。休耕是为了让土地休养生息，通过用地养地结合来巩固提升粮食产能，因此休耕期间不能疏忽耕地管控（朱隽，2016）。刘亚男等（2020）通过分析不同休耕地管护主体的利益诉求，建立完全信息静态博弈模型，协调各主体间的利益关系来优化休耕地管护政策。研究结果表明，地方政府、管护方、农民之间的博弈均衡取决于休耕管护收益、机会成本、罚金等参数的大小比较，这些参数的大小受中央及地方政府政策执行力度以及管护方和农民管护意识的影响，提高休耕管护的质量应建立更加完善的休耕地管护监管制度。

2.6 耕地利用集约化研究综述

2.6.1 耕地利用集约化

耕地集约化是社会经济发展、土地面积约束、人口增长与技术进步等压力作用下人类土地利用的必然选择。布鲁克菲尔德（Brookfield，1993）描述集约化是为了获得较高的长期产品，用劳动力、资本和技术或者其中任何组合替代固化土地进行生产的过程。国外对耕地集约化的研究起步较早，李嘉图（Ricardo D.，1817）认为耕地集约化的基本含义是指增加土地投入，获得土地最高报酬，发现了耕地集约化利用过程中存在的边际报酬递减现象，并认为耕地集约化程度不同导致了级差地租的产生。马克思认为"在经济学上，所谓耕地集约化，无非是指资本集中在同一土地上，而不是分散在若干毗连的土地上"，并认为级差地租Ⅱ产生于在同一块土地上连续投入等量资本导致的生产率提高，此即土地利用中"资金"的集约。土地经济学家伊利在《土地经济学原理》中指出，"对现在已利用的土地增加劳力和资本，这个方法叫作土地利用的集约"（张琳等，2008），即"劳动集约型"土地利用。德国经济学家杜能（Thunon J. H. V，1826）在《农业区位论》中基于级差地租，创造性地在耕地集约利用中融入区位因素，按照区位差异确定经营集约化、专业化的耕地布局方法。斯托内等（Stone et al.，1990）认为土地集约化是土地生产率和生产功能增长的过程。凯特斯等（Kates et al.，1993）、尼蒂（Netting，1993）和施瑞尔（Shriar，2000）等认为与耕作的外延式扩张相比，农业集约化是通过持续增加单位面积投入提高土地生产率的过程。

中国对耕地集约化利用的研究历史久远，北魏贾思勰的《齐民要术》阐述了精耕细作、集约经营的思想。近代中国进一步拓展了耕地集约化利用的内涵。毕宝德指出，所谓土地集约利用就是在土地上合理增加物质与劳动投入，以提高土地收益的经营方式。土地报酬递减规律就是通过土地投入与产出关系的研究来回答土地投入达到何种程度能够取得土地最高收益这一问题。李秀彬等（2008）认为，土地集约利用是指单位土地面积上资本和劳动投入高的利用，它发生在土地面积为约束条件的情况下，非土地投入不断增加的过程中，边际收益恰好等于边际成本的临界点。杨钢桥等（2006）认为，耕地的集约化经营就是通过集中投入较多的化肥农药、农业机械和劳动力等要素来促进农作物的生产来实现更大的产出效益和产值。赵本宇等（2007）对耕地集约化作了较为综合的界定，他认为耕地集约化利用不仅要节约耕地资源，还需在单位面积耕地上得到更高的经济产出和更长久的可持续性，走提高单产和可持续发展的道路。耕地集约利用的时代内涵为：①微观尺度上，关注耕地利用主体的劳动、资本、技术等生产要素投入的数量、结构及其有效性，同时强调不同耕作制度、作物种类以及耕地质量本底背景下的耕地利用强度；②中观与宏观尺度上，注重耕地资源配置效率提升背景下的集约利用模式优化；③时间尺度上，体现阶段性、可持续性，对生态文明建设、农村土地制度改革等经济社会发展形势变化具有适应性，是一个动态的过程（牛善栋，2018）。总体来看，集约化耕地利用由单纯关注经济效益向关注经济、生态、社会综合效益拓展，并将耕地的自然属性、社会属性纳入其中，内涵得到进一步拓展。

现有研究表明，耕地集约化是针对耕地资源有限、耕地减少、单产增加及粮食安全战略的优先考虑途径（Li et al.，2006；Zhu et al.，2007；Long and Zou，2010）。过去30年，耕地集约化带来的粮食单产增加对于粮食总产量的增加具有很大贡献（Chen et al.，2011）。当前，耕地集约化研究尺度涵盖了国家与省级（Chen et al.，2009；陈珏等，2011）的大尺度，区域（费罗成等，2012）和市、县级（王树涛等，2013）等中尺度以及农户（吴郁玲等，2012）和地块层面（张新焕等，2012）的小尺度；研究时间上多采用20世纪80年代以来的变化情况（陈瑜琦和李秀彬，2009；叶浩和濮励杰，2011）；研究视角上涉及粮食安全（邹健和龙花楼，2009）、经济发展水平（张琳等，2008）、城镇化（柯新利和马才学，2013）等；研究内容上包括评价指标体系与评价方法（杜国明和刘彦随，2013；邓楚雄等，2013；吕晓等，2007）、驱动机制分析（王国刚等，2014；颜丙金和石培基，2011）、时空分异特征与变化规律（邓楚雄等，2012；李兆亮等，2014；朱传民等，2012）等方面。其中，建立一套科学的耕地集约化评价指标体系与评价方法是开展上述研究的前提。现有研究中，耕地集约化评价指标大多从频度、投入、产出、潜力、增产、综合指标体系、集约度及能值等多个方面考虑。耕地集约化的评价方法则主要包括基于频度指标、潜力指标、增产指标、投入产出要素及集约度等综合测度的四类耕地集约化评价方法（石淑芹等，2017）。

2.6.2 耕地利用可持续集约化

（1）耕地利用可持续集约化的提出。针对耕地利用集约程度提高所产生的环境压力，相关研究已从地块微观尺度（张新焕，2012），并基于等值投入（宋敏，2013）、生态环境保护（王国刚等，2014）、养分管理（Chadwick et al.，2015）与气候变化（Lu et al.，2015）视角展开探讨，表明可通过政策纽带引导控制化肥、农药的投入结构。此外，关注水体与土壤污染、地下水下渗与土壤退化、生境质量与生物多样性等方面，综合评价集约化造成的环境影响，可明晰未来土地集约利用的发展方向——可持续集约化（朱会义和孙明慧，2014）。

（2）耕地利用可持续集约化的内涵。从土地的多重属性来看，耕地可持续利用外在表征应从"资源环境—经济效益—社会发展"三个维度进行解读。其中，以投入/产出效益机制为核心的生态、社会、经济耦合系统的可持续程度是集约利用的内在基础，经济层面是土地利用方式影响经济效益的反映，而社会层面则主要体现社会发展与土地利用交相嵌套的复杂联系（刘芳和张红旗，2012）。从时空双维解析耕地集约利用，时间尺度意义的内涵体现为连贯性、阶段性和可持续性（吕晓等，2015），空间尺度的实证研究显示区域水平上的生态系统服务价值与耕地集约利用呈现负向响应关系（王千等，2012）。刘玉和杨庆媛（2004）认为，耕地可持续利用研究是一项综合性课题，应加强对复种指数、耕地生产率、耕地利用效率等关键内容的探讨。

（3）耕地利用可持续集约化测度指标体系。从可持续集约化指标构成的角度，史密斯等（Smith et al.，2017）将可持续集约化评价指标分为生产力、经济可持续性、环境可持续性、社会可持续性和人类福祉5个领域。斯特克堤等（Stachetti et al.，2018）从景观生态学、环境质量、社会文化价值观、经济价值观、经营管理5个可持续性维度评价了巴西农场椰子生产的生态集约化水平。马洪等（Mahon et al.，2018）从英国利益相关者角度确定可持续集约化的指标，并根据普遍接受的可持续性原则，从资源系统、资源单位、治理、资源用户、互动、成果、环境7个子系统评估这些子系统内指标的合理性，并确定采用这些指标时可能出现的问题。廖和布朗（Liao and Brown，2018）认为在评估农业可持续集约化产生的协同效应时，需要将改善农户生计水平、维持粮食生产和生态系统服务等作为评估可持续集约化不可或缺的组成部分。由于当前关于耕地可持续集约化的实证研究较少，本书通过总结农业可持续集约化的指标构成，为耕地可持续集约化测度指标体系提供参考（见表2-4）。

表2-4　　　　目前农业可持续集约化指标体系构成总结

研究区域	一级指标	二级指标	指标总数	文献
非洲小农耕作系统的可持续集约化指标	生产力 经济可持续性 环境可持续性 社会可持续性 人类福祉	产量、投入效率、水效率、动物健康 农业收入、作物价值 生物多样性、碳封存、侵蚀、养分动态、土壤生物活性、土壤质量 信息获取 食品和营养安全、风险	57	Smith et al.，2017；Snapp et al.，2018
巴西农场椰子生产的生态集约化指标	景观生态学 环境质量 社会文化价值观 经济价值观 经营管理	自然栖息地状况、生产区管理和畜牧业/限制活动、环境质量、景观和生产多样性、风险 大气排放、水质、土壤质量 教育、公共服务、消费标准、体育和休闲、文化/自然遗产、职业健康、合格就业 净收入、收入来源多样性、收入分配、债务、土地价值、住宅质量 经理人简介和贡献、管理者的资格和专业熟练度、化学品投入管理	62	Stachetti et al.，2018

续表

研究区域	一级指标	二级指标	指标总数	文献
英国农业系统整体框架的可持续集约化指标	资源系统	生产力、土地面积、农场规模、景观特征、遗迹	110	Mahon et al., 2018
	资源单位	土壤特征、生物多样性、牲畜、事件、作物多样性、水位深度		
	治理	农业补贴、土地租赁、动物福利、农民的公平谈判能力		
	资源用户	农民年龄、继承计划、社交网络、住房、就业、母语使用者人数		
	互动	机械化程度、景观特征、农业技术、牲畜饲养、耕作数量、作物特征、农场规模		
	成果	产量、收入、温室气体、农业污染、资源利用效率、景观特征、农场规模、农民福利		
	环境	信贷、产品价格、农业竞争力、极端事件频率、消费者特征、资金数额		

（4）耕地利用可持续集约化的测度方法。从农户层面，S. 瓦戈罗·恩迪里图（S. Wagura Ndiritu）运用多元概率（MVP）模型，验证肯尼亚可持续集约化实践是否存在系统的性别差异（Kassie et al., 2015）。戴维等（David et al., 2016）运用 CE 方法来评估小农户采用可持续集约化实践的偏好和行为。

从农场层面，罗德里格斯（Rodrigues）使用 APOIA-NovoRural 方法分别评估农业可持续和生态集约化水平（Stachetti et al., 2018；Rodrigues et al., 2010）。彼兹列普金娜等（Bezlepkina et al., 2011）指出运用更高层次的综合评估法（IA）来分析其他部门的可持续集约化水平显得尤为重要。菲尔班克等（Firbank et al., 2013）基于不同类型农场，通过农业生产变化和环境变量的对比分析，即粮食产量增加，生态系统服务不降低来测度可持续集约化水平。歌德娜克斯等（Gadanakis et al., 2015）基于 DEA 方法对生态效率进行建模和评估，以此来衡量农场耕地的可持续集约化水平。弗罗伦西奥·桑切斯·埃斯科瓦尔等（Florencio Sánchez-Escobar et al., 2018）使用 EROI 和 Activity-Based Costing（ABC）方法来衡量农场尺度下的农业系统可持续集约化水平。

从区域层面，恩迪里图等（2014）运用多元概率（MVP）模型，探讨非洲东南部可持续集约化投入决策组合，评估农业可持续集约化。亚米和奥斯特（Yami and Asten，2017）使用政策安排方法（PAA），评估东非可持续作物集约化的政策支持水平。

总体而言，耕地可持续集约化的测度方法的选择呈现多样性，且多集中于农场层面的模型构建分析，以此来评价耕地可持续集约化水平；而农户层面主要侧重耕地可持续集约化实践；区域层面则主要侧重于评估大范围尺度下耕地可持续集约化的绩效水平。

(5) 耕地利用可持续集约化测度案例。耕地可持续集约化评价实践的区域主要分布在欧洲、非洲和美洲，评价尺度包括城镇（Kuosmanen and Kortelainen，2005）、农场（Firbank et al.，2013）、农户（David et al.，2016；Ruben et al.，2010）。其中，欧洲主要涉及英国（Gadanakis et al.，2015；Franks and Jeremy，2014）、法国（Aurélie et al.，2013）、荷兰（Van Bueren et al.，2014）。非洲则集中在撒哈拉沙漠以南的非洲（Kuyper and Struik，2014），包括埃塞俄比亚（Kassie et al.，2015）、肯尼亚（Ndiritu et al.，2014）和马拉维（Fanke et al.，2014）等区域。而美洲的相关研究主要分布在北美洲的美国（Petersen and Snapp，2015），南美洲的巴西（Stachetti et al.，2018）等热带地区。综合来看，耕地可持续集约化评价实践区域多为山地较多的地区，而且人口较为密集。

2.7　文献述评

通过梳理现有耕地资源利用的相关文献，国内外学者分别从耕地复种指数变化、耕地利用撂荒化、耕地利用非粮化、耕地利用绿色化、耕地利用生态化、耕地利用集约化等方面进行了研究和探讨，并取得了诸多富有价值的研究成果，这为本书的研究奠定了坚实的基础。然而，随着社会经济发展，尤其是新冠肺炎疫情使国际农产品市场供给不确定性增加，耕地利用过程中出现了新的问题，也催生了对耕地资源利用的新诉求。在现有研究基础上，耕地资源利用研究还可从以下几个方面进行拓展。

(1) 耕地复种指数降低是耕地边际化的典型表现形式。与显性撂荒不同，复种指数降低具有隐蔽性，不易察觉，极易成为监管的缺口，因而对耕地资源有效配置具有更大的威胁。从多尺度对耕地资源复种指数进行全面的调查与分析是开展耕地资源利用研究的基础性工作。因此，本书从国家、区域和省域三个层面上分析中国耕地复种指数的变化趋势，并基于泰尔指数探讨了中国耕地复种指数的时空差异，利用计量经济学模型从人文视角探讨耕地复种指数变化的影响因素。

（2）农户耕地撂荒行为决策机理反映的是农户耕地撂荒行为最为深层次的本质和规律，它从根本上决定了耕地撂荒行为的发生、变化和发展趋势，对耕地撂荒政策制定实施具有重要的参考价值。当前关于农户耕地撂荒行为机理的研究大多基于完全理性假设，并不能充分反映农户行为决策过程中受到非经济因素影响时的行为决策特征。因此，在耕地撂荒化研究中，本书首先基于有限理性假设，运用计划行为理论构建农户耕地撂荒行为决策模型；接下来从农户代际差异视角来探讨其对耕地撂荒的影响，并分析影响不同代际农户耕地撂荒因素的异质性。通过丰富农户耕地撂荒行为机理研究，为缓解耕地撂荒政策的研究提供思路。

（3）当前耕地非粮化驱动力研究主要集中在工商资本、经营规模、补贴政策、种粮收益、土地流转、自然条件、农户特征等方面。作为我国耕地利用的典型特征，耕地细碎化对耕地非粮化的影响却还不清晰，现有研究较为缺乏。耕地细碎化对农户种植结构决策的影响是非粮化还是趋粮化？厘清耕地细碎化与非粮化的影响机理，对于引导农户因地制宜安排粮经作物种植结构、避免非粮化具有重要意义，尤其是在耕地细碎化严重的丘陵山区。因此，深入探讨耕地细碎化对农户"非粮化"种植意愿和种植规模的影响也是本书的重要研究内容。

（4）耕地绿色利用效率测度是反映耕地绿色利用水平的重要指标。但当前关于耕地利用绿色效率的研究大多体现在"粮食绿色全要素生产率""农业生态效率""农业环境效率""农业绿色生产效率"等方面，直接反映耕地绿色利用效率的研究较为缺乏。因此，本书运用超效率 SBM-VRS 模型评估农业污染排放与碳排放约束下中国耕地绿色利用效率，并对其影响因素、效率优化方向进行分析，为耕地保护提供参考。

（5）耕地轮作休耕涉及政府、管护方和农民等多个利益相关者，他们都有着各自不同的利益诉求，各主体利益诉求的冲突导致了博弈过程中利益失衡的现象，这不仅影响了各方利益最大化的实现，还影响了耕地轮作休耕制度的顺利实施。平衡各主体间的利益冲突，保证各利益主体相互协作、各尽其责，才能实现各方利益均衡，提高耕地休耕质量。因此，本书将依次分析休耕农户的政策响应状况及其影响因素、影响程度，农户休耕意愿的影响因素及其生态补偿标准，以及不同类型农户耕地休耕行为与地方政府休耕补贴行为的演化博弈，为轮作休耕制度实施提供参考。

（6）耕地可持续集约化为协调粮食需求与资源环境约束提供了新的思路。国外关于可持续集约化的研究较为丰富，但国内相关研究仅集中于可持续集约化的内涵探讨等定性研究层面，其指标体系、测度方法等研究较为缺乏。因此，本书构建耕地可持续集约化的能值评价指标体系，结合能值分析测度耕地可持续集约化水平，揭示其时空特征，为耕地可持续集约化研究提供参考。

第3章 耕地资源利用的基础理论研究

3.1 计划行为理论

3.1.1 计划行为理论概述

计划行为理论（TRA）遵循行为人有限理性假设，从信息加工的角度解释个体行为的一般决策过程（段文婷和江光荣，2008），是社会心理学中关于个体行为生成最重要的理论之一（闫岩，2014），已成为社会心理学中最著名的态度行为关系理论。该理论基本观点如下（见图3-1）。

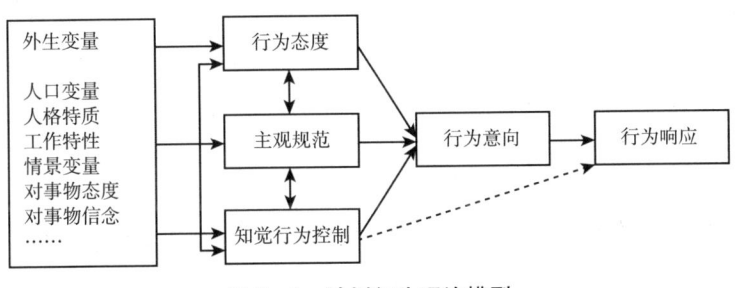

图3-1 计划行为理论模型

（1）行为意向（behavior intention）是行为的前置变量，是个体执行特定行为的倾向性（张辉等，2011），可以直接决定行为响应（behavior response）。行为意向是个体对采纳特定行为的意图判断，也可理解为个体采纳特定行为的主观概率，其行为意向越强，采取行动的可能性越大，两者存在高度相关性。由于行动者的行为意向可能随着时间而发生变化，因此计划行为理论认为行为意向有其自身的决定因素。

（2）行为意向原则上由以下三个因素决定：一是对行为态度（attitude

toward the behavior，ATT）的认知，即个体的内在因素，来自人本身的行为或形成的意识；二是对主观规范（subjective norm，SN）的认知，属于个体外在因素，来自周围社会反馈给行为人的规范或者暗示；三是对知觉行为控制（perceived behavior control，PBC）的认知，例如时间、机会等因素，来自行为人行动面临的约束和障碍。其中，行为态度表示个体行为的动机因素，即个体在对目标行为进行价值评估后，对该行为赞成或不赞成、喜欢或厌恶的认知判断；主观规范即个体采取某一行为所感受到的社会压力，也可理解为对个体行为具有影响力的个人或团体对个体特定行为决策所产生的影响；知觉行为控制反映个体根据过往经验和机会，对行为实施所能控制的资源、机会与能力的判断，表明自身对行为实施效果控制的能力，对行为响应也具有直接效应。当个体的行为态度、主观规范、知觉行为控制对行为意向的正向影响越强时，则个体执行该行为的可能性就越大。

（3）个体对行为态度、主观规范、知觉行为控制的认知共同受到外生变量的影响，包括人口变量、工作特性等，因此行为态度、主观规范、知觉行为控制具有共同的信念基础，它们既彼此独立，又两两相关。外生变量最终通过认知与意愿对行为响应产生影响（Ajzen，1991）。

作为社会心理学领域解释个体行为生成最重要的理论之一，计划行为理论对个体行为的解释不仅考虑了知觉行为控制等与农户切身利益直接相关的客观因素，也将农户行为态度、主观规范等观念性、心理性等非理性因素纳入决策分析框架，较好地反映了个体行为的有限理性假设。由于农业决策与社会心理学之间联系紧密，计划行为理论也在农业经济领域得到了越来越多的应用（Burton，2004）。农户的耕地撂荒行为受到经济、社会、心理等多方面因素的影响，在计划行为理论框架下分析农户耕地撂荒行为机理，可以有效反映撂荒成因的综合性与农户行为的复杂性。

3.1.2 计划行为理论在农户行为决策中的应用

作为最有效的被广泛应用于分析态度和行为的概念性框架之一（Ajzen，1988），计划行为理论能显著提高对行为的预测力和解释力。由于农业决策与社会心理学之间的密切联系，众多农业经济学者和社会心理学者将计划行为理论应用到农业研究领域（Burton，2004）。

结合结构方程模型，运用行为态度、主观规范、知觉行为控制、行为意愿、行为响应五要素，或在此基础上对前置潜变量进行修正，对农户行为机理进行分析是计划行为理论最普遍的研究应用。沈萌等（2019）通过解构计划行为理论，将行为态度等作为中间变量，并加入感知有用性、感知风险、同伴影响、上级影响、自我效能、便利条件6个前置变量，对影响农户农地转出意愿的主观决策因素进行分析，发现农户农地转出的最大动力是经济收益，农户对于同伴信任度高于对村集体的信任度。胡伟艳等（2019）在计划行为理论中构建二阶结构方程模型，分析农户耕地生态功能认知对农户参与生态功能供给意愿和行为的影响。俞振宁等（2018）将计划行为理论应用于农户重金属污染耕地休耕治理行为中，发现农户休耕行为响应受到行为态度、主观规范、知觉行为控制3个前置因素的影响。殷志扬等（2012）运用计划行为理论解释了农户土地流转意愿的形成机理，研究发现流转行为态度的形成主要取决于预期收益，计划行为理论对农户土地流转意愿具有较好的解释力，土地流转先行者、家人、村里德高望重的人对流转主观规范影响较大，并显著影响流转意愿；知觉行为控制主要取决于农户对土地政策的了解程度。

耕地撂荒行为本质是农户耕地利用行为，在农户有限理性假设下，结合农户行为的心理学、社会学特征，运用计划行为理论构建农户耕地撂荒行为分析框架，并运用结构方程模型进行分析可有效揭示农户耕地撂荒行为机理。

3.2 代际差异理论

3.2.1 代际差异理论内涵

代际差异的研究历史可以追溯到20世纪50年代，并最早起源于社会学，最著名的是卡尔·曼海姆（Karl Mannheim），他在其开创性的著作《代问题》（The Problem of Generations）中提出：代际差异理论是指因出生年代与成长背景的不同而导致的各代群之间在价值观、偏好、态度与行为等方面呈现出的具有差异性的群体特征。曼海姆将一代人定义为类似于个人在社会中的阶级地位，因为一代人不是一个具体群体（即其成员之间没有心理或身体上的接近或任何相互了解），而是一个共同位置，这种共同位置使这些人具有相似的经历，并产生了趋同的思考、体验和行动模式。曼海姆（1952）认为，社会的5个特征使代际的存在成为可能：（1）文化过程中出现了新的参与者；（2）前参与者不断消失；（3）一代人只能参与历史进程中有限的一部分；（4）文化遗产需要传承；（5）从上一代到下一代的转变是连续的。代际理论是描述和研究不同代人之间思想和行为方式上的差异和冲突的理论，自新中国成立以来，经济社会急速发展，因而人们也更容易产生代际差异。

曼海姆的理论认为代际差异是由于重大社会历史事件对处于人生关键成长时期群体的主要影响而发生的，进而对人格、价值观、思维方式和行为方式的发展产生影响，一旦形成就会稳定到成年期。而在非人生关键成长时期经历的重大历史事件对个体的影响较小。这种同样的历史社会事件对正处在不同年龄层的群体的差异化影响，导致了价值观、思维方式和行为方式的分化，即代际差异。对于代际而言，特别重要的是社会文化环境随着时间的推移发生重大变化，这些潜在的重大社会文化事件很多，包括战争和战争的后果（Noble and Schewe, 2003），导致发达经济体重大生活和工作变化的新技术，以及家庭和工作模式的重大变化（Layard and Mincer, 1985）。重大政治事件也可能很重要，如"冷战"和核武器的威胁，柏林墙倒塌和苏联解体。同样具有潜在影响力的是主要的社会经济转型，如企业跨国资本主义的相对上升，定期股市崩盘、萧条和持续衰退，普遍的失业，以及在20世纪80~90年代，由于裁员、重组、私有化和离岸外包，就业保障的丧失。导致相对稀缺或安全的社会经济事件对于代际差异可能特别突出（Egri and Ralston, 2004）。另外，社会学家认为共通的文化要素也会对代际差异的形成产生影响，如服饰、电影明星和音乐等（Parry and Urwin, 2011）。从个人属性来讲，代际差异可以理解为与生命周期高度相关的年龄层差异；从群体属性来讲，代际差异可以理解为与生命历程高度相关的世代差异（梁宏，2014）。在本书中，代际差异指的是不同代农户在耕地资源利用行为选择时，所表现出来的具体行为之间的不同。

3.2.2 代际划分

根据曼海姆的代际理论，在成长关键期经历的重大历史事件的不同是导致代际产生的原因，因此对代际的划分也应该根据这些重要的社会历史事件发挥影响的时间阶段和空间范围来确定。

时间划分包括两种方式：一种是基于人口学，间隔十年来划分代际，比如人们口中的"80后"和"90后"等；另一种是基于社会学，以影响力重大的历史事件和时期来划分。作为西方经济体的典型代表，美国的代际划分标准是根据曼海姆提出的经历同一个历史事件时期的方法，提出现在有三代："婴儿潮"一代，"X"一代、"Y"一代（"千禧"一代）（Glass，2007）。"婴儿潮"一代出生于1946~1964年，是工作场所中群体年纪最大的一代（Gursoy et al.，2013）。这一代被称为"婴儿潮"一代，因为在此期间相对于之前的人口普查数字出生了额外的1700万婴儿（O'Bannon，2001）。"婴儿潮"一代在"二战"后丰富和健康的经济中长大。"X"一代出生于1965~1980年。"X"一代是第一代在"任务清单"上长大的人，他们的成长环境中混合家庭的比例很高。他们也在有影响力的"婴儿潮"一代的影响下长大。"Y"一代出生于1981年后，是发展最快的一代。"千禧"一代被描绘成拥有7600万人口的下一代大群体。这一代人随着技术的发展而成长，他们也是第一代与计算机和互联网一起成长，并成为他们生活中重要部分的人。

空间范围划分是指在不同的国别间分别进行代际划分的研究，不同国别的代际不能视为相同，一般一个国家的代际划分不能套用另一个国家的代际划分标准，不要超出国别的界线。根据曼海姆的代际观点，代际的划分是限定在国家之内的，代际的形成是因为在成长关键期经历的重大历史事件的不同，在不同的国家，发生的社会历史事件不同，或者因为其特点导致受到相同历史事件的影响程度不同（Mannheim，1952）。在对文化上具有很多相似的国家之间进行深入调查分析后，发现他们受到历史事件影响的程度也是存在差异的。国别的不同应当作为代际空间划分的依据。部分学者提出当前全球化的发展使得国家与国家之间建立了更为紧密的联系，很多重大社会事件的影响超出了国家的限制，并且很多共同的文化也通过技术等在全球范围内进一步传播，提出在全球范围内建立一个统一的代际划分方式是可行的，而且这种统一划分方式的提出也有利于对不同国家之间进行比较分析，扩展研究的范围，加深研究的深度（Edmunds，2010）。但是全球化的发展是前进和落后重复交替上演的，其带来的影响存在不稳定性；而且全球化过程中发生的重大历史事件对不同国家的影响程度也存在差异，由于不同国家在全球化中的占比，经济水平占比存在差异，不同国家的社会、政治和历史环境等因素会导致其在接受和理解全球化的发展上存在差异，以上因素都会导致不同国家受到的全球化影响存在差异。所以代际的划分应当考虑国别的因素，根据不同国别的具体特征去进行划分。

在曼海姆的代际理论中存在这样的假设：代际应该被概念化为在特定的国家背景下（Mannheim，1952）。由于中国和西方没有相似的历史、社会或文化生活经历，因此有理由认为中国的代际群体与西方国家的代际群体不同。例如尤佳等（2013）提出三代人的划分方式：建设代（出生于1949~1965年）、"文革"代（出生于1966~1979年）和新生代（出生于1980~2000年）。

3.2.3 代际差异的来源

不同代群之间的个体特征和价值观方面差异的形成常常是受多种因素共同影响，很多学者在研究代际差异问题时发现，不同的代群之间的实际差异是年龄效应、时代效应和代表了代际差异的代效应共同作用的结果（见图3-2）。这三种效应对代群的影响主要表现为：

（1）代效应。是指由一系列历史事件导致的社会环境变迁对不同期群产生的差异性影响，这一效应造成了代群之间在价值观上的分化。

（2）年龄效应。年龄效应是指个体的年龄变化会带来个体在成熟度、人生阶段和职业阶段上的变化，并且这种变化会在一定程度上体现出价值观与个体特征的差异。年龄效应与个体经历的社会环境变迁和重大历史事件无关，仅代表了个体在不同年龄阶段的价值观差异。

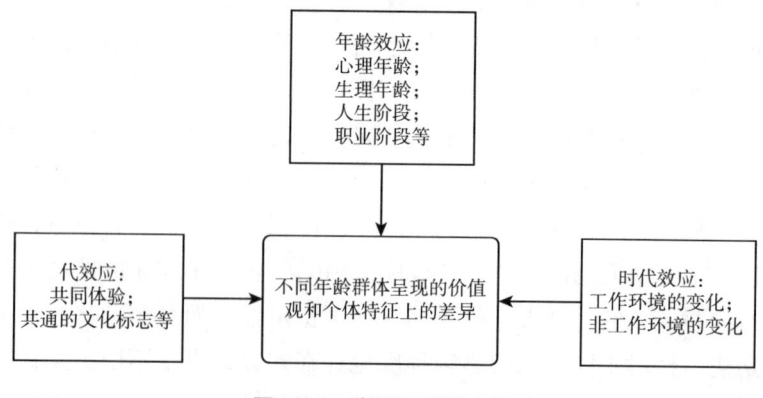

图3-2 代际差异的来源

（3）时代效应和代效应。时代效应是指社会群体的价值观或其他特征受到特定时期环境变化的影响而发生的整体性改变。代效应反映的是重大环境变迁中的代群分化，而时代效应反映的则是社会中所有代群的共同变化。需要说明的是，那些没有处在关键成长期的代群虽然会受到时代效应的影响，但由于个体的价值观在形成后会具有相对的稳定性，所以这种影响是比较有限的，在三种效应中时代效应影响也是最小的（陈玉明和崔勋，2014）。

3.3 制度变迁理论

随着新制度经济学的兴起，制度本身所包含的效率开始受到关注。诺思认为，制度变迁才是历史演进的源泉，"有效率的经济组织是经济增长的关键；一个有效率的经济组织在西欧的发展正是西方兴起的原因所在"。钱德勒在研究美国工业于20世纪五六十年代发生的管理革命时认为，美国工业中的规模经济更多的是制度变迁的产物，而不是技术创新的结果。对于如何有效地推动制度变迁的问题，长期以来存在着两种观点：一种是基于演进理性主义的诱致性制度变迁观点；另一种是基于建构理性主义的强制性制度变迁观点，但是以青木昌彦（2016）为代表的学者对这两种观点都提出了质疑。

3.3.1 制度和制度变迁的概念

"制度"一词曾经被视作政治学的"专利"，直到制度本身所包含的效率受到人们的特别关注时，这一概念才被纳入经济学家的视野。制度概念在不同的经济学家那里常被赋予不同的内涵。例如，T. B. 凡伯伦（T. B. Veblen）把制度理解为习俗；康芒斯（Commons）告诉人们要理解制度就必须把制度与交易联系在一起；西奥多·舒尔兹（Theodore W. Schultz）认为制度是管束人们行为的一系列规范；G. M. 霍奇逊（G. M. Hodgson）认为制度是通过传统、习惯或法律约束而力图形成固定的、规范的行为模式的一种社会组织。上述这些制度概念虽有差别，但基本上都把制度界定为规范和约束人的行为的规则（陈国富，2002）。

在制度变迁理论中，诺思、林毅夫等经济学家对"制度"这个术语进行了细化。一般情况下，指的是制度安排，被定义为管束特定行动模型和关系的一套行为规则。制度安排可以是正式的，也可以是非正式的。另一个概念是制度结构，它被定义为一个组织中正式的和非正式的制度安排的总和。正式制度安排是指有意识设计或规定的规则，包括政治规则（宪法、政府管制等）经济规则等。非正式制度安排是指在很长一段时间中自发形成并被人们无意识接受的行为规范，包括价值观、伦理规范、道德、风俗文化习惯、意识形态等。

在大多数情况下，制度变迁仅仅指某个特定制度安排的变迁（结构中的其他制度安排不变），即某个特定制度安排创立、变更及随着时间变化而被打破的方式，而不是指整个结构中的每个制度安排的变迁（科斯，2014）。

3.3.2 制度变迁的特性

制度变迁具有两个特征，即创新性和路径依赖性（青木昌彦，2016）。创新性比较容易理解，这里不再赘述。路径依赖性（path-depend-ence）是指制度变迁的结果取决于各自制度发展的历史轨迹。制度中的一些小事件、偶然性事件，可能会在制度变迁中自我增强，甚至决定制度变迁的特定方向（David，1985）。下面分别分析形成制度变迁路径依赖性的两个主要原因：制度变迁的关联性和历时性。

自社会学家格拉诺维特（Granovetter，1985）在一篇题为"嵌入性问题"的开创性论文中提出"社会嵌入"（social embeddedness）的概念以来，大家逐渐认识到，制度之间是相互关联、相互依赖的，制度具有互补性、嵌入性。青木昌彦（2016）论述到：只有相互一致和相互支持的制度安排才是富有生命力和可维系的，否则，精心设计的制度很可能会高度不稳定。由此提出了整体性制度安排。制度之间的关联和互补关系为整体性制度安排提供了一定的耐久性，同时，它们也影响着制度沿特定方向演进（青木昌彦，2016）。互补性的存在意味着富有活力的制度安排构成一种连贯的整体，任何单个制度在孤立情况下都不会轻易被改变或设计。富有活力的制度安排不一定是帕累托最优的，但它能够经受住那些孤立试验的干扰（青木昌彦，2016）。

形成制度变迁路径依赖性的另一主要原因是制度变迁的历时性。不同的制度安排并不是同时变迁的，它们在时间上有先后，有些制度安排的变迁速度相对快一些，而另一些则可能相对缓慢（科斯，2014）。林毅夫对意识形态与正式制度安排相比更具有刚性的特征进行了论述。

作为创新性和路径依赖性的结果，制度变迁又体现出多样性的特征。青木昌彦（2016）指出，制度分歧一旦发生，即使随后面临同一技术和市场环境，不同组织之间的整体性制度安排仍可能会相差甚远。

上述围绕制度变迁的特性做了一些简单介绍，归纳起来，如图3-3所示。

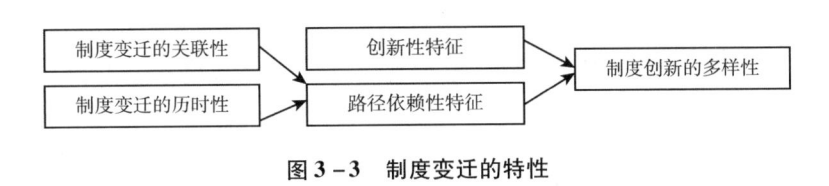

图 3-3 制度变迁的特性

3.3.3 制度变迁的分类

在青木昌彦提出一种新的制度变迁类型之前，一般按照林毅夫的提法，把制度变迁分为两种类型：诱致性制度变迁和强制性制度变迁，如图3-4所示。

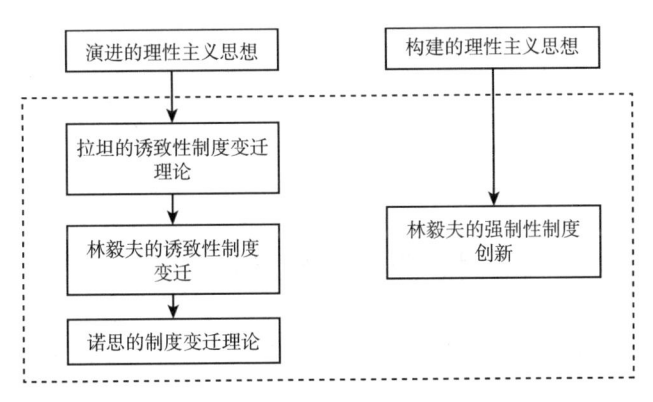

图 3-4 两种类型的制度变迁

诱致性制度变迁是由个人或一群人在响应获利机会时自发倡导、组织和实行的。当预期收益大于预期成本时，有关个人或群体会做出自发性反应，形成一种自下而上，从局部到整体的制度变迁过程。诱致性制度变迁反映的是一种"演进的理性主义"思想。这种理论主张，制度变迁是一种渐进、试错的寻优过程。它并不构建终极意义上的"最优"，而只是确保改善。它认为制度变迁服从达尔文的"进化论规律"（陈国富，2002）。但是近年来很多学者对诱致性制度变迁提出了质疑，如青木昌彦（2002）提出，各种制度之间的关联性使得制度很难从内部以渐进的方式发生变化。

林毅夫指出，正式制度安排是一种公共品，一旦制度安排被创新和被建立，每一个受这个制度安排管束的个人，不管是否承担了创新和初期的困难，都能得到同样的服务，因此进行正式制度变迁时会碰到"搭便车"的问题。如果只有诱致性制度变迁，那么一个社会中制度安排的供给将少于最优水平。因此，必须通过强制性制度变迁来补救持续的制度供给不足，由理性的统治者来矫正制度供给的短缺（科斯，2014）。强制性制度变迁反映的是一种"建构的理性主义"思想。这种理论主张以基于未来的理想模式来对现实进行改造。它认为制度之所以能创新，完全是因为那些睿智的社会精英聚集起来慎思精考的结果。但是强制性制度变迁并没能给出"如何能保证供给的制度就刚好符合需求"这个问题的答案，它表现出来的常常是一种周期性的破坏和重建的交替（陈国富，2002）。

青木昌彦（2016）在对大量的案例进行研究后发现，不管是诱致性制度变迁还是强制性制度变迁，都很难用来解释现实世界中发生的大部分制度变迁。现实世界中的制度变迁一般包含了两个阶段，前一阶段的制度演进过程是一个间或地被一些转折点所穿刻的过程。而在后一阶段，制度变迁过程又是渐进的。系统的变化与其说是自发和渐进的，不如说它更可能在外部冲击催发内部变化的情况下发生，外部冲击可能是累积的，也可能是突然出现的。

3.3.4 制度变迁理论在耕地资源利用中的应用

土地制度是农业经济制度的基础，农村土地制度的变迁一直都是推动我国农村社会经济发展的重要因素，土地制度的合理与完善直接影响到耕地利用的效益和效率（韩长赋，2019）。新中国成立后，我国农村土地制度的不断完善直接缔造了我国农业经济的增长和国民经济的繁荣。改革开放以来，我国实施了重大农村土地制度改革，确立了农村土地集体所有、家庭经营的基本制度框架，并在此基础上发展了多种形态的土地使用制度。这些改革推动了农业乃至整个中国经济高速的增长，向世界充分展现了由制度变迁推动经济发展的成功范例。

3.4 土地报酬递减理论

3.4.1 土地报酬递减律

土地报酬递减律是指在一定的自然、技术、管理条件下，当其他生产要素投入量不变时（土地），不断追加投入某种生产要素（资本或劳动力），土地产出量在达到一定限度时，其产出增加量会出现递减的现象。这里的投入和产出的变化是生产要素和农产品产出的实物量的变化，不涉及两者的价格收益变动。

土地作为特殊的生产资料和劳动对象，为人类的生存和发展提供了最基本的物质和空间保障。正是基于土地与人类生活生产的密切关系，人们在长期的生产实践过程中发现了土地报酬递减的现象，并最终形成了经济学中基础的"报酬递减"理论。

3.4.2 土地报酬递减律的前提条件

土地报酬递减律展现的是，一定条件下，可变要素的投入数量不断增加，引起与固定要素数量比例的变化，进而导致土地产出量发生变动的现象。这其中便隐含了除生产要素的配合比例变化之外，其他条件都是确定不变的假设：

（1）自然生产条件不变。农产品产量不仅与土地的自然肥力有关，而且还受到生产周期内光照、降水、气温等自然条件的影响。这些自然条件的变化将引起农产品产量的波动。因此，在分析土地报酬递减律过程中要假定自然条件不变，剔除土地肥力衰退、气候变化的影响。

（2）生产技术和管理方法保持相对稳定不变。一定生产时期内，农业生产技术和管理方法保持在相对稳定的水平，土地的产出变化仅与生产要素的投入比例有关。从人类社会的纵向发展进程来看，农业生产技术和管理方法总是在不断提高和改进，从而使土地报酬增加。在生产技术稳定后，土地报酬又会出现递减的现象。

（3）增加或减少的每一单位可变生产要素必须是同质的。即每一单位可变生产要素的性质、效用是相当的。如果把人工肥料作为一种可变要素，则要求追加的每一单位人工肥料应具有种类相同、含量相当的化学要素。

3.4.3 土地报酬递减律的阶段分析

土地报酬递减律中所提及的报酬是指在生产过程中投入一定量的生产要素所获得的产品数量。土地报酬具有三种不同表现形式：总报酬（TPP），即投入一定量的生产要素所获得的产品总量；平均报酬（APP），即投入某种可变生产要素所获得产品量，它等于产品总量与该生产要素投入量的比值；边际报酬（MPP），即每增加投入一单位可变生产要素所带来的总产出的增加数量，它等于因可变生产要素投入增加所带来的产品增加量与该生产要素投入增加量的比值。

土地报酬递减指的是边际报酬递减，也就是说，在一定面积的土地上，随着可变生产要素（资本或劳动力）的不断追加，新追加单位要素的边际产量大于它前一单位所获得的边际产量，而当总产量达到某一点后，再追加的单位要素的边际产量便开始小于其前一单位的边际产量，直至边际产量为零，甚至为负。

根据总报酬、平均报酬和边际报酬三者之间关系，可以将土地报酬的变化分为三个阶段，其形式如图3-5所示，图中的X轴表示可变生产要素，土地为固定生产要素，Y轴为农作物产量。图中TPP为总产量曲线，APP为平均产量曲线，MPP为边际产量曲线。

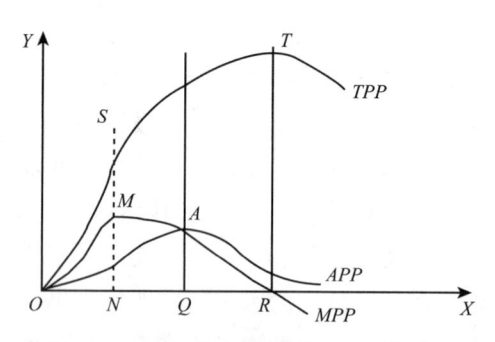

图3-5 土地报酬递减律的三个收益阶段分析

第一阶段为OQ。这一阶段的主要特征是MPP处于APP上方，即边际报酬大于平均报酬，因此平均报酬一直处于递增状态。生产之初，可变生产要

素 X 投入量过少，导致土地等固定生产要素基本不能发挥效用，产量 Y 接近于零；随着 X 投入的增加，要素配合比例逐渐趋于合理，表现为 TPP、APP 和 MPP 三条曲线一起上升。当 X 投入量到达 N 点时，MPP 处于最高点 M，总产量为 S。N 点之后，边际产量开始递减，总产量则以递减速率增加，TPP 曲线变得相对平滑，故 S 点被称为转向点。对应 Q 点的边际产量等于平均产量，图中表现为 MPP 与 APP 相交于 APP 的最高点 A，即平均产量在 Q 点达到最大。

第二阶段为 QR。这一阶段的主要特征是总产量继续以递减速率增加，直至 T 点为止；平均产量大于边际产量，但两者都处于递减状态，直到边际产量为零。此时，可变要素 X 的投入量为 R，总产量达到最大值 T。

R 点之后为第三阶段。此阶段中边际产量由正转负，X 要素投入的增加已经不能带来总产量的增长，反而会导致总产量下降。

通过对土地报酬变化的阶段分析，可以看出可变要素与固定要素之间的投入比例影响着土地上农产品的总产量。第一阶段中，随着可变要素 X 投入的增加，平均产量和总产量也在不断增长，如果可变要素 X 比较丰裕的话，就应当继续追加投入，而不应是生产过程停滞在此阶段。第二阶段中，由于可变要素与固定要素的投入量在配合比例上处于较合理的区间，即使边际产量和平均产量处于递减状态，但总产量一直在增长，直至最大值 T。第三阶段中，可变要素的追加只能带来总产量的减少，而且投入越多，损失越大，显然可变要素的投入不应推进到第三阶段。因而，X 要素的合理投入范围应当处于第二阶段。

土地报酬递增、递减是客观存在的现象。我们应该正确认识这种客观规律，在生产技术和管理方法保持相对稳定的阶段，综合考虑土地的集约利用程度、可变生产要素的投入量，以及各生产要素的合理配比，最终确定土地的最优利用方式。

3.4.4 土地报酬递减律对土地资源集约利用的指导作用

在当今世界，由于人口不断增长和经济社会迅速发展使土地资源的稀缺性更加突出。因此，土地资源的集约利用将成为必然的趋势。

实行土地的集约利用，就是要增加对单位面积土地的变量资源的投入，以提高土地利用的集约度。所谓集约度，是指每单位面积土地上所投劳（劳动）资（物资）数量的多少。土地资源集约利用应有一定的限度，逾越限度总是不利的。一般把集约度的最高限度称为利用的集约边际；而把集约度的最低限度称为利用的粗放边际。前者是同一单位土地上纵的加深集约的界限，后者则是指横的扩展土地范围的界线。可见，要实行集约利用，选定合理的土地利用集约度，首先需与其他变量资源的投入有一个最佳的配合比例和最佳配合点。从这个意义上说土地报酬递增、递减三阶段的分析，对土地资源的集约经营和集约度的确定，显然提出了可供选择的依据。上述"三阶段分析"明确揭示了土地报酬的第一阶段因变量资源投入不足，未达到集约利用的粗放边际，因而实际上是一种类似粗放经营的形式，或掠夺式的经营。而第三阶段，因变量资源投入过多，超出了土地的容受力，逾越了土地利用的集约边际，因而是一种不合理的集约经营，只有第二阶段，变量资源与固定资源（土地）的配合比例在数量上才是协调的。土地的生产潜力得到了充分发挥，可谓合理的集约经营。因而，资源配合的适宜范围和投入变量资源的最适点，只能在第二阶段。这便是土地报酬递增递减规律对土地集约经营的制约作用。

我国是一个人口多人均耕地少的国家，并且目前的土地利用普遍是粗放型的，土地集约利用远没有达到理想的状况，因而多数情况下土地利用效率同土地集约利用成正比例关系，即土地利用效率伴随土地集约度提高而提高。为了满足社会对各种农产品及建设用地日益增长的需求，需要走土地利用集约化的道路，提高单位面积产量。同时要以合理布局、优化用地和可持续发展为前提，通过增加土地投入，改善经营管理、提高土地利用率等途径，不断提高土地的使用效率，并取得良好的经济、社会和生态环境效益。而单位面积土地上劳动力、资金、技术、物质等投入的合理密集度则是衡量土地集约利用的标准。除集约度之外，土地供给量、土地价格、用途与区位，科学技术、市场容量、土地投机、税收、相关政策与制度都是影响土地使用效率的因素。并不是集约度越大，土地使用效率越高，在现实中也并不是一味追求土地利用集约度的最大化，而是应当寻求合理的集约度，使土地使用效率达到最大化。

3.5　利益相关者理论

3.5.1　利益相关者理论的产生和发展

利益相关者理论的定义最早由斯坦福研究所（1963）给出：对企业来

说，存在这样一些利益群体，若缺乏其支持，企业则无法生存。从此，利益相关者理论研究真正起步，自斯坦福研究所首先提出该概念后，一直到其后的30年间，国际上出现了多种多样的利益相关者定义，例如弗里曼在1983~1990年就曾多次对利益相关者做出了不同的表述。利益相关者理论极大地挑战了当时盛行的"股东利益至上论"，开始让人们反思，企业并非仅是为股东利益服务的组织，还有许多对企业生存有着至关重要影响的利益群体。随后利益相关者理论得到管理学、伦理学、法学和社会学等众多学科的关注，但研究的主战场一直在企业领域。直到20世纪最后10年，研究领域逐步拓展到政府、城市、社区以及其他社会组织中。

目前利益相关者理论在彭罗斯（Penrose）、安索夫（Ansoff）的开创性研究以及继起的弗里曼（Freeman）、唐纳森（Donaldson）、克拉克森（Clarkson）等多位学者的共同努力下，在多个领域取得了显著进展，从理论基础、分析框架到研究方法体系逐步成熟起来，在管理学科中成为一个颇具特色的分支。依据其研究侧重点的发展历程，一般可将利益相关者的研究划分为表3-1中的三个阶段（李洋和王辉，2004）。

表3-1　　　　　利益相关者理论研究三个阶段的主要特征

时期阶段	研究侧重点	基本理论观点	代表人物
20世纪60~80年代	影响企业生存	利益相关者是企业生存的必要条件，是相互依存的关系	莱恩曼（Rhenman），普费弗（Pfeffer），萨兰（Salane）
20世纪80~90年代	实施战略管理	强调利益相关者在企业战略分析、规划和实施中的作用	弗里曼（Freeman），鲍伊（Bowie），阿克哈法吉（Alkhafaji）
20世纪80年代至今	参与所有权分配	利益相关者应当参与对公司所有权的分配	唐纳森（Donaldson），琼斯（Jones），克拉克森（Clarkson）

3.5.2　利益相关者的分类

利益相关者分析和管理必须建立在对利益相关者进行科学合理的分类基础上。按照不同的研究目的可以选择不同的分类标准，常见的分类方法如下：

（1）按照企业对利益相关者的责任边界的不同，可以分为支持型（包括企业高管、雇员和上下游客户等）、边缘型（包括中小股东、员工的行业组织、消费者权益保护组织等）、不支持型（包括工会、媒体组织、竞争对手等）、混合型（包括消费者、经销商、短缺的技术工人等）四种不同的利益相关者。

（2）按照利益相关者的社会性不同可划分为社会利益相关者和非社会利益相关者两种。

（3）按照利益相关者是否与企业存在契约的有效性分为两类，即有契约关系的利益相关者和没有契约关系的利益相关者。前者与企业之间的关系和影响由契约限定，如公司高管、代理商、供货商、股东、债权债务人和员工；后者虽与企业没有契约关系，但其利益可能会受到企业生产经营的影响，如现实的和潜在的竞争对手、新闻媒体、社区公众等。

除了以上分类方法外，克拉克森也提出了两种比较常用的分类方法：第一种是按照相关群体在企业活动中经受的风险类型，分为自愿型和非自愿型利益相关者；第二种是按照相关者群体与企业联系的紧密性，分为主要型和次要型利益相关者。虽然这些分类体系的分类标准不同，然而相同之处是都意在指出不同利益相关者的主次地位，并力求完备。需要注意的是，组织转化、时间的推进等时空条件的变化都可能会影响利益相关者次序上的变换。

3.5.3 利益相关者的核心思想

依据新制度经济学的解释，组织是其利益相关者基于特定规则和相关关系情境的结合，他们通过各种显性契约和隐性契约来界定其权利和义务的边界，其中物质资本供给者和人力资本供给者对企业剩余索取权与剩余控制权作出不对称分布，从而实现为不同利益相关者和社会创造更多利益的目的。具体体现在以下几个方面：

（1）利益相关者的积极参与会激励企业在面临决策时充分考虑其诉求，同时也促进了利益相关者对企业利益的关切，有利于企业内部机会主义的控制，从而降低企业激励监督成本。

（2）以利益相关者合作逻辑作为行事准则的企业能够更好地注重其长期目标的推进。

(3) 在利益相关者合作框架下，不同利益群体的利益得到切实的尊重，既推动了企业员工和当地经济的发展，又有效地促进了经济公平。

3.5.4 利益相关者理论在耕地资源利用中的应用

耕地利用是一个复杂的行为博弈过程，牵涉到农户、农业企业、地方政府和中央政府等众多的利益相关主体，这些利益主体的利益是相互紧密关联的。其中，政府的行为动机是提供公共产品和服务，企业的行为动机是追求利润最大化，农户的行为动机是维护自身利益最大化和风险最小化，各利益相关者的利益诉求、利益表达、利益冲突也存在差别。因此，我们可以借鉴利益相关者理论来研究耕地利用过程中经济效益和环境影响等诸多问题。近年来，这方面的文献主要集中在生态退耕、耕地保护和农地流转的研究上。耕地资源的利用需要结合科学的理论指导，将利益相关者理论应用其中，并以此作为理论基础，构建起一套整合分散资源和力量的机制将是一种非常有益的尝试。

3.6 能值理论

3.6.1 能值理论的产生

美国著名系统生态学家 H. T. 奥德姆（H. T. Odum）从 20 世纪 70 年代起，对生态系统的能量学开展系统而深入的研究，提出了一系列新概念和开拓性的重要理论观点。其中包括 70~80 年代初提出的能量系统、能质、能质链、包被能（或译体现能）、能量转换率及信息量等观点（Brown，1996）。这是第一次将能流、信息流与经济流的内在关系联系在一起，能流的特质基础是物质，这样，生态系统中的这几个功能过程不再是孤立的了。80 年代后期和 90 年代创立了"能值"概念理论，以及太阳能值转换率等一系列概念（Odum，1996）。从能量、"包被能"发展到"能值"，从能量分析研究发展到能值分析研究，在理论和方法上都是一次重大飞跃。这些理论观点和方法的发展过程，反映在奥德姆不同时期的论著中，尤其在《人与自然的能量基础》（1981）、《系统生态学》（1994）、能值专著（1996）等著作中。

3.6.2 能值理论的基本概念

能值与能量不同。能值是指流动或贮存的能量中所包含的另一类别能量的数量。因各种资源、产品或劳务的能量均直接或间接起源于太阳能，故多以太阳能值来衡量某一能量的能值大小，其单位为太阳能焦耳（seJ）。任何流动或贮存状态的能量所包含的太阳能的量，即为该能量的太阳能值（Odum，1996）。换言之，某种资源、产品或劳务的能值，就是其形成过程直接或间接应用的太阳能焦耳总量。

能值理论和分析方法使得原本难以统一度量的各种生态系统或生态经济系统的能流、物流和其他生态流能够进行比较和分析，无论是可更新资源、不可更新资源，还是商品、劳务，甚至信息和教育，都可以用能值来评价其价值（Odum，1996）。例如，1克雨水的太阳能值为 7.5×10^4 焦耳；1克氮肥的太阳能值为 3.8×10^6 焦耳；而1克铁矿石的太阳能值为 8.6×10^8 焦耳；1个高中生1年所受教育的能值为 24.6×10^6 焦耳；1个研究生1年所受教育的能值为 343.0×10^6 焦耳（Odum，1996）。

能值转换率即形成每单位物质或能量所含有的另一种能量之量；而能值分析中常用太阳能值转换率，即形成每单位物质或能量所含有的太阳能之量，单位为 seJ/J 或 seJ/g。用公式可以表达为：

$$\text{A 种能量（或物质）的太阳能值转换率} = \text{应用的 seJ} \div 1\text{J（或 1g）A 种能量（或物质）}$$

能值转换率是一个重要的概念，它是衡量能量的能质等级的指标。生态系统或生态经济系统的能流，从量多而质低的等级（如太阳能）向量少而质高的等级（如电能）流动和转化，能值转换率随着能量等级的提高而增加。系统中较高等级者具有较大的能值转换率，需要较大量低能质能量来维持，具有较高能质和较大控制力，在系统中扮演中心功能作用。复杂的生命、人类劳动、高科技等均属高能质、高转换率的能量。某种能量的能值转换率愈高，表明该种能量的能质和能级愈高；能值转换率是衡量能质和能级的尺度（Odum，1983）。通过太阳能值转换率可以计算得出某种物质、能量或劳务的太阳能值。奥德姆和合作者从地球系统和生态经济角度换算出自然界和人类社会主要能量类型的太阳能值转换率，可用于大系统如国家、区域、城市系统的能值分析。根据各种资源（物质、能量）相应的太阳能值转换率，可将不同类别能量（J）或物质（g）转换为统一度量的能值单位（seJ）（陆宏芳等，2005）。

3.6.3 基本能值指标

在能值理论中，生态经济系统既有输入端也有输出端。输入包含可更新资源（R）输入、不可更新资源（N）输入和外界资源（IMP）输入，输出包含对外部输出资源（EXP）。其中，可更新资源（R）包括：初级可更新资源（太阳能、地热能和潮汐能）和次级可更新资源（风能、雨水势能和雨水化学能等）。由于次级可更新资源的形成是由于初级可更新资源的作用，所以为了避免重复计算，在能值核算时会取初级可更新资源的数值和次级可更新资源的最大值进行比较，将较大的那个作为可更新资源的数值。不可更新资源包含化石能源、金属资源和矿产品三大类，在计算不可更新资源投入量时，需考虑当前生态经济系统在发展过程中经由水土流失带走的能值流失。外界输入资源包含外界输入的各种不可更新资源、商品和服务。旅游业是外界资源输入的一个典型的例子，游客将外部的资源以金钱消费的形式带入该生态系统，带动该生态经济系统的发展。同理，对外界输出资源是指该生态经济系统对外部输出的各种不可更新资源、商品和服务。在一个生态经济系统的发展过程中，会产生大量的"三废"（W），"三废"本身也具有能值价值，是放错了地方的资源。

在这些能值指标的基础上，许多学者建立了新的指标，用以核算一个生态经济系统的结构、发展状况和可持续发展水平。一般而言，这些指标可分为三类，即能值强度指标、系统结构指标和可持续发展指标。能值强度指标包含能值密度和人均能值使用量；系统结构指标包含可更新资源能值比率、能值自给率、输入输出资源能值比率和能值货币比率；可持续发展指标包括能值产出率、环境承载力和可持续性指数三个指标。

3.6.4 能值理论在耕地资源利用中的应用

自能值理论诞生以来，就被应用到各种不同规模和水平的生态经济系统评估当中。与价值形态相比，能值形态能更好地解决不同研究范围耕地各种投入的量纲统一问题。根据能值理论，可以将"耕地利用集约度"定义为"一定时间内投入到单位面积耕地上的物质和劳动力的能值总量"（陈秋计等，2007），即所投入的各种物质资本和劳动力数量越多，则耕地利用集约度就越高，反之则越低。耕地的投入主要包括农业机械总动力、化肥、农药、农膜、劳动力。能值分析恰好能反映耕地系统各组成部分的能量流动方向，以及投入产出要素在整个耕地系统中的占比。本书耕地利用可持续集约化部分基于能值理论对江西省瑞金市耕地利用进行了研究，同时也充分考虑了耕地利用对生态环境的影响，能够更加全面地评价耕地利用结构优化方案的优劣，为耕地利用可持续集约化评价提供更加全面的理论依据。

3.7 农业可持续集约利用理论

3.7.1 农业可持续集约化的内涵

1997年普雷蒂（Pretty）首次将农业可持续集约化定义为"大幅度提高产量，同时保护再生自然资源"。后来，吉邦（Gibon，1999）则将这一术语引入畜牧生产系统中，通过控制畜牧生产系统的投入和产出，以提高生产力或改变产品质量，同时保持系统和环境的完整性。虽然，鲁本和李（Ruben and Lee）从提高土地和劳动力的回报，同时维持土壤养分平衡的农业经济学角度定义了可持续集约化，但普雷蒂提出加强利用自然、社会和人力资产，并结合使用现有最佳的技术和投入，最大限度地减少对环境的危害，这一可持续集约化定义被引用最多，且应用范围最广（Ruerd，2000；Pretty，2008）。而英国皇家学会则把可持续集约化定义为"在不影响环境和不耕种更多土地的情况下，增加产量"（Baulcombe，2009）；联合国粮农组织（2011）给出关于可持续集约化的一个最新且被广泛引用的定义是"在节约资源、减少对环境的负面影响、增强自然资本和生态系统服务流的同时，从同一地区生产更多的产品"。

如今，可持续集约化作为一个研究者普遍接受的框架，普遍被认可的解释是增加单位投入产量，同时减少对环境的影响（Scherer et al.，2018）。其主要目的是提高农业资源效率，从而通过提高每公顷产量来进一步实现农业集约化。

虽然，许多机构和组织认可可持续集约化作为21世纪粮食生产和满足全球粮食需求的一种手段，但其所涉及的农业技术却没有得到任何详细描述，至于可持续集约化代表什么，如何使用它，仍然不清楚（Petersen et al., 2015）。如英国皇家学会的一份报告明确指出，作物生产的可持续集约化需要对农业的可持续性有一个明确的定义（Council, 2010）；同样，英国下议院环境审计委员会的书面证据指出，在英格兰乡村保护运动中，政府应该更明确地界定可持续集约化这一术语的含义；蒙彼利埃专家组2013年的报告则指出可持续集约化作为广泛农业生产系统的一个集合，并未对决策者和农民的前进提供指导（Franks, 2014）。因此，面对可持续集约化含义过于模糊的特点，皮特森（Petersen, 2015）认为可持续集约化涉及一个目标（Godfray, 2015），而不是一个蓝图。最近，在关于可持续集约化范式的研究中，把可持续集约化作为一个目标便是其四个基本前提假设之一，且明确指出它不是特定农业技术的处方，也没有预先规定应如何实现或采用何种农业技术（Garnett et al., 2013；Robinson et al., 2015）。根据前人研究汇总的农业可持续集约化的特征/定义、原则和实践等关键内容见表3-2。

表3-2　　农业可持续集约化的特征/定义、原则和实践

项目	内容
特征/定义	大幅度提高产量，同时保护再生自然资源（Pretty et al., 1996；Pretty, 1997） 控制畜牧生产系统的投入和产出，以提高生产力，同时保持系统和环境的完整性（Gibon et al., 1999） 提高土地和劳动力的回报，维持土壤养分平衡（Ruben and Lee, 2000） 加强利用自然、社会和人力资产，并结合使用现有最佳的技术和投入，最大限度地减少对环境的危害（Pretty, 2008） 在不影响环境和不耕种更多土地的情况下，增加产量（Royal Society, 2009） 在减少环境负面影响的同时，增加对自然资本和环境服务流动的贡献（Fao, 2011；Firbank et al., 2013） 减少环境影响，同时增加粮食产量（Garnett et al., 2013） 缩小产量差距，同时尽量减少环境压力，不耕种更多耕地（Clay, 2018）
原则	减少对土地的利用并增加劳动力、光和知识等可再生资源的使用，从而增加产量（Godfray et al., 2010；Firbank et al., 2013） 提高资源使用效率和优化外部投入的应用，减少粮食生产对环境的负面影响，并缩小产量差距（Matson et al., 1997；Pretty, 1997, 2008） 提高作物品种和牲畜品种的利用（Pretty, 2008；Ruben and Lee, 2000） 减少食物浪费，并提高生产力（Garnett et al., 2013）

续表

项目	内容
实践	在轮作中使用豆类、覆盖作物和收获作物（Tilman et al.，2011） 病虫害综合治理（Pretty，1997） 水土保持、土壤健康有效管理（FAO，2011） 植物遗传资源保护、改良品种（FAO，2011） 水资源管理、非充分灌溉、补充灌溉、灌溉施肥（FAO，2011）

3.7.2 可持续集约化在耕地利用中的应用

目前可持续集约化研究和实践仍以农业为主，以生态和经济效益为主导，并扩展至社会效益、景观效益等，具有构成层级化、内容多元化、运行政策化及时空分异化等特征。土地利用是一个自然、经济和社会各要素耦合的过程，其可持续利用对实现以经济发展、环境美好和社会包容为主要目标的可持续发展具有重要作用。耦合土地利用视域和可持续集约化理念，以协调人地关系、提升生态服务价值为总目标，并延伸至提高农业综合生产能力、保障粮食安全、减少食物浪费、平衡饮食需求、实现社会公平等多维目标（Garnett et al.，2013）。未来研究过程中应将社会、经济需求与生态环境要求相结合，在宏观尺度关注耕地利用秩序和利用格局的演变，微观尺度上重视农业生产环境的维护和生物多样性的保护。

不难看出，可持续集约化与中国生态文明背景下"三位一体"的耕地保护理念和可持续发展战略相契合。生态文明背景下，面向可持续发展目标，结合中国耕地利用与保护的时代需求，耕地利用可持续集约化的内涵可概括为：①经营集约化，即通过改进管理方式和技术，避免不良做法，优化管理模式，科学确定经营规模和区域布局，实现更高的农业产出；②产出高效化，即强调投入的有效性，通过合理利用人力资本，优化农作物和牲畜品种，科学增加有效投入，提高土地生产率和劳动生产率；③资源节约化，即减少不必要外部输入，合理高效地利用各种资源，提高资源利用效率，可以视为对经营集约化和产出高效化的进一步提升；④生态环境优化，即将环境负面效应降到最小，减少不利外部影响，并进一步考虑提升土壤生态系统的环境承载力和自我修复能力，这也是当前内涵有待实现的最高目标（彭文龙等，2020）。

3.8 外部性理论

3.8.1 外部性定义

外部性理论最早诞生于马歇尔的"外部经济"及"内部经济"这一对概念，随后庇古（Pigou）运用边际分析方法，从福利经济学角度出发分析社会资源配置最优，最终正式提出了外部性概念，这也奠定了政府征收环境税的理论基础。20世纪60年代，科斯进一步发展了外部性理论，提出了科斯定理：在交易费用为零时政府可以不用出面对企业生产过程中产生的外部性问题进行干涉，企业可通过内部交易解决这些外部性问题（岳远贺，2016）。随后外部性理论得到了进一步地发展，出现了正、负外部性的研究。

不同的经济学家对外部性有不同的定义，一类从外部性的产生主体来定义，如萨缪尔森和诺德豪斯将外部性定义为"那些生产或消费对其他团体强征了不可补偿的成本或给予了无须补偿的收益的情形"（萨缪尔森，1999）；另一类从接受主体来定义，如兰德尔（1989）认为"当一个行动的某些效益或成本不在决策者的考虑范围内的时候所产生的一些低效率现象，也就是某些效益被给予，或某些成本被强加给没有参加这一决策的人"。这些叙述性的定义只强调了一个经济主体的经济活动对其他人的影响，但并没有给出什么样的影响，怎么施加的影响，直接影响还是间接影响等问题的定义，因此造成了外部性概念内涵上的模糊。形式化定义将自身以外的影响都称为外部性，但在现实中，所有经济主体的活动都会对自身以外的其他经济活动产生影响，所以所有的经济主体间都有相互影响。在这一定义中没有区分出交互式影响和外部性，也正是因为如此，外部性缺少其形式化发展的基础。

3.8.2 外部性理论的发展

许多经济学家都对外部性理论的发展做出了重大贡献，但一般认为外部性理论的发展有三个重要的里程碑，分别由马歇尔（Marshall）、庇古

（Pigou）和科斯（Coase）三位经济学家提出。

（1）马歇尔的"外部经济"理论。外部性理论最早起源于马歇尔在1890年发表的《经济学原理》中的"外部经济"概念。在这一论著中，除了人们多次提出的土地、劳动、资本这三大生产要素外，马歇尔提出还有一种要素能导致产量的增加，这一要素就是"组织"。组织的内容十分丰富，包括分工、机器的改良、大规模生产及企业的管理等。马歇尔用"外部经济"和"内部经济"这两个概念，说明了组织这一要素的变化对产量的影响。

马歇尔提出"对于经济中出现的生产规模扩大，可以将它分为两种类型，第一类是生产的扩大依赖于产业的普遍发展；第二类是生产的扩大来源于单个企业自身资源组织和管理的效率。对于第一类，我们将其称为'外部经济'，第二类称为'内部经济'。"内部经济指的是企业内部各种要素所导致的生产费用减少，这些要素包括劳动者工作热情、工作技能的提高、内部分工的完善、管理水平的提高、先进设备的采用等。外部经济指的是由于企业外部各种因素所导致的生产费用减少，这些因素包括企业离产品销售市场的远近、市场容量的大小、交通运输的便利、其他相关企业的水平等。

马歇尔并没有提出内部不经济或外部不经济的概念，但他从内部经济和外部经济考察了影响企业成本变化的各种因素，为后来的外部性理论的发展提供了无限的想象空间。

（2）庇古的"庇古税"理论。庇古是马歇尔的弟子，其在1920年出版了代表作《福利经济学》。这本书是西方经济学中第一部系统论述福利经济学问题的专著，庇古也因此被称为"福利经济学之父"。在这本书中，庇古扩充了外部性理论，提出了"外部不经济"的概念和内容，将外部性问题的研究从外部因素对企业的影响转向了企业或居民对其他企业和居民的影响效果，这正是外部性理论研究内容的核心。

庇古通过分析边际私人净产值与边际社会净产值的背离来说明外部性问题。边际私人净产值指的是一个企业在生产中多生产一个生产要素时所得到的产值，边际社会净产值指从全社会的角度出发多生产一个生产要素时所增加的产值。庇古认为生产一个生产要素的边际私人净产值等于边际社会净产值时，产品价格就等于边际成本，资源配置也就达到了最佳状态。庇古认为，边际私人净产值与社会边际净产值之间还存在下列关系：如果在私人净产值之外，还有其他人得到利益，则边际社会净产值大于边际私人净产值；反之如果其他人在这一过程中受到损失，则边际社会净产值小于边际私人净值。

这种生产者的生产活动带给社会的有利影响，庇古称之为"边际社会收益"，生产者的生产活动带给社会的不利影响称为"边际社会成本"。

在边际私人收益与边际社会收益、边际私人成本与边际社会成本相背离的情况下，依靠自由竞争是不可能达到社会福利最大的。政府应采取适当的措施来对这种背离进行补偿和纠正。政府应对边际私人成本小于边际社会成本的部门，即对存在外部不经济的部门进行征税；对边际私人收益小于边际社会收益的部门进行奖励或发放津贴，也就是对存在外部经济效应的企业进行补贴。庇古认为，通过这种征税和补贴能够实现外部效应的内部化。庇古的这种政策建议被称为"庇古税"。

庇古税在后来各国的经济活动中得到了广泛的应用，如在基础建设中的"谁受益，谁投资"政策，环境保护领域中"谁污染，谁治理"的政策都是庇古税的具体应用。但庇古税应用的前提是政府要明确引起的外部性及受其影响的所有边际私人成本和社会成本，但在现实中政府很难拥有这样的足够信息，因此实际的执行效果往往与理想存在较大的偏差。另外政府干预自身也会产生成本，如果政府干预成本大于外部性的损失，则经济效率就得不到保证。在庇古理论中，其假设是政府能够自觉按公共利益对产生外部性的经济活动进行处理，但在现实中，政府的公共决策存在很大的局限性。最后在庇古税的实施过程中可能会出现寻租活动，这会导致资源浪费和资源配置的扭曲。

(3) 科斯的"科斯定理"。新制度经济学的奠基人科斯在对庇古税进行批判的过程中形成了自己的理论。其批判主要集中在：①外部效应不是一方侵害另一方的问题，而是一个具有相互性的问题。如化工厂与居民区间的环境纠纷，在没有明确化工厂是否具有污染排放权的情况下，一旦因为化工厂排放废水就对它征收污染税，这是不严肃的事情。因为，如果化工厂建造在前，而居民区建造在后，那化工厂拥有污染排放权，居民区要向化工厂购买污染排放权。②在交易费用为零的情况下，庇古税是没有存在的必要的。因为通过双方协商就可以达到资源配置的最佳结果，政府实行庇古税会增加额外的成本。③在交易费用不为零的情况下，解决外部效应的内部化问题要通过对各种政策手段的成本与收益进行比较才能确定，在这种情况下，庇古税可能是有效的也可能是无效的。在上述三个情形的界定下，形成了科斯定理：如果交易费用为零，无论权利最终如何界定，通过市场交易和自愿协商就可以达到资源的最佳配置；如果交易费用不为零，解决外部性问题也有可能通过自愿协商的市场行为替代庇古税。

科斯定理将庇古税理论纳入自己的理论框架下，在交易费用为零的情况下，解决外部性问题不需要庇古税；在交易费用不为零时，要通过进行成本的比较，才能决定是否使用庇古税。科斯定理是外部性理论研究的重要进展，环境保护领域中的排污权交易制度是其重要应用。

科斯理论也有其重大的局限性：科斯定理使得在产权不明确的情况下，外部性的主体及客体不明确（段伟杰，2011）；在市场化程度不高的经济体中，科斯理论不能发挥作用；在一个法制不健全、不讲信用的社会环境中，自愿协商会产生巨大的交易费用，这会使得自愿协商不具备普遍的现实适用性；自愿协商的前提是产权明确界定，环境资源这类公共物品产权很难明确界定其产权，这也使自愿协商变得十分困难（沈满洪等，2002）。

3.8.3 外部性理论在耕地利用中的应用

耕地利用不仅会产生经济效益，还能够产生社会效益以及生态效益。经济效益归耕地利用主体所有，而生态效益以及社会效益则归非耕地利用者所有。耕地资源是一种纯粹的公共物品，在利用过程中有非竞争性和非排他性，能够产生外部性；同时，保护耕地意味着会失去转化为其他用地类型机会，一定程度上会提高耕地保护的机会成本，从而导致耕地保护积极性的降低（温良友等，2021）。耕地利用的外部性具有两类：第一类是为区域提供生态系统服务、保障区域粮食安全以及防治水土流失所产生的正外部性效应（诸培新等，2011）。第二类是农户为了追求经济利润而对生态环境造成破坏的负外部性行为，如过量使用农用化学品（农药以及化肥）、围湖造田以及毁林开荒等。这些行为不仅造成了生态资源的减少，同时容易形成耕地面源污染，造成土地退化现象日益严重（马爱慧等，2010）。然而，对耕地资源进行保护性利用，倘若未能以经济效益的形式直接反馈给农户，将造成农户持续对耕地进行粗放利用。因此，为了保障耕地可持续利用，应当以货币补偿的形式鼓励农户集约利用耕地，从而将社会效益以及生态效益内部化（邵彦敏等，2008）。耕地保护外部效应内部化能够提高耕地利用效率、增加区域经济发展水平以及改善区域环境水平，从而促进耕地利用的正外部性效应。

第4章 中国耕地利用复种指数变化分析

4.1 引　言

耕地是人类生存的基本资源和条件。我国人口多人均耕地少，人地矛盾日益突出，耕地面积锐减，已成为影响我国粮食安全的重大问题（谢花林等，2012；陈瑜琦等，2009；Zhu et al.，2007）。随着社会经济的快速发展，工业化和城镇化进程不断加速，我国耕地面积的减少将成为长期发展趋势（陈瑜琦等，2009）。在保障我国粮食安全的目标下，耕地集约利用现状、时空差异及其影响因素值得高度关注（陈瑜琦等，2009；李秀彬等，2007）。复种作为农作物种植制度的重要特征，是耕地集约利用的重要表现之一。改革开放以来，提高耕地的复种指数已成为粮食增产的重要途径，它所生产的粮食占到了我国粮食总量的1/3（Li et al.，2003），使我国成功地以占全球7%的耕地养活了全球22%的人口（左丽君等，2009）。增加已有耕地的复种水平，其效益比开垦荒地要好，这是因为此类耕地的水、土、热、肥条件都比较好，而荒地的开发可能会带来水土流失等生态环境问题。从以上研究不难看出，复种指数的提高对于粮食增产发挥着至关重要的作用，是保障粮食安全的重要举措。在此背景下探讨我国耕地复种指数的时空差异及其影响因素，对于保障国家粮食安全有着非常重大的现实意义。

已有文献从不同尺度上研究了耕地复种指数的变化。①全国尺度。由南向北，纬度地带性特征显著，并呈现一定的垂直地域分异规律（闫慧敏等，2005）。中国从20世纪末开始，全国复种指数整体上升，复种指数下降的耕地仅占全国总面积的15%左右，但下降多发生在丘陵山区（Li et al.，2003；杨忍等，2013；唐鹏钦等，2010）。②区域尺度。我国耕地复种指数的变化具有显著的区域分异特征。表现为以东西走向为增长轴，并以长江流域为界向南、北方向递减（徐昔保等，2013）。我国东北、华北、西北绝大多数地区播种面积较稳定，一般为一年一熟，我国东南、华南、西南地区复种指数变化较大，变化比例均超过70%（Li et al.，2003）。我国大片双季稻区正改种单季稻，尤以经济发达省份"双改单"现象严重，主要原因是务农机会成本上升导致农业劳动力资源短缺（辛良杰等，2009；杨万江等，2013）。③省域尺度。李晶、任志远（2011）使用一次差分算法进行VC编程，对陕西省2000~2007年连续8年各市县复种指数的区域差异进行了研究。此外，近年来复种指数影响因素的研究也开始受到学者们的关注，如辛良杰和李秀彬（2009）、杨忍和刘彦随等（2013）认为影响复种指数的因素有：粮食单产水平、人均耕地面积（辛良杰等，2009）、非粮产业及二、三产业的发展、城镇化、农业机械化、区位条件等（杨忍等，2013），这些因素在较大程度上造成了稻农流失、耕地撂荒和耕地占用，从而造成耕地复种指数显著降低（辛良杰等，2009；杨万江等，2013；李晶等，2011；梁书民等，2007）。

  上述研究对于理解我国耕地复种指数的时空差异和影响因素具有重要启示。但我国东部、东北部、中部和西部地区耕地复种指数变化趋势如何，区域之间是否存在差距，而这种差异是否是由自然因素造成的？特别是城市化进程的加速和农民务农机会成本的上升是否对我国耕地复种指数造成显著影响？从2004年开始，我国连续9年以"中央一号文件"的形式指导"三农"发展的惠农政策是否激励了农民种粮的积极性？如何制定相应的差别化政策，以提高耕地复种水平，保障粮食安全？基于上述问题，本书基于泰尔指数，从国家、区域和省域3个层面上测度中国1999~2008年复种指数变化趋势及其变化特征，并从农业政策、人口非农化比重、农民人均经营耕地面积等方面选取指标构建计量经济学模型，从人文视角对耕地复种指数的影响因素进行实证研究，并提出了相应的政策建议。

4.2 研究方法与数据来源

4.2.1 研究方法

  复种指数的计算方法为：全年播种（或移栽）作物的总面积/耕地总面

积×100%。复种指数大,说明耕地利用率高;反之,耕地利用率低。

4.2.1.1 区域差异度量

泰尔指数是由泰尔(Theil,1967)利用信息论中的熵概念来计算个人或地区间收入差距而得名。值越大,差距越大。本书采用泰尔指数来测度复种指数的区域差异。这是因为,泰尔指数可以最大程度地使用分组数据,并允许研究人员将泰尔指数分解为组间差异和组内差异,并测度两者对总差异的贡献度。泰尔指数用于复种指数测算的公式为:

$$T = \sum_{p=1}^{n} \left[\left(\frac{1}{n} \right) \times \left(\frac{y_p}{\mu_y} \right) \times \ln\left(\frac{y_p}{\mu_y} \right) \right] \tag{4-1}$$

其中,n 是指被研究的省份总数,y_p 是 p 省的复种指数,μ_y 是全国平均复种指数。如果每个省的复种指数相同,则 $T=0$,这代表省和省之间是没有差异的,也是泰尔指数的最小取值。如果某个省的耕地面积很小,而投入的要素量很大,则 $T=\ln n$,这代表着最大的不平等,其最大值是 $\ln n$。T 值衡量复种指数是单调递增的,取值范围为 $T \in [0, \ln n]$。

根据经济发展水平和国家政策扶持情况,一般可将中国划分为四大区域:东部经济发达区(东部),包括北京、天津、河北、山东、江苏、上海、浙江、福建、广东和海南;中部崛起区(中部),包括山西、河南、安徽、湖北、湖南和江西;西部大开发区(西部),包括内蒙古、新疆、甘肃、宁夏、陕西、重庆、四川、青海、西藏、云南、贵州和广西;以及东北振兴区(东北部),包括黑龙江、吉林和辽宁,香港、澳门和台湾不在划分之列。因此,本书按4个区域(东部、中部、西部和东北部)对中国复种指数进行区域差异分析,需要对东部、中部、西部和东北部分析组间(T_{br})和组内差异(T_{wr})。

$$T = T_{br} + T_{wr} \tag{4-2}$$

区域的组间差异(T_{br})公式为:

$$T_{br} = \sum_{i=1}^{m} \left[\left(\frac{p_i}{P} \right) \times \left(\frac{y_i}{\mu} \right) \times \ln\left(\frac{y_i}{\mu} \right) \right] \tag{4-3}$$

式(4-3)中,m 是区域数量,p_i 是区域 i 中的某个省,P 是所有的省份数量,y_i 是区域 i 的平均复种指数,μ 是全国的平均复种指数。

4.2.1.2 计量模型

为了探寻中国耕地复种指数变化的影响因素，本书构建如下计量经济学实证模型：

$$Y_{it} = \alpha_{it} + \beta_1 \ln JRSR_{i,t+1} + \beta_2 \ln RKFNH_{i,t} + \beta_3 \ln CYFNH_{i,t} \\ + \beta_4 RJJYGD_{i,t} + \beta_5 POL_{i,t} + u_{i,t} \quad (4-4)$$

式（4-4）中，$i(i=1,\cdots,31)$ 和 $t(t=1998,\cdots,2012)$ 分别表示第 i 个省份和第 t 年，α_{it} 为常数项，$u_{i,t}$ 为随机误差项。上述模型中各变量定义如下：

$Y_{i,t}$：复种指数，为被解释变量。

$\ln JRSR_{i,t+1}$：即农村家庭人均经营纯收入的对数。为尽可能消除数据的异方差，对 JRSR 取对数处理。根据经济人假设，农村居民家庭人均经营纯收入的增加有利于提高农民农业生产的积极性和农作物播种面积，同时决定了农民对耕地的投入能力。一般而言，农业生产积极性的变化会引起下一年农业投入的调整，因此，设置 $\ln JRSR$ 的时间滞后效应为1年。

$\ln RKFNH_{i,t}$：即人口非农化比重的对数。为尽可能消除数据的异方差，对 $RKFNH_{it}$ 取对数处理。城镇化过程的一个重要的表现就是农村人口比例不断下降，因此本书选择非农业人口占总人口的比重来表征城镇化率。人口非农化比重的上升，表现为大量的青壮年劳动力外出打工，农村中只剩老人、妇女和儿童，农业劳动力主体弱化，当受到地形条件限制，农业生产机械化、规模化难度大，而农民生计得以有效、稳固的转型时，农地"边际化"（邵景安等，2014）将导致复种指数下降。

$\ln CYFNH_{i,t}$：即产业非农化比重的对数。为尽可能消除数据的异方差，对 $CYFNH_{it}$ 取对数处理。二、三产业的发展，一方面为农业生产带来了大量的资金、技术、生产设备等现代农业生产要素，另一方面对农产品的需求量将不断增加，从而促进农业的规模和集约生产。可见，产业非农化比重的上升对耕地集约利用将产生巨大的正面影响。

$RJJYGD_{i,t}$：即农民人均经营耕地面积。人均经营耕地面积越大，越有利于农业的规模经营，农户将加大对耕地资本、劳动力投入，从而提高复种指数，进而提高耕地集约利用水平，生产出更多的农产品，获取更大的经济效益，实现耕地产出最大化和农户效益最大化（邵景安等，2014）。

$POL_{i,t}$：在中国，农业政策对农业发展影响显著。自 2004 年以来，我国连续 9 年以"中央一号文件"的形式指导"三农"发展，支农惠农力度不断增大，我国农业资本、劳动力投入、复种指数、种粮面积及耕地单产水平均呈现上升趋势，有力地激励了农民种植积极性（陈瑜琦等，2009）。因此，我们将 2004 年之前的年份施行的农业政策赋值为"0"，2004 年之后（含 2004 年）的年份赋值为"1"。

4.2.2 数据来源

本书所用的耕地面积数据来源于国土资源部的《中国国土资源统计年鉴》，农作物播种面积数据来源于《中国农村统计年鉴》与《中国统计年鉴》，农民人均经营耕地、农村居民家庭人均经营纯收入、成灾受灾比数据来源于《中国统计年鉴》，人口非农业化比重数据来源于《中国人口统计年鉴》（1998～2006 年）和《中国人口和就业统计年鉴》（2007～2012 年）。数据纵向覆盖 15 年（1998～2012 年），横向覆盖我国 31 个省份，香港、澳门和台湾地区由于数据不可得而未纳入研究范围。

4.3 结果与分析

4.3.1 国家尺度耕地复种指数的变化特征

图 4-1 展示了 1998～2012 年我国耕地复种指数的变化情况。由图 4-1 可以看出，中国耕地复种指数除在 2007 年有显著下降外，其他年份均呈现逐年增长的趋势。1998～2012 年，中国耕地复种指数稳步上升，由 1998 年的 120.10% 上升到 2006 年的 128.94%，7 年间增加了 8.84%，年均增加 0.98%，2007 年下降到 126.06%，2012 年又增加到 134.26%。2007 年复种指数下降，究其原因主要是 2006 年我国各类自然灾害特别严重，尤以台风、洪涝和旱灾最为严重，是继 1998 年之后最为严重的一年，农作物受灾面积达 41091.3×10³ 公顷，绝收面积达 5408.9×10³ 公顷，浙江、福建、江西、湖南、广东、广西、重庆、四川等地受灾严重（冯长根等，2007），一些地区

重复受灾，使农田、水利、交通和电力等基础设施遭受毁灭性破坏，这极大地挫伤了农民耕地种植的积极性。

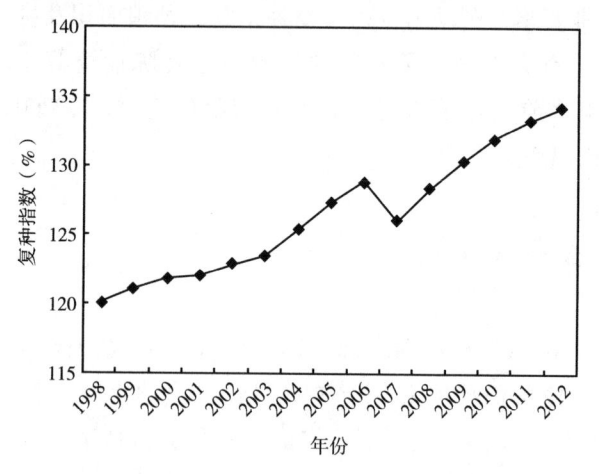

图4-1 1998~2012年中国耕地复种指数

4.3.2 区域尺度耕地复种指数的变化特征

4.3.2.1 中国四大区域耕地复种指数的变化特征

1998~2012年中国四大区域耕地复种指数的时空变化特征见图4-2。由图4-2可以看出，复种指数在区域尺度上分化为东部降低和中部、东北部、

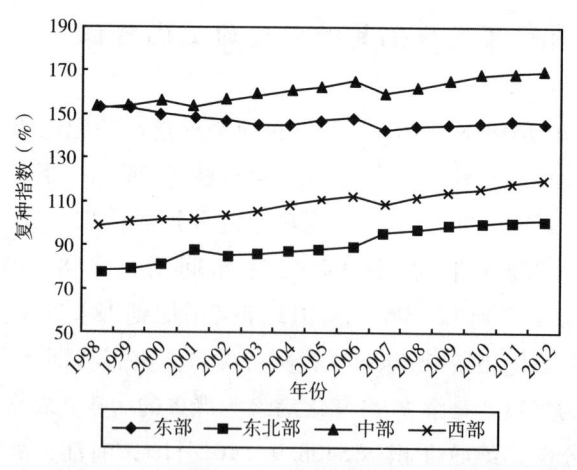

图4-2 1998~2012年中国四大区域的耕地复种指数

西部地区升高两种相反的趋势。在研究时段内，耕地复种指数始终以中部地区（年均160.97%）最高，东部地区（年均147.44%）次之，西部地区（年均108.97%）和东北部地区（年均90.41%）较低。

1998~2012年，中国耕地复种指数从绝对数量上来看可分成两类，中部、东部和西部、东北部，第一类高于第二类，中部、东部地区复种指数在143%~170%变动，而西部、东北部地区复种指数在80%~121%变动。中部、东部地区复种指数高于西部、东北部地区的主要原因为自然地理因素，中部、东部地区气候温暖湿润，水热资源丰富，大部分地区可以满足一年两熟甚至三熟，所以复种指数较高；东北部地区是我国北部的重要粮食生产基地（梁书民等，2007），地势平坦，土壤肥沃，土地利用率较高，但受到热量条件的限制，复种指数通常稳定在78%~102%；西部地区分为西南地区（包括重庆、四川、贵州、云南、广西）和西北地区（包括内蒙古、西藏、陕西、甘肃、青海、宁夏、新疆），西南地区气候湿润、雨水充沛，灌溉条件较好，复种指数在121%~137%变动，年均复种指数达到129.23%；而高纬度和高海拔的西北地区，多山区且气候干旱，复种潜力有限（邵景安等，2014；冯长根等，2007；范锦龙等，2004），复种指数在78%~99%变动，年平均复种指数仅为88.08%。西北地区较低的复种指数，较大程度地拉低了西部地区整体的复种指数水平。

1998~2012年，除东部复种指数有所下降外，其他地区均呈现增长趋势。其中，东部地区由1998年的153.28%降低到2012年的146.35%，年均降低0.46%；而东北部地区增长最快，由1998年的78.48%增加到2012年的101.46%，年均增加1.53%；其次是西部地区，由1998年的99.05%增加到2012年的120.08%，年均增加1.40%；中部地区较稳定，由1998年的152.88%增加到2012年的169.54%，年均增加1.11%。

东部地区复种指数呈现小幅度下降趋势，究其原因主要是东部地区处于中国沿海地带，经济发达，非农就业机会多，非农收入较高，劳动力务农机会成本较高（田玉军等，2010；田玉军等，2009；辛良杰等，2011）。虽然自2004年国家出台了《中共中央 国务院关于促进农民增加收入若干政策的意见》文件，取消了农业特产税，减免农业税，实施种粮直补、良种补贴和大型农机具购置补贴等农业优惠政策，2005年又大幅度提高粮食收购价格，但这无法和非农收入相比较。近年来，我国东部地区人均年非农收入增长速度远超人均纯收入增长速度（辛良杰等，2011），农业政策的实施在调动农户进行农业生产的积极性方面效果有限。而中部、西部、东北部地区复种指数大体上呈现逐年上升的趋势，这些地区经济较不发达，产业非农化程度较低，非农就业机会少，农业收入在其收入中占据较大的比例（辛良杰等，2011；田玉军等，2009）。尤其中部地区是国家粮仓及双季稻生产的重要地区，国家出台的农业政策，边际效应较高，很大程度上刺激了农户种植的积极性。因此，中部地区表现出耕地复种指数逐年上升的趋势。

4.3.2.2 中国四大区域耕地复种指数的组间差异、组内差异和总差异

1998~2012年，中国耕地复种指数内部构成的泰尔指数见图4-3。从图4-3可以看出，中国耕地复种指数的差异总体上呈缩小态势，从1998年的0.11缩小到2012年的0.03。区域间的差异是中国耕地复种指数差异的主要原因，1998年的总差异中有0.7来自区域间差异，2012年的总差异几乎完全来自区域间差异，仅0.002来源于区域间差异。区域间、区域内的差异均在逐步缩小，且区域内差异较区域间差异缩小得更快，区域间差异变化不明显，其从1998年的0.07缩小到2012年的0.03，年均缩小0.004。其中也有若干年份总差异较稳定，如1998~1999年，2003~2006年和2007~2011年，它们分别稳定在0.11、0.05和0.04，而2012年降幅也较小，仅降低14%。

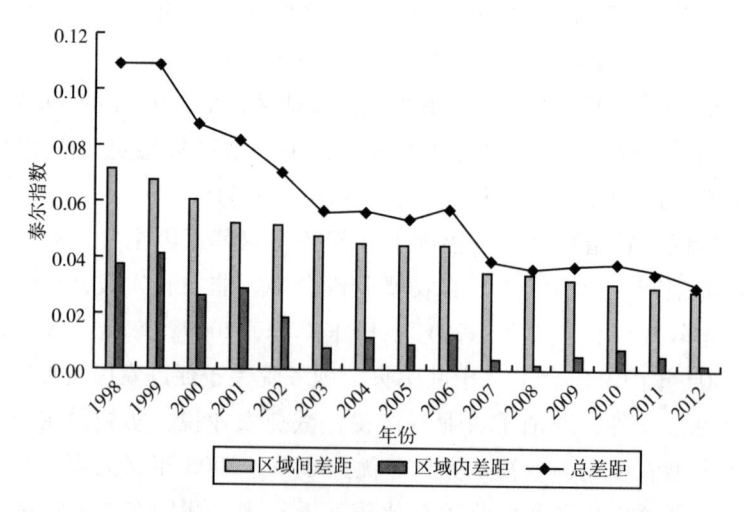

图4-3 1998~2012年中国耕地复种指数的泰尔指数值差异

我国耕地复种指数差异呈现逐年缩小的趋势,究其原因,我国耕地复种指数与地区经济发展水平相关(辛良杰等,2011)。经济发达的地区多是水、热、肥条件好,复种指数高的地区,近年来由于农业劳动力短缺,农作物播种面积下降,进而导致耕地复种指数下降;经济欠发达地区,多为水、热、肥条件较差,耕地复种指数较小的地区,非农就业机会较少,农业收入在其收入中占据较大的比重(辛良杰等,2011;田玉军等,2009)。国家支农惠农政策的出台,较大程度上促进了耕地的复种,使得原本复种指数高的地区降低了,而原本复种指数低的地区升高了,最终拉近了我国耕地复种指数总差异。1998~2012年,我国区域间和区域内耕地复种发展不平衡,主要表现在:一是不同区域间耕地复种指数高低不等,差异较大;二是即便是在同一区域内的不同省份,虽然自然条件相似,但由于人文因素、社会经济发展水平不同,耕地复种指数相差也较大(郭柏林等,1997),如东部地区的福建和上海复种指数分别达到183.74%和162.22%,而同属东部地区的天津仅为109.01%。

4.3.3 省域尺度耕地复种指数的变化特征

图4-4反映了1998年和2012年我国31个省份的耕地复种指数。图4-5反映了1998~2012年我国31个省份的耕地复种指数增长情况。我国31个省份耕地复种指数各不相同,且差距大。

从图4-4可以看出,1998~2012年我国大部分省份耕地复种指数在上升,其中上升最快的是新疆、宁夏和云南,分别增长了44.08%、33.08%和32.64%。其余省份呈下降趋势,其中降幅较大的主要是经济发展较好的浙江、福建、北京和上海,分别为63.97%、36.74%、34.40%和23.74%。这主要是由于这些省份非农产业发达,农民的非农收入和非农机会较多,大量农业劳动力流失,造成农作物播种面积下降(梁书民等,2007;辛良杰等,2011)。

如图4-4所示,湖南、福建耕地复种指数最大,在1998年均超过200%;其次是江西,在1998年和2012年较稳定,均为195%。湖南、福建和江西在1998~2012年耕地复种指数均值分别为207.50%、183.74%和188.56%,这3省耕地复种指数较高的主要原因是它们是中国的主要粮仓(金姝兰等,2011),是国家重点发展农业的地区,是中国双季稻主产区(梁

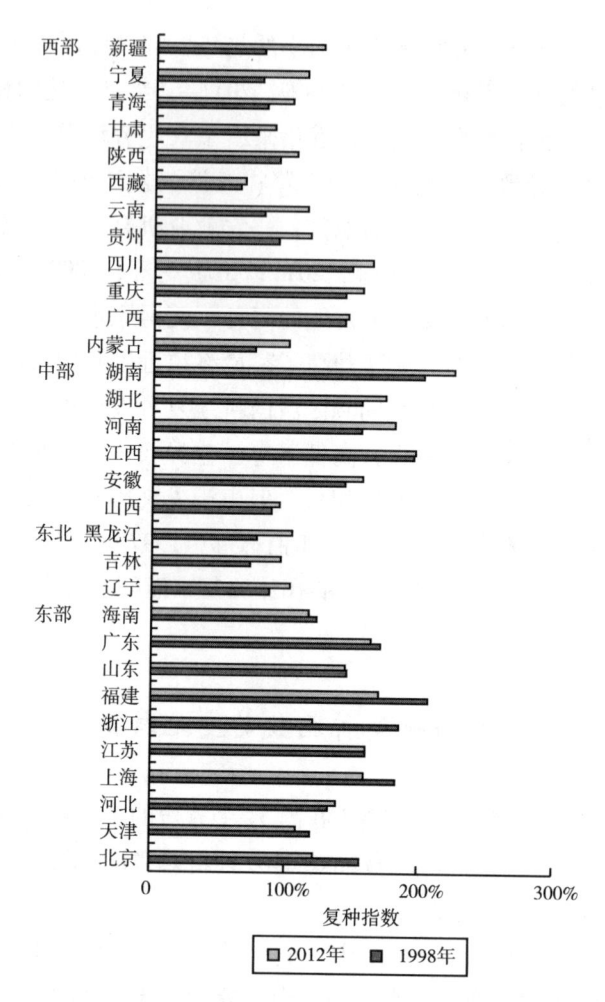

图 4-4　1998 年和 2012 年各省份耕地复种指数

书民等，2007；辛良杰等，2009、2011；范锦龙等，2004；Li et al.，2003；杨万江等，2013），其水、热、肥、土自然条件较好，有利于耕地多熟种植，农村劳动力也比较富足；而上海作为我国金融中心，经济发达，人口众多，人均耕地面积较少，其复种指数也较大，在 1998 年超过了 150%，达到 182.74%，2012 年仍超过了 150%，其主要是因为随着上海经济的发展，人口非农化、产业非农化比重的上升，带来对农产品需求的增加，并有利于农业的规模经营。在这种情况下，农户将加大耕地投入，如使用薄膜、农业机械化并提高复种指数，从而生产更多的农产品，获取更大的经济效益（梁书民等，2007；辛良杰等，2011）。

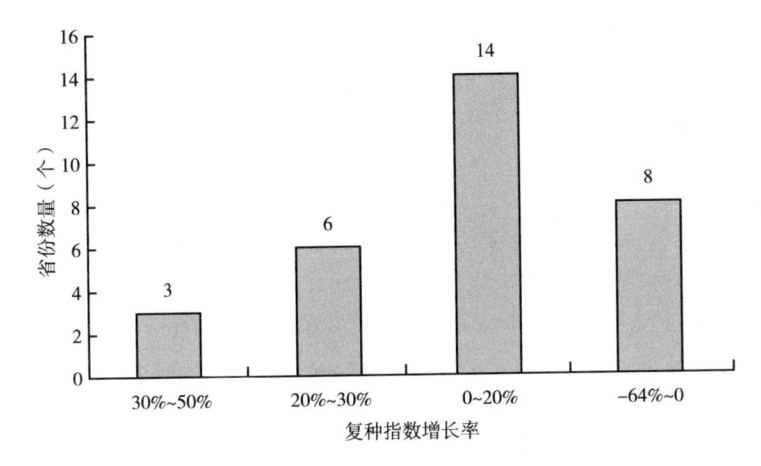

图 4-5 1998~2012 年各省份耕地复种指数增长率

注：增长率为 30%~50% 的省份包括：新疆、云南、宁夏；20%~30%：内蒙古、黑龙江、吉林、河南、贵州、湖南；0~20%：西藏、青海、甘肃、四川、陕西、重庆、广西、陕西、湖北、河北、辽宁、江苏、安徽、江西；-64%~0：北京、山东、浙江、福建、广东、上海、海南、天津。

从区域间和区域内差异分别进行比较分析：①四大区域间省份耕地复种指数的差异。中部、东部省份复种指数较高，中部的湖南、湖北、河南、江西均大于 150%；东部所有省份耕地复种指数均大于 100%，广东、福建、江苏和上海超过了 150%；东北部、西部地区耕地复种指数较低。②各区域内部省份耕地复种指数的差异。西南地区的四川、重庆和广西在 150% 附近波动；西北省份耕地复种指数较低，其中西部省份中青海、甘肃、西藏、内蒙古复种指数低于 100%，其主要原因是这些省份处于高纬度和高海拔地理位置，水、热、肥条件较差，复种潜力受限（杨万江等，2013）。中部地区中山西省的复种指数低于 100%，主要是由自然地理因素造成，山西多山区，耕地多分布在地形起伏度大的丘陵山区，且地块零碎、交通不便，耕地被"边际化"（邵景安等，2014），导致耕地复种指数较低。

4.3.4 影响因素

本书运用 EViews7.2，通过式（4-4），利用 1998~2012 年 31 个省份的面板数据作为样本，对其进行回归分析。首先对模型进行 F 检验，检验结果支持选择变截距模型；然后使用 Hausman 检验判断选择固定效应还是随机效应模型，结果表明，模型支持选择固定效应模型；最后利用最小二乘法

(LSDV)进行固定效应模型估计。因为本书中的面板数据为短面板,故没有考虑单位根检验和协整问题。表4-1反映的是各解释变量对我国31个省份耕地复种指数的影响程度。

表4-1　　　　　　　　　　面板数据回归结果

变量	系数	标准误差	T统计值	P值
C	-0.373552	0.528191	-0.707230	0.4798
ln$JYSR$	0.017764	0.009810	1.810741	0.0709
ln$CYFNH$	0.506287	0.127452	3.972376	0.0001
ln$RKFNH$	-0.224028	0.047747	-4.691940	0.0000
$NYZC$	0.040908	0.012913	3.168053	0.0016
$CZSZB$	-0.032814	0.030850	-1.063653	0.2881
$RJJYGD$	0.009271	0.002934	3.159990	0.0017
R^2	0.959086			
调整R^2	0.955604			
P值（F统计值）	0.000000			
Durbin-Watson统计	0.396542			
P值（Hausman检验）	0.000000			

注：ln$JYSR$：农村家庭人均经营纯收入；ln$RKFNH$：人口非农化；ln$CYFNH$：产业非农化；$NYZC$：农业政策；$CZSZB$：成灾受灾比；$RJJYGD$：人均经营耕地面积。

（1）人口非农化比重对复种指数的影响。从表4-1可以看出，人口非农化比重对耕地复种指数的影响显著为负，这表明人口非农化比重对复种指数产生负向作用。在不考虑其他因素变动的条件下，人口非农化比重每增加1%，复种指数绝对量将下降为22.40%个单位。这表明随着城市化水平不断上升，农业人口非农化比重加大，而耕地复种指数下降。在城市—乡村二元结构中，农业生产主体过快老弱化对耕地复种产生不良影响。这种影响在人地矛盾尖锐，不利于机械化、规模化的区域表现得更为明显。而在平原农区，农业生产的机械化、规模化和土地流转可以破解劳动力不足的问题（杨忍等，2013；杨钢桥等，2011；赵永敢等，2010）。

（2）产业非农化比重对复种指数的影响。表4-1表明产业非农化比重对耕地复种指数产生了显著正向作用。二、三产业比重的增加，一方面为耕地利用带来资本、技术、生产装备等先进生产要素；另一方面扩大了对农产品的需求，促使农民增加农作物播种面积，提高复种指数，扩大农业生产，以获取更大的经济收益。

（3）农业政策对复种指数的影响。表 4-1 显示我国农业政策对耕地复种指数产生显著正向作用。我国从 2004 年开始连续 9 年以"中央一号文件"的形式指导"三农"发展，中国农业综合生产能力不断上升，与本书的结论相互佐证。可见，在当今中国，农业政策的实施对扩大农作物播种面积，提高复种指数，保障粮食安全有着极其重要的作用。

（4）农村家庭人均经营纯收入对复种指数的影响。在 10% 的显著性水平下，我国农村家庭人均经营纯收入对复种指数产生正向作用，这表明农村家庭人均经营纯收入对扩大农作物播种面积，提高耕地复种指数有积极影响。农村居民是耕地利用的主体，农村家庭人均经营纯收入水平直接关系着农村居民对耕地的利用能力，随着农村家庭人均经营纯收入的增加，农村居民将有更多的资金投入到耕地中来。

（5）人均经营耕地对复种指数的影响。农村居民家庭人均经营耕地的估计系数显著为正，表明农村居民家庭人均经营耕地对耕地复种指数产生正向作用，说明目前中国总体上处于耕地复种指数随农村居民家庭人均经营耕地同方向增长的阶段。农村居民家庭人均经营耕地越多，越有利于实现对耕地的规模经营，农户将更愿意将资本、劳动力和机械等投入到耕地中，实现耕地利润最大化（杨钢桥等，2011）。

4.4 结论与政策启示

4.4.1 结论

本书从国家、区域和省域 3 个层面分析了中国 1998~2012 年耕地复种指数的变化趋势，基于泰尔指数探讨了中国耕地复种指数的时空差异，并利用计量经济学模型从农户行为视角揭示了复种指数时空差异的影响因素。主要结果表明如下：

（1）在全国层面上，中国耕地复种指数除在 2007 年有所降低外，其他年份复种指数均呈现逐年增长的趋势。2007 年复种指数下降的原因是 2006 年我国发生了大范围的严重自然灾害，极大地挫伤了农民种植的积极性。

（2）在区域层面上，从绝对数量来看，复种指数最高的为中部地区，其次是东部和西部地区（西部地区复种指数低，主要是因为西北地区的自然地理条件造成的，从而拉低了整个西部地区的复种指数），东北地区最低；从增长幅度来看，除东部地区复种指数有所下降外，其他地区复种指数均呈现增长趋势，增长最快的是东北地区。

（3）在省域层面上，我国 31 个省份复种指数差距大，即使在同一区域内不同省份的复种指数差异也比较明显。复种指数增长最快的是新疆、宁夏和云南；东部地区除河北和江苏外均呈现下降趋势，并且下降幅度较大；中部和西部省份均呈现增长趋势。

（4）就泰尔指数值的大小可知，我国耕地复种指数的区域差异比较明显，1998~2012 年我国耕地复种指数的区域差异整体呈缩小态势，区域间的差异是区域差异的主要原因。

（5）人口非农化比重对耕地复种指数产生了显著负向影响，可归因于农民工工资上涨导致的农业劳动力资源短缺及农业生产中劳动成本增加，这两者共同作用推动了复种指数的下降，这也是农户个体利益最大化的决策结果；产业非农化比重、农业政策、人均经营耕地和农村家庭人均纯收入对耕地复种指数产生了显著正向作用。

（6）未来可将技术进步考虑到影响因素分析中来。

4.4.2 政策启示

（1）2007 年中国复种指数下降，其原因是 2006 年我国发生了大范围的自然灾害，尤以台风、洪涝和旱灾严重，一些地区重复受灾，使农田、水利、交通和电力等基础设施遭受毁灭性破坏。因此，如何防灾减灾成为我国保证粮食安全的重要举措，我们应该重视改善生产条件，建造高标准防洪工程，修建田间排水沟，兴修水利，合理灌溉，做到要水有水、能灌能排，从而提高防御自然灾害的能力，降低自然灾害对农业的破坏，促进我国农业持续发展。

（2）中国耕地复种指数的差异主要来源于四大区域之间的差异。东部地区水、热、肥条件好，耕地质量好，而其复种指数却在下降。下降的主要原因是农村劳动力务农机会成本大幅上升，劳动力资源短缺，因此，加快劳动力节约型技术的推广，实行规模化经营，可较大程度地缓解劳动力资源短缺问题（辛良杰等，2011）。东北部和西部地区虽然复种指数均在上升，但东北地区水热条件不足，西北地区高纬度、高海拔，且多丘陵山区，耕地质量远不如东部和中部地区，复种潜力有限。因此，要提高中国耕地复种指数，关键在于改革耕作制度，加强农业基础设施建设、大力推行农业机械化和耕地经营规模化，实现农业的现代化。

（3）由本书的分析结果可知，产业非农化、人均经营耕地、农业政策和农村家庭人均经营纯收入对复种指数有着显著的正向作用。因此，在当前耕地面积约束条件下，为保障国家粮食安全，应该加快将农村剩余劳动力转移到二、三产业中，缓解土地压力，提高农民收入，进而提高农民对土地的投入。同时促进土地细碎化严重地区的土地流转，形成规模经营，提高土地生产率，进一步加大对欠发达地区及粮食主产区农业发展的扶持力度，充分发挥国家惠农政策的诱致作用，全面提高我国耕地复种水平。

第 5 章　中国耕地撂荒机理分析

5.1　农户耕地撂荒行为决策分析

5.1.1　引言

丘陵山区是我国耕地撂荒的高发、多发区。数据显示，我国有撂荒记录的县（市）数量达近 200 个，山区土地弃耕率高达近 20%（周自恒，2021），仅 2000~2015 年短短 5 年，我国耕地面积减少了 144 万公顷，其中 80% 以上闲置农地由人为撂荒造成（Yao et al., 2017；程维明等，2018）。在当前新冠肺炎疫情全球大流行以及构建国内国际双循环相互促进的新发展格局背景下，遏制丘陵山区耕地撂荒现象对维护国家粮食安全具有重要意义。2021 年 1 月《农业农村部关于统筹利用撂荒地促进农业生产发展的指导意见》明确提出，要"引导农民复耕撂荒地，加大宣传引导，提高遏制耕地撂荒的自觉性"。农户是耕地利用的微观行为主体，也是耕地利用行为最主要的利益相关者和参与者，农户耕地撂荒行为决策机理反映的是农户耕地撂荒行为最为深层次的本质和规律，它从根本上决定了耕地撂荒行为的发生、变化和发展趋势，任何遏制耕地撂荒的政策也都是通过行为的决策过程、形成机制发挥作用。因此，农户耕地撂荒行为决策分析对在尊重农户意愿基础上有序推进丘陵山区撂荒耕地统筹利用具有重要意义。

主流文献大多从成本—收益视角对农户耕地撂荒行为决策进行解读。生产要素价格变化使得耕地处于无租边际以外，理性农户将会放弃经营没有利润的耕地，导致耕地撂荒。可以说，耕地撂荒是由于土地净收益减少到零或以下而产生的（李升发和李秀彬，2016；2018），而耕地撂荒行为则是理性市场主体（农户）在各自追求自身利益最大化时，产生的一种"利益短视"

现象（李广泳等，2021）。虽然从成本—收益视角的分析取得了一定成效，但其大多是基于农户完全理性的假设。行为经济学研究成果表明，农户决策目标不仅仅是特定意义上的经济或物质利益最大化（黄宗智，1992；2000；林毅夫，1988），而在于效用最大化。根据有限理性理论，农户的理性行为不仅仅是经济理性行为，还包括自尊、情感、安全、社会认可需求在内的文化的、社会的和心理的等多方面的理性行为，并受到主观认识能力、经济因素等客观条件的限制（刘克春，2006）。一些农业经济学者从社会心理学视角开展的农户行为决策研究也佐证了这一观点（Burton，2004）。

农户耕地撂荒行为本质上是一种耕地资源利用行为。受认知、文化等因素影响，农户是否撂荒以及撂荒程度、方式，都是特定行为环境下基于有限理性所做出的行为选择。它与农户心理、社会属性密切相关，这种行为难以完全模块化，即没有一种技术能够划定清晰的边界来分解这一行为，因此单纯运用经济学理论进行分析会造成误解或偏差（俞振宁，2019）。基于此，本书以赣南丘陵山区为例，将经济学理论与社会心理学研究方法结合起来，引入计划行为理论构建农户耕地撂荒行为决策模型，运用结构方程模型分析农户耕地撂荒行为决策机理，为在尊重农户意愿基础上有序推进撂荒耕地统筹利用提供政策依据。

5.1.2 模型构建与研究假设

5.1.2.1 模型构建

计划行为理论（theory of planned behavior，TPB）是经济人有限理性假设在行为学上的成功应用。该理论认为行为意向（behavior intention，BI）主要受行为态度（attitude toward behavior，AB）、主观规范（subjective norm，SN）和知觉行为控制（perceived behavioral control，PBC）的影响，三者之间具有两两相关关系。同时，行为意向是行为响应（behavior response，BR）的最直接因素，知觉行为控制也直接影响行为响应（Ajzen and Driver，1992）。计划行为理论能显著提高对行为的预测力和解释力，因而被认为是社会心理学中最著名的态度行为关系理论，并在耕地面源污染治理（周慧等，2021；朱燕芳等，2020；俞振宁等，2018）、农户耕地流转行为（沈萌等，2019）等研究中具有较高的适用性。

丘陵山区农户耕地撂荒行为决策过程较为复杂，是农户在权衡经济、环境、风险等因素后作出的行为决策（Carolina et al.，2021；陈倩茹和谢花林，2021）。了解农户耕地撂荒的行为态度、主观规范、知觉行为控制是剖析农户耕地撂荒行为决策的第一步。撂荒行为意向作为中介变量解释了农户撂荒认知对撂荒行为响应的影响，知觉行为控制也直接影响农户耕地撂荒行为。通过研究上述潜变量及其观测变量之间的关系，可以揭示出农户耕地撂荒行为决策的内在形成机制及行为产生的本质过程。由此，本书基于计划行为理论，构建农户耕地撂荒行为决策模型（见图5-1），并运用结构方程模型进行检验。

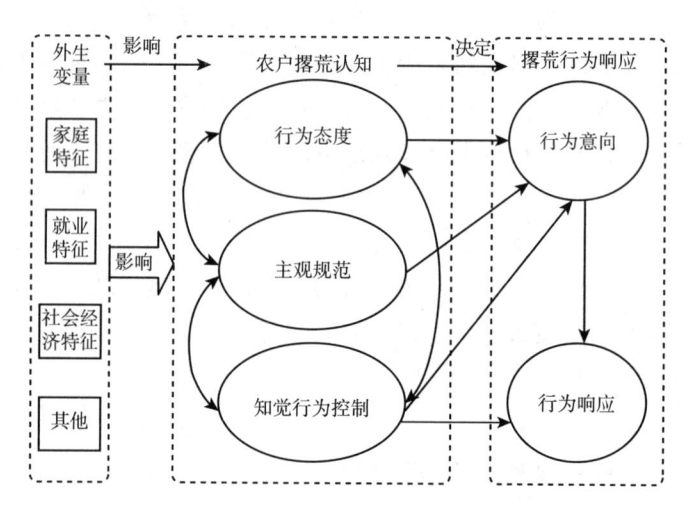

图5-1　基于计划行为理论的农户耕地撂荒行为决策模型

5.1.2.2　研究假设

（1）行为态度（attitude toward behavior，AB）是行为主体对执行某一行为积极或消极的态度。农户对耕地撂荒的行为态度可以用对撂荒的负面影响认知来表征，包括对经济、社会、环境的负面影响。例如耕地撂荒影响农产品供给、国民经济结构等经济效应的认知；影响国家粮食安全、易导致"空心村"等社会效应的认知；导致土壤肥力下降等环境影响的认知。理论上，如果农户认为耕地撂荒不会带来负面影响，农户的耕地撂荒参与行为意向将增强。据此，提出假设：

H1：农户耕地撂荒行为中，农户行为态度（AB）对行为意向（BI）有正向作用。

（2）主观规范（subjective norm，SN）指外部社会压力对行为主体采取某项特定行为的影响。农户耕地撂荒行为中受到的外部社会压力主要来自农村社区中农户行为的利益相关者，包括以亲缘为基础的农户家人、以地缘为基础的村民、以业缘为基础的基层政府。其中，农户家人出于对绿色健康食品及粮食自足的需求、邻里村民出于对村庄良好耕种环境的需求、基层政府出于上级政府考核及维护公共利益的需求产生干涉农户耕地撂荒行为的动机。面对来自以上三方的压力，农户将在力所能及的范围内作出符合外部期望的行为，缓解利益相关者干涉撂荒带来的外部压力，得到来自外部的社会认同。理论上，农户对利益相关者耕地撂荒干涉的感知力度越强，其感受到的外部社会压力就越大，农户耕地撂荒的意向就越弱。据此，提出假设：

H2：农户耕地撂荒行为中，农户行为规范（SN）对行为意向（BI）有正向作用。

（3）知觉行为控制（perceived behavioral control，PBC）主要包括感知强度和控制信念两方面的认知。农户对耕地生产经营客观障碍的感知强度为撂荒行为提供了动机，农户对非农就业的控制状况为撂荒提供了行为条件，并降低了撂荒行为带来的不确定性风险。理论上，农户对耕地种植客观障碍的感知强度和撂荒后不确定性风险的控制信念越强，农户的撂荒意向就越强。据此，提出假设：

H3：农户耕地撂荒行为中，知觉行为控制（PBC）对耕地撂荒行为意向（BI）有正向作用。

与行为态度和主观规范通过行为意向对果变量行为响应发生作用不同，除间接作用外，知觉行为控制亦直接影响行为响应。农户对耕地撂荒准确的知觉行为控制反映了对耕地利用实际条件的控制状况，因此它可作为实际控制条件的替代测量指标，一定程度上直接预测撂荒行为发生的可能性，预测的准确性依赖于知觉行为控制的真实程度（沈磊，2010）。据此，提出假设：

H4：农户耕地撂荒行为中，知觉行为控制（PBC）对耕地撂荒行为响应（BR）有正向作用。

（4）行为认知（behavioral perception，BP）。尽管基于概念层面，行为态度、主观规范和知觉行为控制从属于三个独立的维度，但由于三者可能拥有共同的信念基础，因此它们存在两两相关关系（段文婷和江光荣，2008），在农户耕地撂荒行为中，农户的行为态度、主观规范和知觉行为控制就共同受到家庭特征、就业特征、社会经济特征等外生变量的影响，据此，提出假设：

H5：农户耕地撂荒行为中，行为态度（AB）、行为规范（SN）、知觉行为控制（PBC）是两两相关的。

（5）行为意向。农户耕地撂荒行为就是耕地撂荒意向的一种动机决策，是耕地撂荒行为发生的先决条件。在实际控制条件充分的情况下，行为意向直接决定行为。据此，提出假设：

H6：农户耕地撂荒行为决策中，农户行为意向（BI）对行为响应（BR）有正向作用。

5.1.3 研究方法与数据来源

5.1.3.1 数据来源与样本特征

本书数据来源于2019年7～8月江西省赣州市样本县农户调研数据。参考《赣州市城市总体规划（2017—2035年）》，并结合赣州市耕地重心、经济重心的迁移情况（刘耀彬和刘皓宇，2018），选择崇义县、兴国县、石城县、会昌县、龙南县作为研究区。调研组根据当地政府提供的农户花名册和村庄规模，运用分层随机抽样法抽取农户作为调查样本。受访者共计637人，剔除遗漏关键信息的样本，获取有效样本616份，有效率为96.7%。样本基本情况如表5-1所示。

表5-1 样本的基本特征

统计指标	分类指标	样本数（人）	比例（%）
性别	男	581	94.32
	女	35	5.68
年龄	≤45岁	86	13.96
	46～50岁	88	14.29
	51～55岁	130	21.10
	56～60岁	90	14.61
	61～65岁	86	13.96
	>65岁	136	22.08
婚姻	已婚	603	97.89
	未婚	13	2.11

续表

统计指标	分类指标	样本数（人）	比例（%）
受教育程度	没上过学	39	6.33
	小学	235	38.15
	初中	234	37.99
	高中或职业中学	82	13.31
	大专及以上	26	4.22
家庭规模	≤3 人	236	38.31
	4~5 人	202	32.79
	>5 人	178	28.90
家庭承包地规模	≤1 亩	54	8.77
	1~2 亩（不含1亩）	132	21.43
	2~3 亩（不含2亩）	133	21.59
	3~5 亩（不含3亩）	195	31.66
	>5 亩	102	16.56
家庭年收入	≤2 万元	150	24.35
	2万~5万元（不含2万元）	161	26.14
	5万~10万元（不含5万元）	178	28.90
	>10 万元	127	20.62

5.1.3.2 量表设计与描述性统计

根据计划行为理论量表设计建议，结合前期调研结果和受访农户信息，本书共设计5个潜变量，问卷采用Likert的5级量表，包含反向、中间及正向反应，对应的量值为1~5（完全不同意为1，完全同意为5），反向题目则反向计分。经统一处理和简化后的变量及其描述性统计如表5-2所示。农户对耕地撂荒环境效应的认知强于对经济、社会负面效应的认知，政府对耕地撂荒的干涉程度强于家人、村民的干涉程度，知觉行为控制的3个潜变量中，量值大于或等于3的农户占比分别为55%、54%和31%，说明缺乏农业劳动力的现象在农村非常普遍，大部分受访农户具备一定的非农就业技能，约1/3的受访农户认为耕地种植客观条件不佳，耕地种植存在客观障碍。总体来看，受访农户耕地撂荒行为意向较强，并体现于不同的行为响应方式中。

表 5-2　　变量含义及描述性统计

潜变量	观测变量	均值	标准差
行为态度（AB）	撂荒对经济无负面影响 AB1	3.19	1.78
	撂荒对社会无负面影响 AB2	3.31	1.50
	撂荒对环境无负面影响 AB3	2.97	1.74
主观规范（SN）	家人不干涉耕地撂荒 SN1	2.81	0.94
	村民不干涉耕地撂荒 SN2	2.89	1.49
	政府不干涉耕地撂荒 SN3	1.99	0.81
知觉行为控制（PBC）	缺乏农业劳动力 PBC1	2.35	1.36
	具有非农就业机会 PBC2	2.29	1.13
	耕地种植存在客观障碍 PBC3	2.04	1.37
耕地撂荒行为意向（BI）	我不愿从事耕地生产 BI1	3.25	0.72
	我不愿我的后代从事耕地生产 BI2	3.54	0.92
	即使加大扶持力度我也不愿从事耕地生产 BI3	1.80	1.14
耕地撂荒行为响应（BR）	耕地粗放经营 BR1	1.98	1.31
	两季改为一季 BR2	2.91	1.23
	耕地全年撂荒 BR3	2.41	1.27

注：量级界定如下：1 = 完全不同意；2 = 比较不同意；3 = 一般；4 = 比较同意；5 = 完全同意

5.1.3.3　研究方法

结构方程模型是一种验证性的方法，它整合了因子分析和路径分析方法，可以有效地处理多变量之间的结构关系，并克服自变量之间的共线性问题（吴明隆，2010）。结构方程模型由探索观测变量与潜变量之间矩阵关系的测量方程与探索潜变量间矩阵关系的结构方程组成，可以表示为：

$$\eta = \Lambda\eta + \Gamma\delta + \gamma \tag{5-1}$$

其中，η 和 δ 分别为内生潜变量向量和外生潜变量向量，Λ 和 Γ 分别为潜变量间的系数矩阵，γ 为结构方程的残差矩阵。本书通过计划行为理论构建初步的假说模型，并根据丘陵山区农户耕地撂荒的具体情况，运用结构方程模型方法进行理论模型检验。

5.1.4 实证分析与研究结果

5.1.4.1 信度与效度检验

为保证研究结果的可靠性和正确性,需要对量表信度与效度进行检验。Cronbach's α 是目前较为普遍的信度检验指标。如表 5-3 所示,所有潜变量的 Cronbach's α 系数均超过或接近 0.8,表明量表数据一致性和稳定性较好。结构效度通常采用因子分析进行检验(张圆刚等,2017),本量表所有潜变量的 KMO 值均在阈值 0.6 之上,Bartlett 球形检验的显著水平均为 0.000 < 0.001,表明样本数据适宜作因子分析。因子分析中,各观测指标在各自归属的主成分的载荷大部分在 0.7 以上,均大于建议值标准 0.5,说明量表具有较好的结构效度。

表 5-3 变量信度、效度及因子分析结果

路径	标准因子载荷	Cronbach's α 系数	KMO 值	Bartlett 球形检验
AB1←AB	0.732			
AB2←AB	0.654	0.802	0.707	593.63(p=0.000)
AB3←AB	0.853			
SN1←SN	0.861			
SN2←SN	0.846	0.789	0.656	784.47(p=0.000)
SN3←SN	0.672			
PBC1←PBC	0.816			
PBC2←PBC	0.717	0.895	0.699	1234.732(p=0.000)
PBC3←PBC	0.937			
BI1←BI	0.574			
BI2←BI	0.874	0.830	0.651	945.608(p=0.000)
BI3←BI	0.951			
BR1←BR	0.703			
BR2←BR	0.767	0.831	0.639	841.527(p=0.000)
BR3←BR	0.954			

5.1.4.2 模型拟合与适配度检验

根据模型假说与观测指标设计，构建以 AB、SN、PBC、BI、BR 为潜变量的结构方程模型（见图 5-2）。运用 AMOS17.0 软件对农户耕地撂荒行为模型进行检验，同时考虑变量方差之间存在的合理共变关系（李世杰等，2013），依据初步的模型结果增列 e1 与 e2、e2 与 e7、e2 与 e8、e3 与 e9、e7 与 e8、e13 与 e14 共 6 组共变关系，在不违背理论假设的前提下降低模型卡方值，有效提高模型拟合优度。

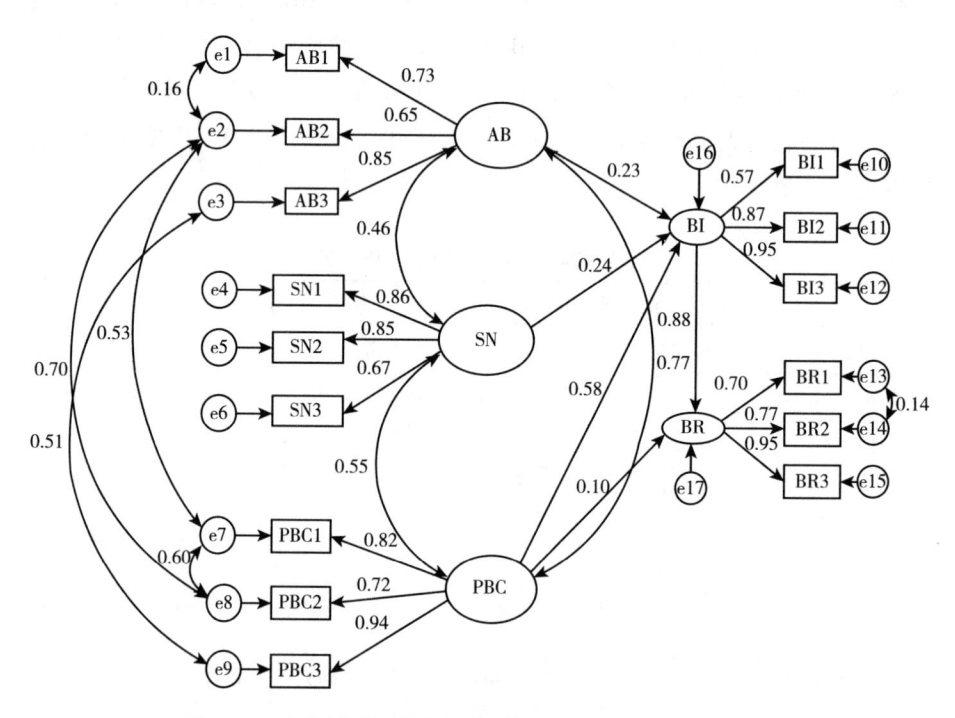

图 5-2　农户耕地撂荒行为的结构方程模型及其估计结果

注：→表示潜变量之间的因果关系，由因变量指向果变量；↔表示变量之间的相关关系。e1 ~ e17 表示测量模型中观测变量的残差和结构模型的测量误差。

适配度指数用于评价假设路径分析模型适合样本数据的程度。结构方程模型一般采用绝对适配度指数、增值适配度指数和简约适配度指数来衡量模型整体拟合优度（程建等，2017）。如表 5-4 所示，各指标拟合优度统计值均满足或接近阈值条件，CFI 值为 0.945 大于阈值 0.900，表明本书构建的结构方程模型（SEM）具有良好的拟合效果，模型整体适配度通过检验。

表 5-4　　　　　　　　　　模型适配度指标

统计检验量	简写	适配的标准或临界值	检验结果	适配判断
绝对适配度指数				
残差均方和平方根	RMR	<0.05	0.070	一般
渐进残差均方和平方根	RMSEA	<0.08	0.095	一般
适配度指数	GFI	>0.90	0.914	良好
调整后适配度指数	AGFI	>0.90	0.864	一般
增值适配度指数				
规准适配指数	NFI	>0.90	0.936	良好
相对适配指数	RFI	>0.90	0.912	良好
增值适配指数	IFI	>0.90	0.946	良好
非规准适配指数	TLI	>0.90	0.925	良好
比较适配指数	CFI	>0.90	0.945	良好
简约适配度指数				
简约适配度指数	PGFI	>0.50	0.579	良好
简约调整后的规准适配指数	PNFI	>0.50	0.678	良好
节俭调整指数	PCFI	>0.5	0.684	良好
χ^2 自由度比	NC	<5.00	6.575	一般
信息标准指数	CAIC	Default model 的 CAIC 小于 Saturated model 的 CAIC，且同时小于 Independence model 的 CAIC	826.294 < 890.790 826.264 < 7971.612	良好

5.1.4.3　假说检验与结果分析

根据 SEM 运行结果（见表 5-3、表 5-5、表 5-6、图 5-2），研究假说 H1~假说 H6 均得到证实，验证了农户耕地撂荒行为决策符合计划行为理论。农户耕地撂荒行为决策过程遵循"认知判断—意向选择—行为响应"这一逻辑路径，农户耕地撂荒行为态度、主观规范、知觉行为控制三个潜变量决定农户耕地撂荒意愿，农户耕地撂荒意愿决定撂荒行为响应，其中，知觉行为控制亦直接影响行为响应。

表 5-5　　　　　　　　结构方程模型估计结果

路径	标准化路径系数	标准误差	临界比	假说检验
BI←AB	0.234 ***	0.013	5.213	接受 H1
BI←SN	0.244 ***	0.026	7.198	接受 H2
BI←PBC	0.580 ***	0.018	10.503	接受 H3
BR←PBC	0.104 * (p=0.060)	0.040	1.880	接受 H4
BR←BI	0.877 ***	0.185	10.602	接受 H5
AB↔SN	0.463 ***	0.046	8.196	
SN↔PBC	0.547 ***	0.040	9.659	接受 H6
AB↔PBC	0.771 ***	0.118	12.391	

注：* 代表 10%，** 代表 5%，*** 代表 1% 的水平上显著。

表 5-6　　　各潜变量对行为响应的标准化直接、间接及总效应

效应	行为态度	主观规范	知觉行为控制	行为意向
直接效应	—	—	0.104（p=0.056）	0.877（p=0.015）
间接效应	0.205（p=0.012）	0.214（p=0.012）	0.509（p=0.007）	—
总效应	0.205（p=0.014）	0.214（p=0.012）	0.613（p=0.007）	0.877（p=0.014）

农户撂荒行为态度是影响撂荒行为意向的重要因素，其路径系数为 0.234，在 1% 的水平上显著，行为态度与其下 3 个观测变量因子载荷分别为 0.732、0.654、0.853（见表 5-3、图 5-2），表明在耕地撂荒的行为态度认知中，撂荒对环境有无负面影响是其考虑的最主要问题。与可以通过直接观测获得的撂荒环境影响认知相比，撂荒对经济、社会的负面影响需经过宏观经济运行体系中价格机制、供求机制等作用于农户身上，不易直接观测，需通过新闻、报纸等信息传输媒介获取，具有滞后性，导致农户对耕地撂荒的环境影响认知高于其对经济、社会影响认知。

主观规范也是影响撂荒行为意向的主要因素，其路径系数为 0.244，在 1% 的水平上显著，表明农户耕地撂荒行为受到外部压力的影响，主观规范与其下 3 个观测变量因子载荷分别为 0.861、0.846、0.672（见表 5-3、图 5-2），说明家人、村民干涉对农户撂荒行为的影响大于政府干涉的影响，可见基层政府需要通过改进工作方式等措施增强在农村社区的公信力和信任度。与政府规制相比，由亲朋邻里构成的农民社区行为规范更加受到农户认可，对农户起到非正式制度约束的作用，表明引导将乡村治理与撂荒地利用结合起来，营造全社会遏制耕地撂荒的浓厚氛围尤为重要（农业农村部，2021）。

知觉行为控制是影响行为意向的因素，也是影响行为响应的主要因素。如表 5-6 所示，知觉行为控制对行为响应的标准化总效应大于行为态度和主观规范的相应值。这表明与行为态度、主观规范相比，对耕地种植产生直接影响的客观耕作条件制约以及农户的客观条件掌控能力对农户耕地撂荒行为影响程度更强，体现了农户在涉及自身利益的关键问题上持有的极为务实、谨慎的态度。行为控制与其下 3 个观测变量因子载荷分别为 0.816、0.717、0.937（见表 5-3、图 5-2），说明在耕地撂荒决策过程中，与非农就业机会相比，客观耕作条件及农业劳动力等直接限制条件是农户优先考虑的限制因素。

行为意向是影响行为响应的主要因素，其对行为响应的标准化总效应最高，达 0.877，说明除了发挥从农户耕地撂荒认知到行为的中介效应外，行为意向还可以直接促成农户行为响应。可见，农户耕地撂荒行为很大程度上取决于农户耕地撂荒行为意向，对撂荒地的治理不能仅依靠行政命令或"一刀切"式的简单方式，更应该关注农户耕地撂荒意向及其形成原因，从技术与管理角度共同提升撂荒地统筹利用的总体效果。

行为态度、主观规范和知觉行为控制在不同程度存在显著的相关关系。本质上，行为态度、主观规范和知觉行为控制及其观测变量均是对农户认知层面某一方面的刻画，它们可能共同受到家庭、就业、社会经济特征等的影响。例如，具有政治身份的农户可能具有较为丰富的社会资源，非农就业机会更多、对撂荒负面影响的认知度也更加全面。此外，具有政治身份的农户因其身份的特殊性，其撂荒行为受到干涉的可能性也更大。总体而言，需要关注农户耕地撂荒认知各潜变量之间的关系，耕地撂荒治理政策也需要根据其相关关系进行有效配合与衔接，才能有效提升撂荒地统筹利用政策的实施效果。

5.1.5 政策启示

基于上述研究结果，为推进撂荒耕地的统筹利用，得到如下政策启示：在战略层面，不仅要关注经济工具在引导农户耕地利用行为中的作用，还需要着力提高农户对撂荒效应的认知水平。在具体实施层面，各级政府要改进落实耕地相关政策的工作方式，提升基层政府公信力；同时加大耕地撂荒危害的宣传力度，通过多种方式宣传、示范、推广保护耕地，提高农户充分利用耕地的意识和意愿。要利用传统和新媒体，采取农民喜闻乐见的方式，宣传国家耕地保护法律法规和强农惠农富农政策。引导将乡村治理与撂荒地利用结合起来，探索防止耕地撂荒的有效做法，总结遏制撂荒的经验做法，曝光耕地撂荒典型案例，营造全社会遏制耕地撂荒的浓厚氛围。此外，通过平整耕地、高标准农田建设、提高机械化水平等方式提升耕地生产效益也十分必要。

5.2 不同代际视角下农户耕地撂荒行为分析

5.2.1 引言

耕地撂荒是一个复杂的多维过程，是由相互联系的经济、环境和社会驱动力驱动的（Yan et al., 2016）。快速的城市化和工业化进程，促使中国农村大量劳动力脱离农业，进而引发耕地的边际化（李升发和李秀彬，2018）。特别是在农村劳动力流出达到刘易斯拐点之后，丘陵山区出现明显的耕地撂荒现象。究其原因，一方面是由于地形的限制，农业劳动力析出后，无法实现以机械替代人力，由此引发大面积耕地撂荒。长期撂荒的耕地通常不易复耕复种，逐渐发生植被的自然演替，呈现自然生态用地扩张的状态（Pueyo and Begueria, 2007）。另一方面，农村留守劳动力老龄化和地块细碎化加剧，制约了现代农耕工具的使用，势必影响农业经营效益的提升，致使山区耕地撂荒现象加重（Pueyo and Begueria, 2007）。然而，面对国家18亿亩耕地红线的保护压力和确保粮食安全的民生诉求，如何避免优等耕地资源的浪费已成为中国土地可持续利用管理中的重点和难点（邵景安等，2015）。此外，在城乡一体化背景下，农户分化与异质化程度正在不断加深，进而影响其耕地利用行为，成为耕地撂荒研究的一个重要视角（许恒周等，2012；郭晓鸣等，2018）。

耕地撂荒是农户权衡多种因素后作出的理性决策，不同类型农户对耕地撂荒的影响因素和反应程度会有所不同（郭贝贝等，2020；李赞红等，2014；宋世雄等，2016）。目前，农户层面的耕地撂荒研究主要集中在劳动力价格上涨（Yan et al., 2016）、劳动力迁移（LIESKOVSKÝ et al., 2015；Xu et al., 2019）、家庭结构（Xu et al., 2017）和农户类型差异（李赞红等，

2014)等方面，其分析视角在于随着劳动力价格上涨与非农就业机会增多，农户家庭非农收入和劳动力迁移增加，从而引起原本同质化农户出现职业和经济分化，而农户职业和经济收入的变化均会改变农户对农业生产要素投入的配置，进而影响与耕地资源配置相关的行为（如耕地撂荒或耕地流转）。对于代际差异，现有研究更倾向于关注代际差异对人们在工作组织中的消费偏好和行为的影响（Liu et al., 2020）。然而，关于代际差异如何影响农户耕地撂荒行为的研究较少，相关研究主要集中在代际差异对农户耕地保护（陈美球等，2019；杨志海和王雨濛，2015）、劳动力迁移（黄季焜和靳少泽，2015；陈素琼等，2016）、土地流转（陈奕山和钟甫宁，2017）和宅基地退出（杨慧琳等，2020）等的影响。例如，在耕地保护方面，新生代农户在耕地保护认知、技术采纳和实际行为态度等方面优于老一代农户（陈美球等，2019；杨志海和王雨濛，2015）；在土地流转方面，存在劳动力转移的老一代农户更愿意流转土地，也有研究发现，劳动力年轻化促使新生代农户转出耕地，但不能确保耕地转出的稳定性（陈素琼等，2016）。已有成果为农户耕地撂荒行为研究提供了一定的思路与基础，但也存在一些不足之处。一是多数耕地撂荒研究往往将农户视为同质群体，忽视了代际差异背景下农户对耕地资源利用的不同目标诉求。二是影响农户耕地撂荒行为的因素是多方面的，在分析其行为决策时，有必要掌握影响不同代际农户耕地撂荒行为的决定性因素。三是缺乏探讨各因素对不同代际农户撂荒规模的影响差异及其作用强度。

因此，随着务农劳动力代际分化趋势日益明显，不仅需要关注农村人口流失引发大面积耕地撂荒，更需要从长远考虑不同代际农户对耕地利用的责任意识及具体行为差异。在中国耕地资源稀缺和农村土地承包权不变的情况下，耕地撂荒不仅受当代人行为决策的影响，耕地撂荒及其时空范围则更受代际间农户行为差异的影响。鉴于此，本书选取位于山区丘陵地带的江西省兴国县作为研究案例区，通过实地问卷调查，从农户代际差异视角来探讨其对耕地撂荒的影响，并分析影响不同代际农户耕地撂荒因素的异质性。

5.2.2 理论分析

卡尔·曼海姆最早研究代际之间的差异，并用"代"或"代群"来指定具有相同出生年代,并在关键成长阶段经历相同重大社会事件的群体(刘炎周等,2016)。由于同一代群内个体的价值判断、态度和行为具有稳定性(Schuman and Rodgers,2004),而处于不同代群的个体则在价值观、偏好等方面存在差异(Dencker et al.,2008;Lyons and Kuron,2014),这为探究不同代际农户的耕地撂荒行为提供了理论依据。相关学者将代际差异对价值观和行为方式的影响进行分解,并总结出不同代群之间的实际差异是时代效应、代效应与年龄效应共同作用的结果(Liu et al.,2020;刘炎周等,2016;Lyons and Kuron,2014)。由于时代效应是指环境对农户价值观、行为和态度的混合影响,因此本书仅考虑后两种效应。

代效应是指社会环境变迁造成不同代群之间在行为认知上的分化(Dencker et al.,2008)。例如,新生代农户在青年时期经历了改革开放、市场经济体制建立等重大历史事件,使其在中国社会经济剧变的新环境中形成了完全不同于老一代农户的行为方式和性格特征(刘炎周等,2016)。年龄效应则与个体经历事件无关,单指个体在成长过程中年龄差异对自身成熟度等特质造成的影响(Liu et al.,2020)。例如,老一代农户正处于生命周期末端,对耕地的珍惜程度和依赖感远超新生代农户。

在中国一般农业型地区,以代际分工为基础的农户呈现出多元的结构性分化,而全部收入来自农业的纯农户在全国占比下降至10.3%,且农户家庭实际从事农业生产的劳动力老龄化攀升(杨进和陈志钢,2016)。因此,本书进一步将农户代际差异分为三种类型,即新生代、中生代和老一代农户,以此来探讨不同代际农户耕地撂荒行为的异质性。由于老一代农户正处于生命周期末端,其劳动与就业能力逐渐下降,从事农业生产多以满足家庭内部消费为首要目的(郭晓鸣等,2018),同时肩负抚养孙辈重担,因此对生计安全的需求促使其更加依赖耕地。尽管老一代农户耕种能力下降,但青年时期经历土改、公社集体化和分田到户等事件强化了耕地作为其人格化财产的观念,使得即便粗放利用或撂荒耕地,也不愿轻易放弃或流转承包地。中生代农户由于种种原因没能进城务工经商或不愿意离开农村而留村生产生活,但只种自家承包地则因经营面积太小,所获收入太少,难以在农村体面生活(夏柱智和贺雪峰,2017)。因此,他们最积极地将外出务工农户不再耕种的土地流转过来,达到适度规模经营,同时通过副业获取非农收入。由于农村生活成本低,如此便能获得不低于外出务工的收入,并保持家庭生活的完整。对于新生代农户,当无足够的土地规模或无法通过其他方式扩大经营规模以获取规模收益时,他们将不愿留村生活(郭晓鸣等,2018)。相反,他们更有机会和能力在城市中获得就业岗位与公共服务等资源以促使其留城生活,而非农收入和就业机会又正向激励其获取更多的城市资源,令新生代农户进一步主动脱离农村(刘炎周等,2016)。由于新生代农户在血缘上仍与村庄存在密切的社会联系,仍具有获得农村集体土地的资格,但其利益关系在地缘上早已脱离村庄,分配的耕地一般不种,而是流转给亲朋邻里或闲置撂荒。因此探讨不同代际农户耕地撂荒的关键因素将有助于缓解山区耕地撂荒进程(见图5-3)。

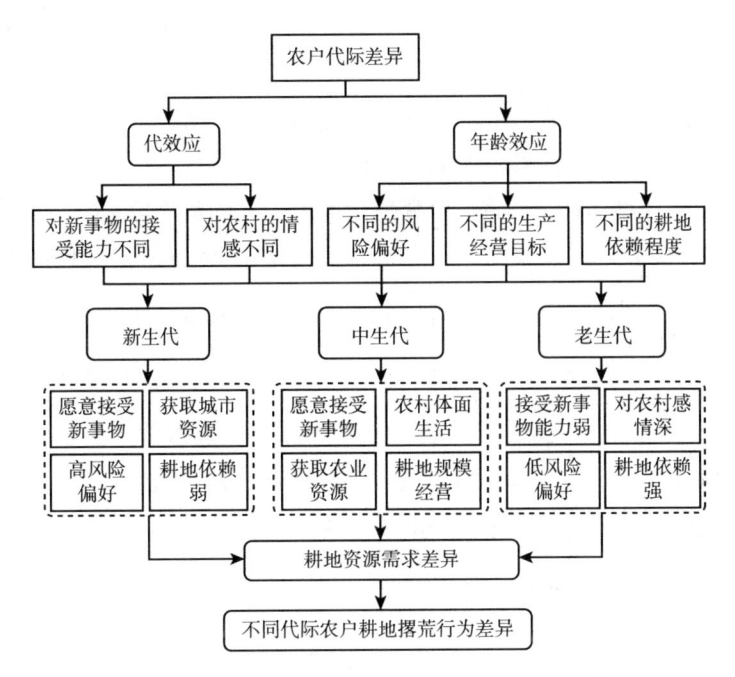

图5-3 代际差异影响农户耕地撂荒行为的分析框架

5.2.3 研究方法与数据来源

5.2.3.1 研究方法

(1)耕地是否撂荒。由于农户耕地是否撂荒为二分类变量,且一般认为 Logit 应用最广(田玉军等,2010),故选择 Logit 模型进行估计。具体模型如下:

$$\begin{cases} p_i = F(y_i) = \dfrac{\exp(\beta_0 + \sum_{j=1}^{n}\beta_j X_{ij})}{1 + \exp(\beta_0 + \sum_{j=1}^{n}\beta_j X_{ij})} \\ y_i = \ln\left(\dfrac{p_i}{1-p_i}\right) = \beta_0 + \sum_{j=1}^{n}\beta_j X_{ij} \end{cases} \quad (5-2)$$

式（5-2）中，p_i 表示第 i 个农户耕地撂荒的概率；y_i 是因变量，表示第 i 个农户耕地是否撂荒（撂荒=1，不撂荒=0）；β_0 和 β_j 分别表示截距项和第 j 个自变量的回归系数；n 为自变量个数；X_{ij} 为第 i 个农户第 j 个自变量的取值。

（2）耕地撂荒规模。由于耕地撂荒规模的数据不服从正态分布，其大部分数值取值为0，如果直接采用固定效应模型，将会得到不一致的估计量。如果运用截断数据模型估计，需将被解释变量取值为零的观测值删除，导致大量样本信息损失（刘彬彬等，2018）。因此，本书采用 Tobit 模型，具体如下：

$$FAS_i = \begin{cases} \alpha_0 + \alpha_1 \times Intergen_i + Controls_i^T \times \alpha_2 + \varepsilon_i & \text{if } IA_i > 0 \\ 0 & \text{if } IA_i \leq 0 \end{cases} \quad (5-3)$$

其中，FAS_i、IA_i 和 $Intergen_i$ 分别表示第 i 个农户耕地撂荒规模、耕地是否撂荒和代际差异；$Controls^T$ 表示控制变量所构成向量的转置；ε_i 为随机扰动项；α_0 为截距项；α_1 和 α_2 表示相应的回归系数。

5.2.3.2 变量选取与测量

（1）被解释变量：耕地是否撂荒及撂荒规模。耕地是否撂荒和耕地撂荒规模均由实际调研数据获得，分别通过 Logit 模型和 Tobit 模型来考察代际差异对农户耕地撂荒的影响因素与作用强度。

（2）核心解释变量：代际差异。从事农业或非农活动都是以家庭为单位，但户主对家庭内部的生产决策一般起决定性作用，且他们往往也是家庭内部年龄最长者，其认知水平与行为决策能够代表农户的整体水平，因而本书以户主年龄为依据划分不同代际（杨志海和王雨濛，2015）。考虑到"代效应"中价值观形成的滞后性及务农劳动力老龄化程度（刘炎周等，2016；杨进和陈志钢，2016），本书以1955年和1970年作为老一代、中生代与新生代农户的分界点，由此形成虚拟变量以反映代际差异（$Intergen$）。若户主在

1970年之后出生，Intergen 取值为 1；在 1955~1970 年出生，Intergen 取值为 2；在 1955 年之前出生，Intergen 取值为 3。样本中，新生代、中生代与老一代农民分别占 29.01%、49.49% 及 21.5%。

（3）控制变量。参考已有研究，本书将控制变量归纳为四个方面：一是户主特征变量。农户耕地撂荒行为决策会受户主性别和教育程度高低的影响（Zhang et al., 2014），受教育程度高和男性户主更容易获得非农就业机会，从而撂荒耕地。二是家庭特征变量。家庭人口规模决定了农户承包地面积（李文辉和戴中亮，2014），家庭人口的增多会增加农业劳动力供给，从而降低耕地撂荒的概率。非农收入占比在一定程度上反映出家庭劳动力的迁移状况（Xu et al., 2017），非农活动的增加可能会增大耕地撂荒的概率。距离集市的远近代表了农户获得农业服务的难易程度，距离集市越远，耕地越容易撂荒。三是耕地资源特征变量。耕地经营规模越大，越容易获得规模效益，从而抑制耕地撂荒。相反，地块越细碎则不利于农业技术的使用，越容易撂荒。土地转出和转入均能缓解耕地撂荒程度（邵景安等，2015），而灌溉条件越好的地块，越不容易撂荒（Silber and Wytrzens，2006）。四是村庄特征变量。村庄的整体情况在一定程度上反映农户拥有的资源状况、经济水平和信息来源，因而村庄尺度上的因素会对农户耕地利用行为决策产生影响（宋世雄等，2016）。例如，村内耕地撂荒尺度认知、地理环境的优劣、耕地资源分布和交通状况等均会影响农户的耕地撂荒决策行为（郭晓鸣等，2018），即便在同一乡镇，不同村庄之间的撂荒程度也存在较大差异。

5.2.3.3 数据来源

本书数据来源于 2019 年 7~8 月对江西省兴国县各乡镇的农户和村庄实地调研。为保证调查数据的有效性和代表性，研究采用分层随机抽样的方法选择调查区域。首先，按照经济发展水平和耕地面积选取 6 个乡镇；其次，在每个乡镇中按照耕地资源分布和地形地貌状况随机抽取 3~6 个村，并与村干部进行村问卷访谈；最后，每村随机选取 10 个农户，并与农户户主或其家庭成员进行面对面访谈。本调研共发放 30 份村庄问卷和 300 份农户问卷。农户问卷囊括了家庭成员基本情况（包括年龄、就业、收入等）、土地经营情况（包括地块数量、耕地经营规模、灌溉条件和流转面积等）、耕地撂荒情况（包括撂荒面积、撂荒程度等）。剔除数据缺失的问卷，得到有效样本量为 293 份，问卷有效率为 97.67%。

5.2.4 实证结果分析

5.2.4.1 描述性统计

表5-7为变量的描述性统计，其中有46.1%的农户撂荒耕地，平均撂荒面积为0.82亩。大多数户主为中年人，受教育程度普遍偏低；平均家庭总人口数为4.53，家庭收入大部分来源于非农收入，平均非农收入占比达61.5%。农户平均耕地经营规模为2.61亩，平均耕地块数为9.1，31.4%的农户家庭有流转土地，大部分耕地能保证灌溉且农户认为当前村内耕地撂荒程度偏向一般。需要指出的是，不同代际农户在耕地撂荒和土地流转上存在明显的差异，表5-8结果显示，老一代农户的耕地撂荒意愿和耕地撂荒规模均高于新生代农户，相反土地流转率却低于新生代农户，而中生代农户介于两者之间。

表5-7 变量定义与描述性统计

变量名称	变量定义与赋值	均值	标准差	预期方向
耕地是否撂荒	农户耕地是否撂荒（0=否；1=是）	0.461	0.499	
耕地撂荒规模	农户耕地撂荒规模（亩）	0.817	1.296	
代际差异	1970年之后出生=1，1955~1970年之间出生=2，1955年之前出生=3	2.075	0.780	?
性别	户主性别（1=男；2=女）	1.12	0.325	?
受教育程度	1=小学以下；2=小学；3=初中；4=高中或职业中学；5=大专及以上	2.72	0.954	-
家庭规模	农户家庭总人口数（人）	4.53	1.87	-
家庭年收入	农户家庭总收入（万元）	7.05	7.09	?
非农收入占比	家庭非农收入占家庭总收入的比重（%）	0.615	0.409	+
离集市距离	从家到最近集镇中心的距离（km）	6.28	4.75	+
耕地经营规模	农户实际耕种的土地面积（亩）	2.61	2.34	-
耕地块数	耕种土地的总地块数（块）	9.10	5.69	+
土地是否流转	农户是否参与土地流转（0=否；1=是）	0.314	0.465	
灌溉条件	1=望天收；2=不能保证灌溉；3=能保证灌溉	2.608	0.687	-
村内撂荒程度	目前村内耕地撂荒的严重程度（1=不严重；2=一般；3=严重）	1.83	0.800	?

续表

变量名称	变量定义与赋值	均值	标准差	预期方向
村庄地形	1=缓丘（<30m）；2=浅丘（<50m）；3=中丘（50~100m）；4=高丘（100~200m）	2.59	1.15	+
交通状况	村庄与外界的交通是否方便（0=不方便；1=方便）	0.614	0.488	-
耕地分散程度	整个村庄耕地资源的分散程度（0=分散；1=集中）	0.645	0.479	-

注：+、-、? 分别代表影响因子与耕地撂荒的关系为正相关、负相关和不确定。

表5-9　　　　　耕地资源配置的描述性分析

变量	新生代	中生代	老一代
耕地撂荒意愿（0=否；1=是）	0.365	0.469	0.571
耕地撂荒规模（亩）	0.775	0.851	0.999
土地流转率（%）	0.312	0.177	0.140

5.2.4.2 不同代际农户对耕地是否撂荒行为决策分析

（1）代际差异对农户耕地是否撂荒的影响。对式（5-1）进行 Logit 估计，如模型1~模型5所示，模型5为模型4的边际效应结果，模型6为 Probit 估计结果，作为模型4的稳健性检验（见表5-9）。模型1表明，代际差异在5%的置信水平上对农户耕地是否撂荒有显著的正向影响。在模型2~5中加入控制变量后，代际差异对耕地是否撂荒的正向影响依旧稳健，且代际差异每提升一级，耕地撂荒概率会增加9%。需要指出的是，表中6个估计模型对应的膨胀系数（VIF）均小于10，说明自变量不存在严重的共线性问题。

表5-9　　　　农户耕地是否撂荒影响因素的 Logit 回归结果

变量	耕地是否撂荒					
	模型1	模型2	模型3	模型4	模型5（dy/dx）	模型6
代际差异	0.422** (0.170)	0.434** (0.195)	0.449** (0.211)	0.560** (0.240)	0.090** (0.038)	0.325** (0.136)
性别		-0.420 (0.413)	-0.545 (0.449)	-0.423 (0.517)	-0.068 (0.083)	-0.213 (0.289)

续表

变量	耕地是否撂荒					
	模型1	模型2	模型3	模型4	模型5 (dy/dx)	模型6
受教育程度		-0.066 (0.147)	0.045 (0.158)	0.264 (0.186)	0.043 (0.030)	0.158 (0.106)
家庭规模		0.085 (0.073)	0.164* (0.084)	0.242*** (0.093)	0.039*** (0.014)	0.141*** (0.054)
家庭年收入		0.019 (0.021)	0.009 (0.024)	-0.000 (0.027)	-0.000 (0.004)	0.001 (0.016)
非农收入占比		0.170 (0.361)	-0.010 (0.391)	-0.091 (0.443)	-0.015 (0.072)	-0.058 (0.252)
离集市距离		0.108*** (0.029)	0.095*** (0.034)	-0.017 (0.041)	-0.003 (0.007)	-0.012 (0.024)
耕地经营规模			-0.431*** (0.080)	-0.339*** (0.083)	-0.055*** (0.012)	-0.198*** (0.048)
耕地块数			0.118*** (0.034)	0.126*** (0.036)	0.020*** (0.005)	0.074*** (0.020)
土地是否流转			-1.388*** (0.358)	-1.423*** (0.393)	-0.230*** (0.059)	-0.838*** (0.226)
灌溉条件			0.020 (0.182)	-0.394* (0.229)	-0.064* (0.037)	-0.234* (0.128)
村内撂荒程度				0.784*** (0.214)	0.127*** (0.033)	0.481*** (0.122)
村庄地形				0.491*** (0.165)	0.079*** (0.026)	0.298*** (0.096)
交通状况				0.005 (0.377)	0.001 (0.061)	0.003 (0.214)
耕地分散程度				-0.904** (0.403)	-0.146** (0.063)	-0.532** (0.234)
常数	-0.973*** (0.350)	-1.647* (0.863)	-1.484 (1.020)	-3.582*** (1.357)		-2.188*** (0.783)
Wald 卡方检验	6.19**	21.87***	48.47***	82.24***		98.81***
Pseudo R²	0.0157	0.0723	0.1866	0.2909		0.2929
样本量	293	293	293	293	293	293

注：* 代表10%，** 代表5%，*** 代表1%；dy/dx 是变量的平均边际效应；括号内数字为稳健标准误，表5-10中同。

(2) 不同代际农户耕地是否撂荒行为决策差异分析。由表 5-9 可见，家庭规模、耕地经营规模、耕地块数、土地是否流转、撂荒程度认知和村庄地形在 1% 水平上显著；耕地分散程度在 5% 的统计水平上显著，灌溉条件则在 10% 水平上显著，其余变量完全不显著。因此，为了分析影响不同代际农户耕地撂荒行为决策差异的具体因素，本书对新生代、中生代和老一代农户耕地是否撂荒的分样本进行 Logit 回归，结果见表 5-10。

表 5-10　不同代际农民耕地是否撂荒行为影响因素的 Logit 回归结果

变量	新生代 系数	新生代 dy/dx	中生代 系数	中生代 dy/dx	老一代 系数	老一代 dy/dx
性别	1.613 ** (0.727)	0.201 ** (0.088)	-0.259 (0.701)	-0.040 (0.108)	-2.895 * (1.704)	-0.339 * (0.177)
受教育程度	0.369 (0.357)	0.046 (0.044)	0.727 ** (0.287)	0.113 *** (0.042)	0.185 (0.502)	0.022 (0.058)
家庭规模	0.258 (0.186)	0.032 (0.021)	0.243 (0.159)	0.038 (0.023)	0.602 (0.512)	0.071 (0.062)
家庭年收入	-0.011 (0.056)	-0.001 (0.007)	0.021 (0.042)	0.003 (0.006)	-0.125 (0.110)	-0.015 (0.012)
非农收入占比	0.551 (0.985)	0.069 (0.120)	-1.128 * (0.637)	-0.175 * (0.095)	0.587 (1.329)	0.069 (0.151)
离集市距离	0.074 (0.111)	0.009 (0.013)	0.033 (0.063)	0.005 (0.010)	-0.335 *** (0.115)	-0.039 *** (0.013)
耕地经营规模	-0.529 ** (0.205)	-0.066 *** (0.022)	-0.518 *** (0.146)	-0.080 *** (0.019)	-0.342 (0.242)	-0.040 (0.028)
耕地块数	0.265 ** (0.117)	0.033 ** (0.013)	0.134 ** (0.060)	0.021 ** (0.009)	0.196 ** (0.081)	0.023 *** (0.009)
土地是否流转	-2.162 ** (0.840)	-0.270 *** (0.091)	-1.411 ** (0.697)	-0.219 ** (0.100)	-0.922 (0.804)	-0.108 (0.095)
灌溉条件	-0.129 (0.455)	-0.016 (0.058)	-0.446 (0.307)	-0.069 (0.047)	-0.862 (0.714)	-0.101 (0.083)
村内撂荒程度	0.054 (0.473)	0.007 (0.059)	0.822 *** (0.301)	0.127 *** (0.045)	2.011 ** (0.802)	0.236 *** (0.082)
村庄地形	0.867 ** (0.376)	0.108 ** (0.048)	0.418 * (0.253)	0.065 * (0.037)	1.196 ** (0.503)	0.140 ** (0.056)

续表

变量	新生代 系数	新生代 dy/dx	中生代 系数	中生代 dy/dx	老一代 系数	老一代 dy/dx
交通状况	0.410 (0.916)	0.051 (0.115)	-0.113 (0.514)	-0.018 (0.080)	-0.607 (0.826)	-0.071 (0.095)
耕地分散程度	-1.421 (0.952)	-0.178 (0.119)	-1.011* (0.599)	-0.157* (0.090)	-1.592 (1.263)	-0.186 (0.145)
常数	-6.935** (3.152)		-3.021 (1.959)		-0.638 (4.605)	
Wald 卡方检验	35.08***		36.63***		25.28**	
Pseudo R^2	0.3995		0.3201		0.4674	
样本量	85	85	145	145	63	63

①户主特征的影响。一般来讲受教育程度较高的户主会有更多的非农就业机会，由此推断受教育程度越高，耕地撂荒的概率越大。然而，表5-9结果表明，户主受教育程度对耕地是否撂荒影响并不显著。一个可能的解释是受教育程度高的户主更有能力获得与管理农业活动有关的信息和知识，这些信息和知识体现在以技术替代劳动，而劳动力的减少和技术的增加让两种相反效应综合后，使得受教育程度变量无关紧要（Yan et al., 2016）。但是，表5-10结果说明，受教育程度对中生代农户耕地是否撂荒具有显著的正向影响，这表明只有当务农收入不低于非农务工时，且能通过耕种连片农田，形成适度规模经营，才能使中生代农户选择留村务农。否则，受教育程度高的中生代农户仍以非农务工为主，从而首先撂荒耕种困难的土地。户主性别对耕地是否撂荒无影响，但分样本回归结果表明，在新生代农户中女性更倾向于撂荒耕地，而老一代农户的情况则相反。这是由于新生代农户家庭劳动力迁移是整体性的，但在老一代农户中，妇女获取家庭生活所需的农产品主要来源于耕地，因而不愿撂荒土地。

②家庭特征的影响。表5-9结果说明家庭规模对耕地是否撂荒具有显著的正向影响，但表5-10分样本回归结果表明，家庭规模在不同代际农户间并无显著差异。边际效应表明，家庭总人口每增加1人，耕地撂荒意愿增加3.9%，主要原因是务农收益太低，大多数家庭主要劳动力选择务农以外的其他生计方式。非农收入占比对中生代农户耕地是否撂荒具有显著的负向影响，

且非农收入占比每提升1%，中生代农户耕地撂荒概率下降17.5%。这在于中生代农户将农业经营作为分散家庭风险的方式和确保未来生存的预期，非农收入用于扩大农业经营规模。距离集市的远近与研究预期相反，特别是老一代农户距离集市越远，耕地撂荒意愿越低，这是由于老一代农户难以从较远的集市中获取生活必需品，反而通过经营自家承包地能够满足家庭所需而不愿意撂荒耕地。

③耕地资源特征的影响。耕地经营规模和耕地块数每增加1个单位，耕地撂荒的概率将分别下降5.5%和上升2%，且分别对中生代和新生代农户作用最大。家庭土地流转在1%的水平上显著负向影响耕地撂荒，且分样本中新生代和中生代农户土地流转对耕地撂荒具有显著的负向影响，但老一代农户土地是否流转对耕地撂荒并无影响。此外，灌溉条件每提升1个单位，农户耕地撂荒概率下降6.4%，这是因为灌溉条件的好坏很大程度上反映出耕地生产力和务农劳作强度，但灌溉条件在不同代际农户间并无显著差别。

④村庄特征变量的影响。村内撂荒程度每提升1级，耕地撂荒概率会增加12.7%，且中生代与老一代农户耕地撂荒概率分别增加12.7%和23.6%。这是由于山区农村亲朋邻里之间家庭成员的外出就业会带动其他农户。当农户认为村内撂荒很严重时，直观反映出务农不再作为农村体面且收入高的职业，会倾向于将务农时间转投其他行业而撂荒部分耕地。村庄地形每提升1级，耕地撂荒概率增加7.9%，且对不同代际农户间耕地是否撂荒均具有显著的正向影响。耕地分散程度在5%的水平上对耕地撂荒具有显著的负向影响，对中生代农户耕地撂荒抑制作用显著。这在于地形的陡峭程度决定了耕作及机械使用的困难程度，而村内耕地越集中，越容易规模化经营，故农户更不愿意撂荒耕地。此外，交通状况对耕地是否撂荒并无显著影响。

（3）不同代际农户对耕地撂荒规模的差异。对式（5-3）进行Tobit估计，结果见表5-11。由于表5-11的结果与表5-10的结果相似，为节省篇幅，本书不作详细介绍。如表5-11所示，不同代际农户之间对耕地撂荒规模存在较大差异。对新生代农户而言，只有耕地经营规模、耕地块数、土地是否流转和村庄地形对耕地撂荒规模具有显著的影响。在其他条件保持不变的情况下，耕地经营规模和耕地块数每提高1个单位，农户耕地撂荒规模分别降低9.6%和增加2.8%。土地是否流转和村庄地形对不同代际农户的耕地撂荒规模分别在1%和5%的水平上显著。此外，相比于新生代和中生代农户，性别、家庭规模、离集市距离和耕地分散程度仅对老一代农户的耕地撂荒规模具有显著性影响。而家庭年收入、非农收入占比和耕地块数等因素对中生代农户耕地撂荒规模的影响显著异于新生代和老一代农户。

表5-11　　不同代际农户耕地撂荒规模影响因素的Tobit回归结果

变量	新生代 系数	新生代 dy/dx	中生代 系数	中生代 dy/dx	老一代 系数	老一代 dy/dx
性别	1.318 (0.953)	0.136 (0.095)	-0.062 (0.653)	-0.009 (0.100)	-1.937** (0.792)	-0.326*** (0.121)
受教育程度	0.409 (0.302)	0.042 (0.030)	0.259 (0.218)	0.040 (0.033)	0.160 (0.370)	0.027 (0.062)
家庭规模	0.346 (0.216)	0.036 (0.022)	0.080 (0.120)	0.012 (0.018)	0.544*** (0.180)	0.092*** (0.027)
家庭年收入	0.038 (0.047)	0.004 (0.005)	0.075** (0.034)	0.011** (0.005)	-0.152** (0.066)	-0.026** (0.011)
非农收入占比	-0.936 (0.977)	-0.096 (0.102)	-1.027* (0.543)	-0.157* (0.080)	0.217 (0.756)	0.037 (0.128)
离集市距离	0.103 (0.085)	0.011 (0.009)	0.046 (0.049)	0.007 (0.008)	-0.142** (0.070)	-0.024** (0.011)
耕地经营规模	-0.932*** (0.202)	-0.096*** (0.019)	-0.543*** (0.109)	-0.083*** (0.015)	-0.505*** (0.160)	-0.085*** (0.026)
耕地块数	0.268*** (0.087)	0.028*** (0.008)	0.099*** (0.033)	0.015*** (0.005)	0.056 (0.036)	0.009 (0.006)
土地是否流转	-3.135*** (0.895)	-0.322*** (0.084)	-1.846*** (0.557)	-0.283*** (0.084)	-1.853*** (0.679)	-0.312*** (0.111)
灌溉条件	-0.164 (0.461)	-0.017 (0.047)	-0.100 (0.248)	-0.015 (0.038)	-0.617 (0.426)	-0.104 (0.069)
村内撂荒程度	0.364 (0.413)	0.037 (0.042)	0.518** (0.232)	0.079** (0.034)	0.967** (0.417)	0.163** (0.066)
村庄地形	0.677* (0.357)	0.070** (0.034)	0.452** (0.216)	0.069** (0.032)	0.640* (0.328)	0.108** (0.052)

续表

变量	新生代 系数	新生代 dy/dx	中生代 系数	中生代 dy/dx	老一代 系数	老一代 dy/dx
交通状况	0.597 (0.903)	0.061 (0.093)	0.328 (0.411)	0.050 (0.063)	-0.139 (0.713)	-0.023 (0.120)
耕地分散程度	-1.174 (0.894)	-0.121 (0.089)	-0.629 (0.453)	-0.096 (0.069)	-1.156* (0.682)	-0.195* (0.112)
常数	-5.882** (2.910)		-2.116 (1.565)		1.307 (2.159)	
LR 卡方检验	56.84***		81.32***		42.96***	
Pseudo R^2	0.2567		0.1963		0.2136	
样本量	85	85	145	145	63	63

注：* 代表 10%，** 代表 5%，*** 代表 1%；dy/dx 是变量的平均边际效应；括号内数字为普通标准误。

5.2.5 政策建议

基于上述研究，本书提出如下政策建议：

（1）耕地资源应随不同代际农户的更迭而作出适当的调整，使耕地要素能在村集体成员之间进行自由流动，如生增死减，以促进土地掌握在有耕作能力的农户手中。农户对耕地需求的减少主要体现在劣质耕地资源上，耕种条件困难的土地也会首先被撂荒，因而对于劣质耕地，村集体可鼓励农户退耕还林。

（2）积极培育村内新生代和中生代农户作为新型农业经营主体。山区由于交通不便，接触外界农业社会化服务机会较少，因而急需联合周边村共同组建能辐射本地多个村庄的农业社会化服务平台。此外，对留村务农的部分新生代和中生代农户开展有针对性的农业生产技术指导服务，同时拓展农业全程托管服务，将由地块细碎化和规模过小所耗散的成本内部化，增强耕地经营的净收益，以减少影响不同代际农户耕地撂荒的关键因素。

（3）发挥村集体组织作用，对导致村内耕地长期撂荒的原因进行分类治理，如对因缺水、地形崎岖和交通不便等因素导致优质耕地资源撂荒的，村集体在加强这类耕地周边基础设施建设和高标准农田建设的同时，应收回撂荒地的承包经营权或收取承包费，再统一将整理好的耕地归还原承包农户，或逐步向新生代与中生代农户、农业企业和农民合作社等集中。

中国是一个人口大国，人地关系突出使小农经济在农村十分普遍。由于农业劳动力外流和农村人口老龄化引起家庭结构和功能的变化，进而在多样化经济下分化出不同的农户类型。目前农户研究多以家庭农业收入或非农收入占比来反映其兼业程度，并以此作为划分农户类型的依据。本书以年龄作为代际差异来划分农户类型为耕地撂荒研究提供了一个新视角，但研究结果易受年龄时间节点划分的影响。另外，由于不同代际农户因经营目标、经营规模需求以及资源获取形式的差异，有着不同的耕地撂荒行为逻辑。同时，考虑到不同代际农民所处生命周期阶段不同，家庭生产目标也会随着时间在成员内部进行交替更换，因而急需从长时间尺度上研究家庭内部代际差异对耕地撂荒行为的影响。此外，考虑到在未来几十年中，农村人口向城市迁移将是山区家庭不可逆转的事实，偏远山区耕地边际化将持续加剧。同时，农村农业劳动力女性化和老龄化攀升，以及外出务工的老龄劳动力回流等现象将持续发生，导致农户家庭的结构发生变化。因此，需要进一步的研究来探讨异质性农户对土地利用选择的行为差异，这对为减缓耕地撂荒的地方补贴和土地流转等土地政策的制定与实施至关重要。

第6章 耕地细碎化对非粮化的影响分析

6.1 引　　言

"国以农为本，民以食为天。"粮食安全关乎国计民生，关乎经济发展和社会稳定。党中央一直以来都高度关注粮食安全问题，多次指出中国人要把饭碗端在自己手里。2020年《中共中央　国务院关于抓好"三农"领域重点工作　确保如期实现全面小康的意见》明确提出要稳定粮食生产，确保国家粮食安全。2020年11月，国务院办公厅印发《关于防止耕地"非粮化"稳定粮食生产的意见》，提出要坚持问题导向，坚决防止耕地"非粮化"倾向。2021年《中共中央　国务院关于全面推进乡村振兴加快农业农村现代化的意见》再次提出坚决遏制耕地"非农化"、防止"非粮化"。明确耕地利用优先序，永久基本农田重点用于粮食特别是口粮生产。

然而，随着工业化和城镇化的推进，农村劳动力大规模转移，在种粮高成本与低价格的双重挤压下，粮食种植面积锐减，种植结构"非粮化"现象普遍（张鸣鸣，2013；蒋和平等，2020）。同时，随着土地流转市场的完善，转入大面积农地的规模经营主体在粮食生产效益低下的情况下往往会自发地进行"非粮化"生产，来获取更高的农业利润（张茜等，2014）。流转价格的提高，对农地非粮种植的概率和非粮种植比例都有显著的正向影响（韩国莹等，2020）。农户内部种植结构变动会受到地形及年末耕地面积影响，地形越陡峭、年末耕地面积少的纯农户越倾向于种植经济作物（赵丹丹等，2018）。也有一部分学者对"趋粮化"现象进行了相关研究。仇童伟等（2018）认为农村劳动力的非农转移、地权稳定性的改善以及农业机械使用程度的提高，均会诱导农户更倾向于种植粮食作物，从而表现出种植结构的"趋粮化"现象。劳动力非农转移会促使农户通过要素配置结构的调整，而转向于种植那些易于机械化作业的粮食作物（钟甫宁等，2016）。因此，劳动力非农转移不仅不造成"非粮化"反而会造成农户种植结构"趋粮化"，并将因农业机械化水平的提升（朱满德等，2021）、大田作物专业化服务（赵丹丹等，2018）、农业生产性服务外包市场的发育而进一步强化（檀竹平等，2019）。

目前，学术界普遍认为耕地细碎化减少了粮食产量（万广华等，1996；王嫚嫚等，2017）、降低了粮食生产效率和技术效率（苏旭霞等，2002；张海鑫等，2012；王嫚嫚等，2017；宋浩楠等，2021）。虽然粮食产量和生产效率对粮食安全的保障具有重要作用，但是种植结构"非粮化"和粮食内部结构调整也对粮食安全产生不可忽视的影响。当前，分析耕地细碎化对农户种植"非粮化"影响的国内外文献较少，已有的文献主要涉及农地细碎化对种植结构多元化的影响，尼鲁拉（Niroula et al.，2005）、S.D. 法尔科（S. D. Falco et al.，2010）、郭贯成等（2016）认为耕地细碎化有利于农户的多元化种植，合理分配农户劳动力及资本的使用。虽然，钱龙等（2018）认为细碎化特征并没有削弱农户种植粮食的积极性，反而有助于提升粮食种植比例，但是他的数据来自农业部农村固定观察点2003~2012年的微观调查，与当前的情况可能有较大不同。耕地细碎化和大国小农是我国农业生产的重要特征，同时，丘陵山区耕地在耕地中占有较大比重。因此，耕地细碎化对丘陵山区农户种植结构的决策是"非粮化"还是"趋粮化"？这是值得探究的问题。鉴于此，本书通过构建有序 Probit 模型和 Tobit 模型，揭示农地细碎化对"非粮化"决策的影响机理，探寻优化粮食作物与经济作物种植结构的新途径。

6.2 理论分析与研究假说

土地细碎化指农户家庭耕种多块互不相邻的土地，地块面积过小以至于未实现地块规模经济（王兴稳等，2008）。土地细碎化虽然不是直接影响粮食产量的单独生产投入要素，但是其能够普遍影响土地、劳动、资本、技术、服务等各个生产要素在粮食生产过程中的作用，并且这种影响是复杂的、综合的（郭贯成等，2016）。

基于生产成本视角，耕地细碎化增加了农业种植成本。首先，耕地细碎化增加了劳动力时间投入。有限的劳动力资源需往返不同的地块，劳动力时间难以有效利用（Sklenicka，2014；Latruffe，2014）。其次，耕地细碎化增加了单位耕地生产投入成本、降低了生产效率。耕地细碎化程度越高，农户单位化肥投入强度越大（于伟咏等，2017），农户化肥利用率越低（史常亮等，2019），单位产量种子成本、机械作业成本及其他成本都会增加（杨慧莲等，2019）。最后，耕地细碎化会增加农业机械设备、农业建筑等基础设施的资本性投入，降低了农业资本的利用率，例如地块边界和田埂的增多会降低农田灌溉效率（纪月清等，2016）。

基于产出视角，耕地细碎化对粮食生产的规模报酬具有负影响（Rahman et al.，2009；王嫚嫚等，2017；郭贯成等，2016），无法实现耕地规模效应。山区耕地地块零碎分散，即使通过土地互换或者流转扩大耕地经营规模，仍然难以达到平均可变成本降低的规模经济状态。这有两个原因：一是丘陵山区耕地流转率较低，农户很难一次性转入与自己土地紧挨着的地块，往往需要流转2～3次才能成功，流转成本高昂（卢华等，2016）；二是丘陵山区多梯田，即使地块都聚集在一起，仍然是细碎化经营。由于粮食作物售价较低，农户在无法实现规模经济的情况下农业收入往往很低。此外，耕地细碎化造成的使用机械成本高、操作难度大、机械损耗大等原因会阻碍农机社会化服务的采用与推广（纪月清等，2016）。可见，耕地细碎化会降低粮食生产效率和技术效率、减少粮食产量（万广华等，1996；王嫚嫚等，2017）。

相比于粮食作物的种植，经济作物在土地细碎化的丘陵山区更有种植优势。首先，地块的零碎分散和海拔高差为农户在不同的农业生态环境上种植经济作物创造了环境，有利于不同农作物匹配不同的土壤类型和耕作条件（卢华等，2015）。其次，经济作物种植面积的增加有助于农户规避或降低生产经营风险。丘陵山区的耕地经常因为缺水、风雨的侵蚀导致水稻产量大减或者颗粒无收，但是一些耐旱、耐瘠的经济作物有助于规避种植的自然风险，保障收入。最后，农户通过合理安排不同地块上不同作物的生产，可以在时间上平滑要素投入（钟甫宁，2016），降低管理难度，削弱农户的劳动总投入。最重要的是，经济作物的回报要远远高于粮食作物。由于细碎化耕地难以实现规模经济，即使通过土地流转大规模进行粮食生产，其利润仍然比经济作物种植利润要低得多。可以说，在土地细碎化约束下，种植经济作物是追求利润的理性行为。耕地细碎化对"非粮化"的作用机制见图6-1。

结合上述分析，提出以下研究假说：

假说1：耕地细碎化对"非粮化"种植意愿具有促进作用；

假说2：耕地细碎化对"非粮化"种植规模具有促进作用。

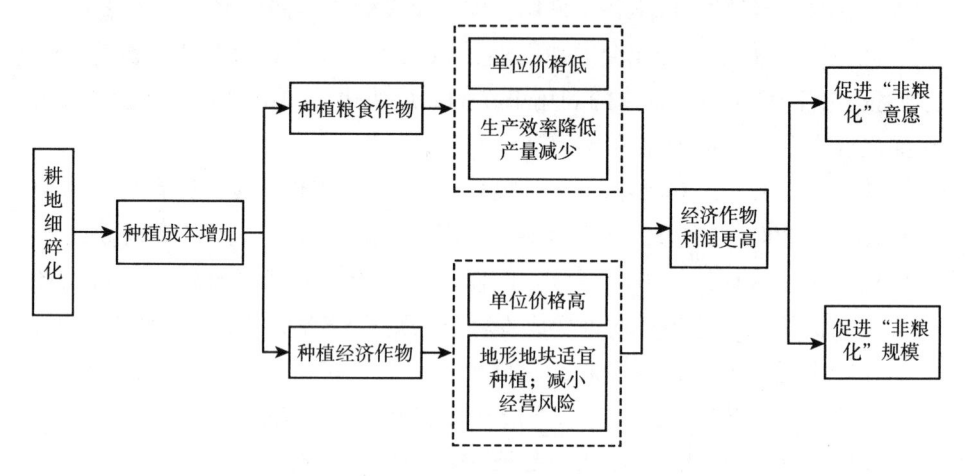

图6-1 耕地细碎化对"非粮化"的作用机制

6.3 研究方法

6.3.1 有序Probit模型

农户农业种植意愿选择分为"只种植粮食作物""既种植粮食作物也种植经济作物""只种植经济作物"三种，依次赋值为0、1、2。由于作物种植意愿是排序数据，因此，本书采用适合估计因变量是排序数据的有序Probit（order probit）模型进行估计。该模型是Probit模型的扩展，模型设定如下：

$$y_i = F(\beta plot_i + rx_i + \varepsilon_i) \qquad (6-1)$$

其中，y_i是被解释变量，为非粮种植意愿。$plot_i$是核心解释变量，指耕地细碎化程度。x_i是包含家庭特征、户主特征、耕地特征和村庄特征的控制变量。$F(\cdot)$是某非线性函数，具体表现形式如下：

$$F(y_i^*) = \begin{cases} 0, 若 y^* \leq r_0 \\ 1, 若 r_0 < y^* \leq r_1 \\ 2, 若 r_1 < y^* \leq r_2 \\ \cdots\cdots \\ J, 若 r_{J-1} \leq y^* \end{cases} \quad (6-2)$$

其中，y^* 是 y 背后存在的不可观测的连续变量，称为潜变量，满足：

$$y_i^* = \beta plot_i + rx_i + \varepsilon_i \quad (6-3)$$

其中，$r_0 < r_1 < r_2 < \cdots < r_{J-1}$ 称为"切点"。

6.3.2 左右归并 Tobit 模型

本书用经济作物种植面积占比来衡量"非粮化"程度，可知因变量处于 [0, 1] 之间，需使用适用于受限因变量的 Tobit 进行估计。模型设定如下：

$$y_i^* = \alpha_0 + \beta_0 plot_i + \sum \gamma_i z_i + \mu_i \quad (6-4)$$

$$\mu_i \sim N(0, \sigma^2) \quad (6-5)$$

$$y_i = \begin{cases} 0, 若 y_i^* \leq 0 \\ y_i^*, 若 0 < y_i^* < 1 \\ 1, 若 y_i^* \geq 1 \end{cases} \quad (6-6)$$

其中，y_i^* 是解释变量 y_i 的潜变量；$plot_i$ 是核心解释变量，指耕地细碎化程度；z_i 是包含家庭特征、户主特征、耕地特征和村庄特征的控制变量。

6.4 数据来源与变量说明

6.4.1 数据来源

数据来源于课题组 2020 年 7 月实地调研数据，为保证数据的有效性和代表性，调查采用的是多阶段分层随机抽样方法。首先，课题组选取南平市、宁德市、三明市和龙岩市4个包含典型丘陵山区的地级市；其次，随机抽取武夷山市、浦城县、政和县、柘荣县、寿宁县、尤溪县、宁化县、长汀县8个县；接下来，按照经济发展水平和耕地面积，从每个县中共抽取14个乡镇；最后，从每个乡镇按照耕地资源分布和地形状况随机抽取2~4个行政村，每个行政村随机抽取2~5户农户，之后与村干部进行村问卷访谈。农户问卷正式调查采取调查员和农户面对面交流，调查员代为填写问卷的形式进行，避免农户自行填写表格或农户对问卷理解差异带来的偏误。农户问卷包括耕地基本情况、种植情况、流转情况、家庭情况等。本次调研共收集495份问卷，剔除数据缺失等无效问卷后，得到454份有效问卷，有效率为92%。

6.4.2 变量说明

（1）被解释变量。第一个被解释变量是经济作物种植意愿，用来表示"非粮化"种植意愿，是排序数据。其排序规律如下：只种粮食作物=0，既种粮食作物又种经济作物=1，只种经济作物=2。第二个被解释变量是经济作物播种面积占比，用来表示"非粮化"种植程度，数值越大，农户"非粮化"种植程度越高，是一个连续变量。

（2）核心解释变量。本书的核心解释变量是耕地细碎化程度。实证研究中，一般用地块数、亩均地块面积或辛普森指数来衡量耕地细碎化程度。考虑到数据的可获得性，本书采用地块数来表示耕地细碎化程度，地块数越多，代表耕地越细碎。在稳健性检验部分，使用了亩均地块数来测量耕地细碎化，它等于种植地块数/种植面积，数值越大，耕地细碎化程度越高。由于地块数是主要与家庭联产承包制的实施（Tan，2010）和地形有关。因此，一定程度上可以看作是农户的外生变量（史常亮等，2019）。

（3）控制变量。家庭人口数、劳动力投入情况和收入是整个家庭决策的关键影响因素，因此引入常住人口、务农劳动力数量和家庭总收入三个家庭变量作为第一组控制变量。户主通常是家庭农业生产的主要决策者，因此引入户主年龄、健康状况和受教育程度作为第二组控制变量，体现户主个体特征和人力资本特征。耕地情况是农户种植决策时不得不考虑的客观因素，因此引入土壤肥力、灌溉条件、机械化程度、承包地梯田占比四个耕地特征变量作为第三组控制变量。村庄自然和社会环境对整村的农户生产经营决策会产生不可忽视的影响，因此引入村庄到县城距离、耕地分布程度和村庄海拔三个村庄特征变量作为第四组控制变量。

6.4.3 数据统计描述

变量设置及描述性分析见表6-1。

表6-1 　　　　　　　　　变量定义及描述性统计

变量类型	变量名	变量说明（单位）	均值	标准差
被解释变量	经济作物种植意愿	只种粮食作物=0，既种粮食作物又种经济作物=1，只种经济作物=2	0.728	0.754
	经济作物播种面积占比	经济作物播种面积占家庭总播种面积的比重（%）	0.370	0.414
核心解释变量	耕地细碎化（地块数）	种植面积总地块数（块）	35.43	50.07
	耕地细碎化（亩均地块数）	种植面积总地块数/种植总面积（块/亩）	7.000	11.35
家庭特征	常住人口	全年经常在家或在家居住6个月以上，而且经济和生活与本户连成一体的人口（人）	3.262	1.535
	务农劳动数量	从事种植的劳动力数量（人）	1.558	0.654
	家庭总收入	非农收入加务农收入（万元）	4.711	6.564
户主特征	户主年龄	实际年龄（岁）	59.56	10.98
	户主健康状况	1=良好；2=中；3=差；4=很差；5=残疾	1.794	2.980
	户主文化程度	1=没上过学；2=小学；3=初中；4=高中或职业中学；5=大专及以上	2.307	0.951
耕地特征	土壤肥力	1=好；2=一般；3=差	2.047	0.765
	灌溉条件	1=好；2=一般；3=差	2.073	0.801
	机械化程度	1=完全不能；2=可以使用微耕机；3=可以使用大中型机械	1.014	0.916
	承包地梯田占比	承包地梯田面积占承包地总面积比重（%）	0.799	0.326

续表

变量类型	变量名	变量说明（单位）	均值	标准差
村庄特征	村庄距县城距离	路程距离（千米）	28.19	14.52
	耕地分布程度	1=多数分布较为集中；2=部分分布较为集中；3=分布零散远离居点	2.175	0.737
	村庄海拔	实际海拔（千米）	0.562	0.184

6.5 模型估计与结果分析

6.5.1 耕地细碎化对"非粮化"种植意愿选择的影响

在表6-2中，模型1仅运用核心解释变量"地块数"进行回归，结果显示耕地细碎化在5%的显著性水平上对"非粮化"种植意愿具有正向的促进作用。模型2~模型5中，依次加入家庭特征、户主特征、耕地特征、村庄特征控制变量后，耕地细碎化依然显著正向影响"非粮化"种植意愿，其结果具有稳健性。对模型5进行多重共线性检验发现，VIF值均小于2，说明变量之间不存在多重共线性。由于模型5加入了全部控制变量，回归结果更为稳健和可信，因此运用模型5的回归结果进行分析。承包地梯田占比对"非粮化"种植意愿具有显著的正向作用，村庄距县城对"非粮化"种植意愿具有显著的负向作用。

表6-2 耕地细碎化对"非粮化"种植意愿选择的影响

项目	模型1	模型2	模型3	模型4	模型5
地块数	0.00242**	0.00232**	0.00230**	0.00203*	0.00289***
	[0.001]	[0.001]	[0.001]	[0.001]	[0.001]
常住人口数		-0.0208	-0.0300	-0.0187	-0.00800
		[0.037]	[0.038]	[0.038]	[0.039]
务农劳动数量		0.119	0.101	0.123	0.0818
		[0.085]	[0.086]	[0.087]	[0.089]
家庭总收入		0.0100	0.00828	0.0106	0.00790
		[0.008]	[0.008]	[0.008]	[0.009]

续表

项目	模型1	模型2	模型3	模型4	模型5
户主年龄			-0.00873 [0.006]	-0.0109* [0.006]	-0.00983 [0.006]
户主健康状况			-0.0224 [0.024]	-0.0218 [0.024]	-0.0145 [0.026]
户主文化程度			-0.0704 [0.064]	-0.0992 [0.065]	-0.0483 [0.067]
土壤肥力				-0.169** [0.083]	-0.102 [0.086]
灌溉条件				0.0733 [0.077]	0.0242 [0.080]
机械化水平				-0.110* [0.066]	-0.0953 [0.067]
承包地梯田占比				0.455** [0.180]	0.384** [0.192]
村庄距县城距离					-0.0328*** [0.004]
耕地分布程度					0.112 [0.084]
村庄海拔					-0.0907 [0.319]
N	423	423	423	423	423
pseudo R²	0.006	0.010	0.014	0.029	0.108
LR	5.09**	8.69*	11.82	25.02***	92.39***

注：*代表10%，**代表5%，***代表1%；括号内数字为稳健性标准误。

6.5.2 边际效应分析

本书计算了当所有解释变量在均值处时，外生解释变量的单位变化如何影响被解释变量取各个值的概率（连玉君等，2014）。即：

$$\frac{\partial prob(y=i|x)}{\partial x}\bigg|_{x=\bar{x}} \quad (i=0,1,2) \qquad (6-7)$$

表6-3为模型5的边际效应回归结果。当所有解释变量都处于均值时，地块数每增加1块，农户只种植粮食作物的概率下降0.1%，农户既种植粮食又种植经济作物的概率上升0.06%，农户只种植经济作物的概率上升0.05%。

表6-3　"非粮化"种植意愿选择的平均边际效应回归结果

项目	只种植粮食	既种植粮食又种植经济作物	只种植经济作物
地块数	-0.00112***	0.00060**	0.00051**
常住人口数	0.00311	-0.00167	-0.00141
务农劳动数量	-0.03182	0.01713	0.01441
家庭总收入	-0.00307	0.00165	0.00139
户主年龄	0.00382	-0.00206	-0.00173
户主健康状况	0.00566	-0.00305	-0.00256
户主文化程度	0.01878	-0.01011	-0.00850
土壤肥力	0.03955	-0.02129	-0.01791
灌溉条件	-0.00942	0.00507	0.00427
机械化水平	0.03707	-0.01996	-0.01679
承包地梯田占比	-0.14928**	0.08036*	0.06760**
村庄距离县城距离	0.01276***	-0.00687***	-0.00578***
耕地分布状况	-0.04360	0.02347	0.01975
地块数	0.03528	-0.01899	-0.01598
N	423	423	423
pseudo R^2	0.108	0.108	0.108

注：*代表10%，**代表5%，***代表1%。

6.5.3　耕地细碎化对"非粮化"种植规模的影响

在表6-4中，模型6仅运用核心解释变量"地块数"进行回归，结果显示耕地细碎化在5%的显著性水平上对"非粮化"种植规模具有正向的促进作用。模型7~模型10中，依次加入家庭特征、户主特征、耕地特征、村庄特征控制变量后，耕地细碎化依然显著正向影响"非粮化"种植规模，说明其结果具有稳健性。由表6-4可知，地块数每增加1块，经济作物播种面积占家庭总播种面积比重增加0.083%。

从模型 10 中可知，户主年龄对"非粮化"种植规模具有显著的负向作用。户主年龄越大，其农作能力和追求利润的动力都会下降，所以经济作物种植规模越少。承包地梯田占比对"非粮化"种植规模具有显著的正向作用，这是因为梯田地块细碎、高低相间的特点有利于茶叶、果树等种植。村庄到县城的距离对"非粮化"种植规模具有显著的负向作用。经济作物的种植需要一定专业化的农业种植技术和农业服务，销售也需要专业稳定的销售渠道，丘陵山区的村庄越偏远，农户获取种植技术服务和销售服务的机会越少，限制了经济作物的种植。

表6-4　　　　　耕地细碎化对"非粮化"种植规模的影响

项目	模型6	模型7	模型8	模型9	模型10	dy/dx
地块数	0.00171** [0.001]	0.00160** [0.001]	0.00159** [0.001]	0.00139* [0.001]	0.00182*** [0.001]	0.000827*** [0.000]
常住人口数		-0.0158 [0.027]	-0.0241 [0.027]	-0.0165 [0.027]	-0.00863 [0.024]	-0.00393 [0.011]
务农劳动数量		0.0995 [0.062]	0.0833 [0.062]	0.0980 [0.062]	0.0616 [0.056]	0.0280 [0.026]
家庭总收入		0.0103* [0.006]	0.00865 [0.006]	0.00997* [0.006]	0.00718 [0.005]	0.00327 [0.002]
户主年龄			-0.00801* [0.004]	-0.00942** [0.004]	-0.00766** [0.004]	-0.00349** [0.002]
户主健康状况			-0.0197 [0.018]	-0.0194 [0.018]	-0.0133 [0.018]	-0.00604 [0.008]
户主文化程度			-0.0550 [0.046]	-0.0733 [0.046]	-0.0276 [0.042]	-0.0126 [0.019]
土壤肥力				-0.105* [0.059]	-0.0496 [0.054]	-0.0226 [0.024]
灌溉条件				0.0540 [0.055]	0.0190 [0.050]	0.00865 [0.023]
机械化水平				-0.0719 [0.046]	-0.0498 [0.042]	-0.0227 [0.019]

续表

项目	模型6	模型7	模型8	模型9	模型10	dy/dx
承包地梯田占比				0.300 ** [0.127]	0.210 * [0.119]	0.0955 * [0.054]
村庄距县城距离					-0.0222 *** [0.003]	-0.0101 *** [0.001]
耕地分布程度					0.0690 [0.053]	0.0314 [0.024]
村庄海拔					0.0137 [0.202]	0.00625 [0.092]
_cons	0.130 ** [0.051]	-0.0201 [0.130]	0.680 * [0.360]	0.694 * [0.417]	0.978 ** [0.401]	
N	423	423	423	423	423	423
pseudo R^2	0.006	0.013	0.019	0.032	0.125	0.125
LR	4.97 **	10.81 **	15.54 **	26.98 ***	104.64 ***	

注：* 代表10%，** 代表5%，*** 代表1%；括号内数字为稳健性标准误。

6.6 稳健性检验

为了进一步验证上述实证结论的可靠性，本书进一步做稳健性检验。稳健性检验方法一般有替换变量法、补充变量法、替换计量模型、分样本回归法、改变样本容量等方法。由于之前的回归中采用了补充变量法的方法检验了模型的稳健性，此处采用的是替换变量法做进一步的验证，用亩均地块数替换地块数进行有序Probit回归，用经济作物种植面积替换被解释变量经济作物播种面积占比进行左归并Tobit回归。

稳健性检验结果如表6-5所示，从模型11~模型13中可以看出，亩均地块数对"非粮化"种植意愿具有显著的正向作用，说明耕地细碎化促进"非粮化"种植意愿这一结论是稳健的。从模型14~模型16中可以看出，地块数对经济作物种植面积具有显著的正向作用，说明耕地细碎化促进"非粮化"种植规模这一结论是稳健的。

表 6-5　　　　　　　　　　稳健性检验结果

项目	模型 11	模型 12	模型 13	模型 14	模型 15	模型 16
亩均地块数	0.0119 ** [0.005]	0.0135 *** [0.005]	0.0115 ** [0.005]			
地块数				0.0450 *** [0.008]	0.0420 *** [0.008]	0.0465 *** [0.008]
家庭特征		控制	控制		控制	控制
户主特征		控制	控制		控制	控制
耕地特征			控制			控制
村庄特征			控制			控制
N	423	423	423	423	423	423
pseudo R^2	0.007	0.017	0.107	0.014	0.037	0.050
LR	6.01 **	14.93 ***	91.05 ***	26.69 ***	75.23 ***	100.22 ***

注：* 代表 10%，** 代表 5%，*** 代表 1%；括号内数字为稳健性标准误。

6.7　结论与启示

本书基于地块尺度，分析耕地细碎化对农户"非粮化"种植意愿和种植程度的影响，并利用实地调查数据，运用有序 Probit 模型、Tobit 模型进行验证。结果发现：①丘陵耕地细碎化严重，经济作物、粮食作物混合种植普遍。②耕地细碎化对"非粮化"种植意愿具有显著的正向促进作用，地块数每增加 1 块，农户只种植粮食作物的概率下降 0.1%，农户既种植粮食又种植经济作物的概率上升 0.06%，农户只种植经济作物的概率上升 0.05%。③耕地细碎化对"非粮化"种植规模具有显著的正向促进作用，地块数每增加 1 块，经济作物播种面积占家庭总播种面积的比重增加 0.083%。④承包地梯田占比对"非粮化"种植意愿和规模具有显著的正向作用，村庄到县城的距离对"非粮化"种植规模具有显著的负向作用。

根据以上结论，得出如下启示：①因地制宜地安排好农业种植结构和相对应的种植区域。丘陵山区平田和梯田共存，大块耕地与细碎耕地共存的现状普遍存在。对于适宜大片种植，规模经营的平田以及优质梯田的地区，可以通过种粮补贴、种粮规模奖励、提高粮食价格等手段鼓励和引导农户种植粮食作物，也可以通过取消耕地补助等方式惩戒"良田非粮化"。对于地块细碎、灌溉不便的耕地，为了避免无效率的劳动生产力和资金投入，鼓励种植经济作物以提高农户收入。②对于需要且适宜经济作物种植的偏远山区而言，应提供更多的农业社会化服务和更完善的销售渠道。距离县城越偏远的山村，一方面，其耕地细碎稀少，对国家粮食安全的保障作用弱小；另一方面，其农户相对贫穷，是国家脱贫和防止返贫的重要对象。但这些地方可能因服务和销售渠道不畅而导致经济作物种植受阻，因此需要政府和市场提供更为完善的经济作物种植保障来促进农户增收。

第7章 中国耕地利用绿色效率测度分析

7.1 引　　言

　　耕地是农业最重要的生产资料。2004~2015年中国实现粮食"十二连增",年均增幅高达2.8%,然而粮食高产的背后面临的是严重的耕地污染问题及耕地资源的严重透支。研究表明,我国耕地产出的提高主要依赖于化肥施用量的增加(叶浩和濮励杰,2011),1965~1993年我国农业生产的增长有21.7%~40%来源于化肥使用增加的贡献(栾江等,2016),而化肥施用后只有约35%的部分有效,剩下的约65%残留在土壤中,造成农业面源污染,对土壤安全、食品安全、粮食安全造成威胁。据《全国土壤污染状况调查公报(2014)》,中国耕地土壤点位超标率为19.1%,其中,轻微、轻度、中度和重度污染点位比例分别为13.2%、2.8%、1.8%和1.1%,重金属污染已进入一个"集中多发期"。相关研究表明,2000~2016年,中国粮食主产区耕地碳排放呈上升态势,2014年更是高达396.15万吨(卢新海等,2017)。根据《2015中国环境状况公报》提供的数据,2014年全国耕地中,优等地面积仅占全国耕地评定总面积的2.9%;高等地、中等地、低等地分别占26.5%、52.9%、17.7%,由此可见,中国耕地的生态较为薄弱(于法稳,2016)。中国耕地质量整体在下降,优质耕地资源污染面积不断增加,且潜在污染面积加剧,区域生态恶化,优质耕地资源正在快速消失,耕地开发利用已经达到生态的极限(Kong,2014)。

　　耕地承担国家粮食安全、农村经济发展及社会稳定重任。《2016中国国土资源公报》数据显示,2016年中国年内净减少耕地面积4.35万公顷。在耕地资源约束与环境承载力趋紧的背景下,对耕地绿色利用效率进行评估有利于全面了解我国耕地利用现状,是改善耕地质量、实现"藏粮于地"的重要前提,对保障耕地生态安全、国家粮食安全具有重要意义。谢等(2018)

将"最优耕地绿色利用效率"定义为"耕地利用过程中,在一定经济与环境成本约束下所能实现的最大经济与生态效益",本书以此为思路,对污染排放与碳排放约束下耕地绿色利用效率进行全面评价,拟解决以下问题:

(1) 中国耕地绿色利用效率如何?呈现怎样的时空分异特征?

(2) 影响中国耕地绿色利用效率的因素有哪些?可以通过哪些措施提升中国耕地绿色利用效率?

(3) 在耕地利用的投入与产出方面,可以从哪些方向优化中国耕地绿色利用效率?

本书运用 2001~2016 年中国省际面板数据,将化肥氮、磷流失量、农药流失量、农膜残余量通过熵值法综合为农业污染排放指数,并计算化肥、农药、农膜、农用柴油、农业灌溉、农业翻耕、农业机械 7 项耕地碳源导致的碳排放,运用超效率 SBM-VRS 模型评估农业污染排放与碳排放约束下中国耕地绿色利用效率,并对其影响因素、效率优化方向进行分析,为耕地保护及政策建议提供参考。

7.2 模型构建与指标选取

7.2.1 超效率 SBM-VRS 模型

超效率 SBM-VRS 模型设定如下:

假设有 n 个决策单元(DMU),每个决策单元的投入、期望产出、非期望产出分别用 m、r_1、r_2 表示,用向量表示为 $x \in R^m$,$y^d \in R^{r_1}$,$y^u \in R^{r_2}$;X、Y^d 和 Y^u 分别表示矩阵,且 $X = [x_1 \cdots x_n] \in R^{m \times n}$,$Y^d = [y_1^d \cdots y_n^d] \in R^{r_1 \times n}$ 和 $Y^u = [y_1^u \cdots y_n^u] \in R^{r_2 \times n}$,$k$ 表示各省份,则超效率 SBM-VRS 模型构建如下:

$$\min \varphi = \frac{\frac{1}{m} \sum_{i=1}^{m} (\bar{x}/x_{ik})}{1 / (r_1 + r_2) \left(\sum_{s=1}^{r_1} \overline{y^d}/y_{sk}^d + \sum_{q=1}^{r_2} \overline{y^u}/y_{qk}^u \right)}$$

s.t.

$$\bar{x} \geq \sum_{j=1, \neq k}^{n} x_{ij} \lambda_j \quad i = 1, \cdots, m$$

$$\overline{y^d} \leqslant \sum_{j=1, \neq k}^{n} y_{sj}^d \lambda_j \quad s = 1, \cdots, r_1$$

$$\overline{y^d} \geqslant \sum_{j=1, \neq k}^{n} y_{qj}^b \lambda_j \quad q = 1, \cdots, r_2$$

$$\lambda_j > 0 \quad j = 1, \cdots, n \quad j \neq 0$$

$$\overline{x} \geqslant x_k \quad s = 1, \cdots, r_1$$

$$\overline{y^u} \geqslant y_k^u \quad q = 1, \cdots, r_2$$

(7-1)

7.2.2 耕地绿色利用效率的投入产出指标

运用 DEA 方法进行效率评估需要将模型分析指标分为两大类，一类为投入指标，一类为产出指标。在现有研究基础上，鉴于研究数据的可获得性，本书的投入与产出指标选取如表 7-1 所示。

表 7-1　　　　　　耕地绿色利用效率评价的投入产出指标

一级指标	二级指标	变量及说明	缩写
投入	农业劳动力投入	农林牧渔业从业人员×（农业总产值/农林牧渔业总产值）（万人）	LB
	农业土地投入	农作物总播种面积（千公顷）	LD
	农业资本投入	农村居民家庭年末生产性固定资产原值（元/人）	OVPFA
		化肥施用量（万吨）	CF
		农药使用量（万吨）	PT
		农用地膜使用量（万吨）	AF
		农业机械总动力（万千瓦）	MP
		有效灌溉面积（千公顷）	IA
期望产出	农业总产值	农业总产值（万元）	GOVA
非期望产出	污染排放	化肥中氮、磷流失量（万吨），农药污染量（万吨），农膜残留量（万吨）综合指数	PD
	碳排放	化肥、农药、农膜、农用柴油、农业灌溉、农业耕作、农业机械的碳排放总和（万吨）	CE

土地、劳动力、资本是耕地生产过程中最基本的三大生产要素。①劳动

力投入。由于种植业劳动力投入量无法获取，参考封永刚等（2015）的研究，本书将农业总产值占农林牧渔业总产值的比值与农林牧渔业劳动力数量相乘获得。②土地投入。考虑到耕地生产中存在着复种和套种，土地投入采用农作物播种面积作为投入指标。③资本投入。农村居民家庭年末生产性固定资产原值包含耕地生产过程中的役畜、大中型铁木农具、农业机械、交通工具、生产用房等，较为全面地覆盖了耕地利用过程中主要资本投入的货币价值。农业机械总动力反映农业生产过程中的能源利用状况，化肥、农药等生产资料的大量投入是当前耕地集约化利用的典型特征，本书机械动力投入以农业机械总动力来表征，化肥、农药、农用地膜投入均以其实际施用量来表征，灌溉投入用有效灌溉面积来表征。

在耕地实际利用中，大多是以多种要素投入来生产多种产品，因而对总产出的计算，应使用综合指数来度量这种复杂变化，本书选取农业总产值作为耕地绿色利用的期望产出指标。非期望产出包括碳排放及污染排放。本书选取化肥、农药、农膜、农用柴油、农业灌溉、农业翻耕、农业机械作为耕地碳排放源，将以上指标分别乘以相应碳排放系数并加总得到耕地利用碳排放总量，其计算公式为：

$$E = \sum_{i=1}^{7} E_i = \sum_{i=1}^{7} T_i \tau_i \qquad (7-2)$$

上式中，E 为碳排放总量，E_i 为各碳源的碳排放量，τ_i 为各碳排放源的碳排放系数[1]，T_i 为各碳源排放总量。

耕地绿色利用过程的污染排放主要包括化肥中氮、磷流失量（万吨）、农药无效利用量（万吨）、农膜残留量（万吨）4 项指标。结合相关研究，农药污染率以 50% 计算（康晓慧，2006），地膜残留率以 10% 计算（成振华等，2011），化肥的氮、磷流失系数按赖斯芸（2003）"单元调查评估法"[2]

---

[1] 化肥（West and Marland, 2002）、农药（Post and Kwon, 2000）、农膜（李波等，2011）、农用柴油（王宝义等，2018）、农业灌溉（李波等，2011）、农业翻耕（伍芬琳等，2007）、农业机械（West and Marland, 2002）的碳排放系数分别为 0.896 千克/千克，4.934 千克/千克，5.180 千克/千克，0.593 千克/千克，20.476 千克/公顷，312.6 千克/公顷，0.18 千克/千瓦。

[2] 根据"单元调查评估法"，江苏、北京的氮、磷流失率分别为 30%、7%；天津、广东、浙江、上海的氮、磷流失率分别为 30%、4%；湖北、福建、山东的氮、磷流失率分别为 20%、7%；河北、陕西、辽宁、云南、宁夏、湖南、吉林、内蒙古、贵州的氮、磷流失率分别为 20%、4%；河南、黑龙江的氮、磷流失率分别为 10%、7%；安徽、海南、新疆、山西、广西、甘肃、四川、江西、重庆、青海、西藏的氮、磷流失率分别为 10%、4%。

计算。运用熵权法将氮、磷流失量、农药污染量、农膜残留量综合为耕地污染排放指数。

7.3 耕地的时空差异分析

7.3.1 耕地绿色利用效率的整体评价

利用投入、期望产出与非期望产出，以 MaxDEA 7.0 软件为计算平台，使用超效率 SBM-VRS 模型测算得到中国 2001～2016 年耕地绿色利用效率值，全国耕地绿色利用效率值为各省耕地绿色利用效率几何均值，结果见图 7-1。

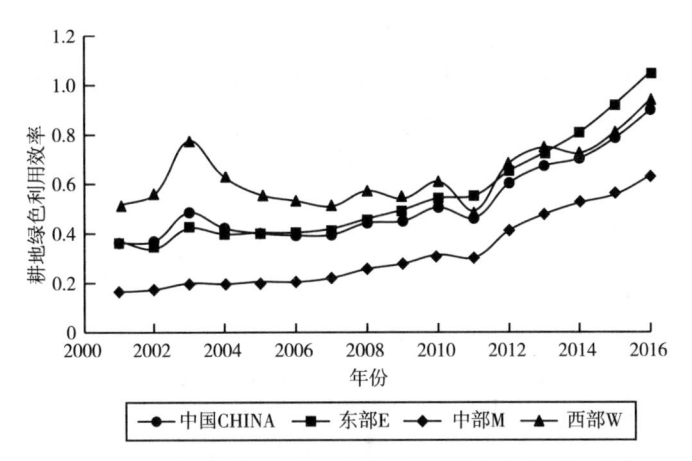

图 7-1　2001～2016 年中国及东部、中部、西部耕地绿色利用效率变动趋势

注：本书数据根据 2001～2016 年《中国统计年鉴》及《中国农村统计年鉴》整理计算得出。为了剔除价格因素的影响，农业总产值及农村居民家庭年末生产性固定资产原值数据均换算成 2001 年的不变价格。由于 2013～2016 年的农村居民家庭年末生产性固定资产原值数据缺失，2013～2016 年的农村居民家庭年末生产性固定资产原值由 $OVPFA_t = RHFAI_t/RHFAI_{2012} \cdot OVPFA_{2012}$ 计算得出，其中 t 代表年份（2013～2016 年），$OVPFA$ 代表农村居民家庭年末生产性固定资产原值，$RHFAI$ 代表各地区农村住户固定资产投资完成额。由于部分省份在 2014～2016 年部分年份有效灌溉面积数据未完全统计，为保持数据一致性，以上省份在该年份内缺失的有效灌溉面积数据以缺失前一年有效灌溉面积数据为基数，按 2001 年至缺失年份前一年的年均增长率计算得出。

从整体看：①2001～2016 年中国耕地绿色利用效率总体呈波动上升趋势；②2001～2016 年中国耕地绿色利用效率均值为 0.52，说明我国耕地绿色利用效率总体水平较低，有较大的资源节约与环境保护空间。东部、中部、西部的耕地绿色利用效率值为该地区所包含省份的耕地绿色利用效率几何均值。2001~2010年，各地区耕地绿色利用效率排序如下：西部＞东部＞中部。2011年开始，东部耕地绿色利用效率开始呈现赶超趋势，从2014年开始，东部地区耕地绿色利用效率跃居第一，各地区耕地绿色利用效率排序如下：东部＞西部＞中部。

按照涂正革（2008）对环境技术效率的分类方法，结合本书研究的实际情况，将效率值取值在 [1, +∞)、(0.9,1)、(0.8,0.9]、(0.7,0.8]、(0.6,0.7]、(0,0.6] 区间内的各地区分别定义为有效地区、高效率地区、较高效率地区、中等效率地区、较低效率地区和低效率地区。从均值看，2001~2016年，无省份耕地绿色利用效率达到有效（＞1），说明我国30个省份均处于不同程度的耕地绿色利用无效状态。其中仅青海（0.98）、上海（0.91）属于耕地绿色利用高效率地区，有22个（约占73%）省份耕地绿色利用效率均值低于0.6，处于耕地绿色利用低效状态，说明我国耕地绿色利用过程中投入与产出存在较大程度的资源节约与污染控制空间（见图7-2）。

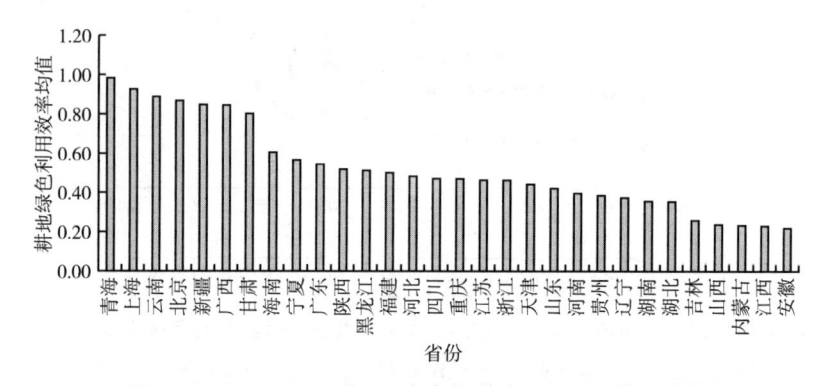

图7-2 2001~2016年30个省份耕地绿色利用效率均值

注：根据各地经济发展水平，本书将我国30个省份划分为东部、中部、西部。其中东部有：北京、天津、河北、辽宁、上海、江苏、浙江、福建、山东、广东和海南；中部有：山西、吉林、黑龙江、安徽、江西、河南、湖北、湖南；西部有：四川、重庆、贵州、云南、陕西、甘肃、青海、宁夏、新疆、广西、内蒙古。由于西藏特殊的自然、地理条件，西藏不纳入本章研究范围。受数据限制，香港、台湾和澳门地区不纳入本章研究范围。

7.3.2 耕地绿色利用效率的时空分异情况

30个省份耕地绿色利用效率空间分异特征如表7-2所示。从整体上看，

2001～2011 年，各省份集中在耕地绿色利用较低效率区，仅个别省份零散分布于其他效率区间；2011～2016 年，各省份耕地绿色利用效率快速提升，共计 23 个约占 77% 的省份达到耕地绿色利用效率有效。受篇幅限制，本书以 5 年为区间，仅列出 2001 年、2006 年、2011 年、2016 年四年的各省份效率区间分布。具体如下：

表 7-2　　　　　　　　　　不同时期各地区效率区间分布

年份	地区	低效率区	较低效率区	中等效率区	较高效率区	高效率区	有效区
2001	东部	山东 河北 江苏 浙江 辽宁 福建 广东 天津 上海 北京	—	—	—	—	海南
	中部	安徽 河南 山西 黑龙江 湖南 江西 吉林 湖北	—	—	—	—	—
	西部	内蒙古 四川 重庆 陕西 贵州 广西 宁夏	—	新疆	—	—	甘肃 云南 青海
2006	东部	山东 河北 江苏 辽宁 天津 浙江 福建 海南 广东 北京	—	—	—	—	上海
	中部	安徽 山西 江西 河南 吉林 湖南 湖北 黑龙江	—	—	—	—	—
	西部	内蒙古 贵州 四川 重庆 陕西 宁夏	新疆	云南 甘肃	广西	—	青海
2011	东部	辽宁 天津 山东 海南 浙江 江苏 河北 福建 广东	—	—	—	—	北京 上海
	中部	江西 安徽 吉林 山西 河南 湖南 湖北 黑龙江	—	—	—	—	—
	西部	内蒙古 贵州 重庆 宁夏 四川 甘肃 陕西	云南 广西	青海	新疆	—	—
2016	东部	—	—	—	—	—	辽宁 山东 天津 浙江 江苏 上海 福建 海南 河北 广东 北京
	中部	吉林 山西 安徽 江西	湖北	—	—	—	湖南 河南 黑龙江
	西部	内蒙古	重庆	—	—	—	云南 四川 青海 甘肃 宁夏 广西 新疆 贵州 陕西

从有效区的空间分异特征看，2001年仅4个（约占13%）省份耕地绿色利用效率值大于1，其中3个处于西部地区，表明2011年中国约占87%的省份耕地绿色利用处于不同程度的无效状态。2006年和2011年处于耕地绿色利用有效区的省份进一步减少，仅2个省份处于该区间。2016年全国有23个约占77%的省份达到耕地绿色利用效率有效，其中东部、西部、中部地区分别有100%、81.82%、37.5%的省份处于有效区，由此可见，中部地区耕地绿色利用效率在全国处于较低水平。

从低效率区的空间分异特征看，2001年东部、西部、中部地区分别有约占90.9%、63.6%、100%的省份处于耕地绿色利用低效率区；2006年东部、西部、中部地区分别有约占90.9%、54.5%、100%的省份处于低效区，与2001年相比，仅西部地区处于低效区的省份数量有所降低；2011年东部、西部、中部地区分别有约占81.8%、63.6%、100%的省份处于低效率区，与2006年相比，东部地区处于该区间的比例有所下降，而西部地区比例有所上升，中部地区2001~2011年耕地绿色利用均处于低效区，说明中部地区急需调整耕地利用模式。2016年西部仅约占9%的省份处于低效区，东部已无省份处于该区间，中部仍有50%省份处于低效区。由此可见，中部地区无论是耕地绿色利用效率水平，还是效率提升速度均落后于东部和西部。

2011~2016年处于较低效率区至高效率区的省份数量较少，因此本书将以上4区间合并分析。2001年、2006年、2011年、2016年中国分别有1个、4个、4个、2个省份处于该区间。值得注意的是，西部的云南、甘肃、青海3个省份2001年处于高效区，2006年、2011年却处于中等、低效或较低效率区，说明以上3个省份在研究时段内耕地绿色利用效率水平不够稳定，需采取相应保障措施实现耕地长期、平稳的绿色利用。除以上3省份外，其他处于该区间的省份均为从低效区到有效区的过渡区间，这与中国耕地绿色利用效率整体演化趋势一致。

从效率分布看，2001~2011年，中国大部分省份处于低效区，2016年中国整体效率水平获得大幅提升，超过3/4的省份实现耕地绿色利用效率有效。从空间分布看，2001~2010年中国耕地绿色利用效率均值排序如下：西部>东部>中部，从2011年开始，东部耕地绿色利用效率呈现赶超趋势，逐渐超越西部地区成为耕地绿色利用效率均值最高地区，中部地区无论是整体效率水平还是提升速度均落后于东部和西部。

7.4 耕地绿色利用效率影响因素分析

本书中由超效率 SBM-VRS 模型测算得到的耕地绿色利用效率为取值范围大于 0 的截断变量,对于这类受限因变量的估计,若使用 OLS(普通最小二乘法)对模型进行回归,得到的参数将不一致且有偏,使用 Tobit 模型可以避免此类偏误。Tobit 模型适用于分析技术效率的影响因素问题,并能找出效率改进的方向和途径(许恒周等,2012)。对于面板数据而言,固定效应 Tobit 模型通常很难得到一致、无偏的估计量(陈强,2014),因此,本书选用随机效应面板 Tobit 模型进行估计。模型如下:

$$CLGUE_{it} = \alpha + \sum \beta_j X_{j,it} + \mu_i + \varepsilon_{it} \qquad (7-3)$$

式(7-3)中,$CLGUE_{it}$ 表示耕地绿色利用效率,i 和 t 分别表示第 i 个省份和第 t 年,α 表示截距项,β_j 表示第 j 个影响因素的待估系数,$X_{j,it}$ 表示影响因素,μ_i 为个体效应,ε_{it} 为随机误差项,符合正态分布。

7.4.1 变量选取

根据现有研究成果,结合数据可获得性,选取农业人力资本、农户职业分化、农户耕地依赖程度、农业增加值、农业机械密度、农业规模化水平及农业受灾率 7 个直接影响耕地绿色利用效率的因素进行研究(见表 7-3)。

表 7-3　　耕地绿色利用效率影响因素

影响因素	表征变量及单位	效应预判
农业人力资本 AHC	乡村高中以上人口占 6 岁及以上人口的比例(%)	正向
农户职业分化 OD	农业就业人员数/农村就业总人数(%)	未知
农户耕地依赖程度 DCL	农村居民家庭人均经营农业收入/农村居民家庭人均总收入(%)	未知
农业增加值 PAV	农业增加值(万元)	未知
农业机械密度 DM	农业机械总动力/粮食播种面积(千瓦/公顷)	未知
农业规模化水平 AS	农村居民家庭经营耕地面积(亩/人)	未知
农业受灾率 DR	受灾面积/粮食播种面积(%)	负向

在以上影响因素中：①农业人力资本是影响耕地绿色利用效率的重要条件，本书采用乡村高中以上人口占 6 岁及以上人口的比例来表征。一般而言，受教育程度越高，耕地绿色利用技术学习吸收能力越强，对绿色环保理念具有更为深刻的认知，因此预判农业人力资本对耕地绿色利用效率具有正向效应。②农民分化的主要特点就是职业的差别（许恒周等，2011），考虑到数据可得性，本书采用农业就业人员数与农村就业总人数之比来表征农户职业分化程度（李逸波等，2013）。农业就业人员数占农村就业总人数之比越高，农户职业分化程度越低。职业分化导致农户收入水平及结构出现差异，其对耕地绿色利用效率的影响未知。③农村居民家庭人均经营农业收入占农村居民家庭人均总收入越高，说明农户对耕地收入依赖性越大，他们一方面具有通过多施化肥农药加大耕地利用强度以保证作物产量、维持农业收入的动机，另一方面也具有强烈的保护土壤地力以获得长期、稳定的耕地收入的动机，因此农户耕地依赖程度对耕地绿色利用效率影响未知。④根据环境库兹涅茨曲线，农业增加值对耕地绿色利用效率在不同阶段可能存在不同影响，因此效应预判未知。⑤农业机械密度反映农业机械化水平，一方面会带来投入要素的高效利用，从而减少环境污染（何艳秋和戴小文，2016）；另一方面可能会导致碳排放等非期望产出增加，因此农业机械密度对耕地绿色利用效率的影响未知。⑥农业规模化带来的规模效应一方面可降低化肥、农药的施用成本，可能导致其过量施用；另一方面也有利于提高耕地利用效率（徐秋等，2017），农业规模化对耕地绿色利用效率的影响未知。⑦农业受灾率越高，生产要素投入损失就越大，理论上对耕地绿色利用效率存在负向效应。

7.4.2 实证结果分析

本书使用 Stata 13.0 软件对 2001～2016 年全国 30 个省份的耕地绿色利用效率的影响因素进行随机效应面板 Tobit 回归分析，该模型 P 值（Prob > chi2 = 0.000）说明模型通过了 1% 显著性水平检验，对数似然比（Log likelihood = 156.08984）说明模型整体拟合优度较好，具有统计学意义（见表 7-4）。

表 7-4　　耕地绿色利用效率影响因素的 Tobit 回归结果

解释变量	估计系数	标准误	P 值
农业人力资本 AHC	-0.01	0.08	0.861
农户职业分化 OD	0.50***	0.19	0.009
农户耕地依赖程度 DCL	0.83***	0.18	0.000
农业增加值 PAV	3.11***	2.25	0.000
农业机械密度 DM	-6.89**	3.10	0.026
农业规模化水平 AS	0.02	0.01	0.184
农业受灾率 DR	-0.04*	0.02	0.063
常数项 C	0.42	0.09	0.000
rho	0.77	0.05	
Wald chi2 (7)	464.74		
Prob > chi2	0.0000		

注：*代表 10%，**代表 5%，***代表 1% 的置信水平。

由表 7-4 可知，农户职业分化不利于耕地绿色利用效率提升，农业从业者在农村总从业人员中所占比例越低，说明农户职业分化越明显，耕地绿色利用效率越低。农户职业分化表现在收入水平、结构变化以及劳动力非农转移两方面。农户职业分化增加了农户非农收入，缓解了农户购买化肥的资金约束；同时增加了农户务农的机会成本，出于节省劳动力考虑，理性农户倾向于减少化肥施用次数，增加次均化肥使用量，导致过量使用化肥。此外，农户职业分化使农户非农收入增加，抵御风险能力增强，使得农户敢于种植收益更高但需肥量较大的经济作物。农户对耕地的依赖程度与耕地绿色利用效率呈正相关。农户家庭非农收入比重的增加一方面会降低农户对测土配方施肥等环境友好型技术的采纳（王思琪等，2018），另一方面为农村劳动力转移、耕地规模经营、机械化耕作提供了条件（曹阳和胡继亮，2010），在解放农业劳动力的同时增加了农药残留、碳排放等非期望产出，从而对耕地绿色利用效率产生负向影响。农业增加值与耕地绿色利用效率呈显著正相关。首先，农业增加值提高有利于农业生产总值即期望产出提升；其次，农业增加值的提高强化了农户对耕地的依赖性，其保护耕地地力以获得长期耕地产出的动机越强，越有利于耕地绿色利用效率提升。

农业机械密度与耕地绿色利用效率呈显著负相关，这可能是由于农业机械化对耕地利用的负面效应大于正面效应。大规模使用农业机械不仅会加剧化石燃料等资源消耗及碳排放等非期望产出，还可能会破坏土壤的原始形态，造成诸如水土流失、土壤肥力下降等大规模的土地损失，加剧农业面源污染带来的危害。随着农业机械化程度不断增加，农村农业资源环境系统自我恢复与调节及抗干扰能力面临的挑战越来越大，越来越濒临资源系统弹性限度[1]。我国已经到了农村环境承载力越来越接近资源系统弹性限度的关键时期（刘亚琼和黄英，2016），应适当控制农业机械化发展的规模和方向，开发环境友好的农业机械化新技术。农业受灾率与耕地绿色利用效率呈显著负相关，与假设相符。一方面，农业灾害一定程度上导致农业生产要素投入损失，降低了期望产出；另一方面，遭受自然灾害的农户普遍风险规避程度较高，存在通过加大化肥使用量来弥补自然灾害带来产出损失的心理。农业人力资本与农业规模化水平在本研究中没有通过显著性检验，或许与本书的指标选择有关，在今后的研究中需对指标进一步完善。

7.5 耕地绿色利用效率优化方向

根据 SBM 模型，当耕地绿色利用效率值小于 1 时，松弛量的大小可以反映效率损失的原因。本书将 2001~2016 年我国各地区各投入变量松弛量除以对应的投入指标值得到投入冗余率，将污染排放和碳排放松弛量分别除以相应的污染排放值和碳排放值得到污染排放冗余率和碳排放冗余率，将农业总产值松弛量除以相应的农业总产值得到农业产出不足率，计算结果如表 7-5 所示。

表 7-5　耕地绿色利用效率投入、产出的优化结果

省份	土地	劳动力	固定资产原值	化肥	农药	地膜	机械	灌溉面积	农业总产值	污染排放	碳排放
全国	-50.81	-37.82	-31.37	-36.27	-31.69	-41.11	-42.70	-41.41	0.53	-34.43	-42.71
东部	-45.09	-29.33	-27.16	-34.87	-33.57	-38.24	-41.16	-36.96	2.41	-30.55	-41.09
中部	-72.64	-53.86	-49.69	-52.13	-47.23	-54.67	-64.33	-61.13	-0.29	-55.60	-59.22

---

[1] 农业环境系统弹性力是指农业资源利用系统的自我恢复、自我调节及其抵抗各种压力与扰动的能力，当系统承受内外扰动或压力不超过其弹性限度（农业资源承载力）时，系统可恢复偏离，回到原有状态。但弹性力是有限度的，外界作用使其偏离原有的平衡点位置，太大而超出了系统弹性限度，那么资源利用系统就会从一种状态改变到另一种状态，无法恢复原有状态。系统弹性度越高，人类活动余地越大，可选择的机会就越多，可承受的自然灾害等冲击力就越高。

第7章 中国耕地利用绿色效率测度分析

续表

省份	投入冗余率（%）								产出不足/冗余率（%）		
	土地	劳动力	固定资产原值	化肥	农药	地膜	机械	灌溉面积	农业总产值	污染排放	碳排放
西部	-40.64	-34.65	-22.25	-26.14	-18.51	-34.10	-28.51	-31.51	-0.75	-22.90	-32.34
北京	-19.16	-1.13	-1.35	-10.65	-9.05	-13.32	-17.48	-10.09	12.22	-0.09	-14.36
江苏	-55.46	-27.61	-40.28	-48.56	-33.55	-44.73	-43.22	-56.05	-0.99	-40.41	-48.40
浙江	-46.85	-41.06	-19.80	-24.62	-50.49	-46.80	-59.30	-52.51	0.00	-49.39	-51.14
安徽	-83.29	-61.72	-75.12	-64.42	-53.81	-67.31	-78.54	-77.36	0.00	-44.73	-69.33
福建	-52.19	-38.54	-16.26	-44.78	-48.84	-41.15	-39.34	-41.63	-1.64	-20.77	-48.64
江西	-82.79	-57.29	-49.67	-53.50	-69.85	-70.80	-73.70	-73.85	0.00	-85.71	-66.30
山东	-46.29	-45.63	-44.93	-42.15	-41.87	-64.62	-54.94	-45.22	-0.72	-49.46	-45.74
河南	-58.77	-60.09	-49.26	-51.01	-28.88	-42.76	-54.73	-50.36	-0.47	-51.99	-50.45
湖北	-61.07	-38.61	-46.52	-57.58	-59.45	-46.41	-48.20	-49.38	0.00	-64.50	-55.49
湖南	-67.12	-52.78	-30.42	-36.28	-45.28	-62.42	-77.92	-59.59	0.00	-66.82	-47.21
广东	-48.52	-42.86	-14.81	-39.01	-41.16	-28.14	-37.78	-33.04	-1.50	-18.48	-41.23
天津	-50.62	-16.57	-39.21	-45.67	-5.48	-54.66	-61.46	-47.01	15.09	-73.31	-50.50
广西	-20.79	-18.64	-0.53	-16.24	-11.44	-3.89	-10.49	-16.13	-1.67	0.22	-16.53
海南	-47.46	-35.36	-20.51	-40.89	-53.57	-19.87	-20.18	-2.62	-1.83	-25.12	-43.79
重庆	-65.05	-55.74	-41.65	-37.42	-19.33	-48.98	-39.69	-31.99	0.00	-58.42	-45.33
四川	-64.41	-55.49	-32.36	-34.42	-16.59	-62.82	-35.73	-47.49	-0.61	-20.74	-45.65
贵州	-67.46	-71.34	-15.76	-33.63	-46.51	-56.34	-49.89	-51.53	-1.60	-62.01	-48.64
云南	-13.30	-7.76	-3.89	-10.53	-7.74	-12.37	-5.84	-8.02	-1.19	0.11	-12.09
陕西	-55.56	-52.52	-5.14	-40.82	-32.45	-38.83	-41.00	-50.93	-1.30	-8.45	-44.77
甘肃	-19.51	-26.79	-20.26	-0.17	-30.51	-23.19	-19.88	-5.53	0.10	0.53	-14.46
青海	-2.51	0.31	-3.66	0.07	1.95	-4.71	-3.42	-4.30	0.00	-4.01	-2.14
宁夏	-49.04	-24.85	-29.02	-45.40	2.23	-27.02	-35.94	-40.05	0.00	-40.96	-45.05
河北	-52.14	-36.58	-39.60	-36.56	-35.63	-49.73	-62.90	-56.20	-1.94	-1.02	-49.17
新疆	-9.92	-10.92	-10.06	-11.83	-10.59	-19.71	-8.45	-17.33	-1.98	0.64	-13.22
山西	-85.59	-73.19	-40.97	-59.29	-33.29	-76.30	-80.39	-69.43	0.00	-70.36	-69.56
内蒙古	-79.49	-57.42	-82.38	-57.20	-32.45	-77.30	-63.26	-73.30	0.00	-58.79	-67.82
辽宁	-72.21	-33.66	-56.98	-41.35	-37.36	-48.87	-58.65	-54.73	-0.12	-53.17	-51.28
吉林	-88.19	-51.61	-73.59	-68.07	-41.39	-37.62	-70.06	-69.01	0.00	-58.95	-71.03
黑龙江	-54.30	-35.59	-31.94	-26.90	-45.86	-33.72	-31.11	-40.06	-1.86	-1.75	-44.36
上海	-5.12	-3.60	-5.05	-9.34	-12.23	-8.79	2.45	-7.42	7.92	-4.85	-7.73

注：按照冗余率大小进行排序，黑色表示影响该地区耕地绿色利用效率损失的最主要要素，深灰色为第二影响要素，浅灰色为第三影响要素。

从表7-5可知，投入要素和非期望产出均存在不同程度的冗余，仅15个省份期望产出存在轻微程度冗余，这说明耕地绿色利用效率损失主要由投入及非期望产出冗余所致，资源消耗过多及农业污染、碳排放过量是2001~2016年耕地绿色利用效率低下的主要原因。

从全国范围看，我国耕地绿色利用过程中冗余率较高的投入与产出指标依次为土地、污染排放与机械投入。全国有23个（约占77%）省份存在不同程度的土地投入冗余现象，其中包括北京、广东等土地资源紧缺的省份，这说明我国耕地资源并没有得到高质量利用。经营规模越大，耕地利用效率越高，陈等（Chen et al., 2011）的研究也表明小规模的农业生产将导致农业生产效率损失。耕地利用过程中的污染排放也是导致效率损失的重要原因之一，说明我国化肥中氮、磷流失量、农药污染量、农膜残留量达到较为严重的水平，农膜残留最终将导致土壤板结、肥力下降、作物减产，化肥、农药冗余会导致农业面源污染等生态环境问题，导致耕地绿色利用效率降低。近年来，农机购置补贴政策的实施、完善使得农业机械装备大量增加，但是由于地形地貌等自然原因、家庭联产承包责任制以及高中低产田等级平均分配机制等社会经济原因，区域耕地平整度、集中连片程度低，不利于大机械化作业，导致机械装备利用效率低。

分区域看，东部地区耕地绿色利用效率损失的原因依次为土地、机械、碳排放冗余；中部地区依次为土地、机械、灌溉面积冗余；西部地区依次为土地、劳动力、地膜冗余。在耕地绿色利用过程中，农户倾向于依赖短期内高强度的投入来获得较高产出，加之不合理的生产过程及粗放、简单的耕地废弃物处理方式，碳排放等耕地污染加剧。东部、中部、西部均存在不同程度的有效灌溉面积冗余现象，其中中部地区及安徽、江西、江苏、河北几省尤为严重。据中国农业局数据显示，中国农业每年浪费的水资源高达1000亿立方米（刘清和吴振天，2017），2013年中国农业灌溉水有效利用系数仅为0.523，远低于世界发达国家的0.7~0.8，每1立方米水生产粮食产量不足1.2千克，远低于发达国家2千克的水平（李平衡，2016）。当前中国大部分耕地仍以大水漫灌为主，部分地区水资源损失高达60%~80%（许咏梅等，2018），很多灌区工程老化失修，加之工程配套不完善，导致农业灌溉效率低下。中国各地区都存在不同程度的农膜冗余现象，尤以中部、西部较为严重。近年来我国农业地膜覆盖面积及施用量迅速增长，2016年达到1.84×10^7公顷（许咏梅等，2018），考虑到农用地膜过度的环境风险，集约、节约使用农膜尤为重要，可采用节约农膜用量、降低农膜残留的覆膜方式，推广农业地膜一膜两年用或一膜多年用。

7.6 结论与政策建议

7.6.1 结论

从整体上看，2001~2016年中国耕地绿色利用效率整体呈波动上升趋势，各省份均存在不同程度的资源节约与污染减排的空间。东部从2014年开始超越西部地区成为耕地绿色利用效率均值最高地区，中部地区耕地绿色利用效率在研究期内均滞后于东部和西部。农户职业分化、农业机械密度及农业受灾率均不利于耕地绿色利用效率的提升，农业增加值及农户对耕地依赖程度与耕地绿色利用效率呈显著正相关。可从土地投入、污染排放与机械投入等方面对中国整体耕地绿色利用效率进行优化。

本书存在以下不足：一是在非期望产出核算时采用统一的污染系数进行核算，然而作物种植方式及农户种植偏好对非期望产出排放量会产生不同的影响，因此采用统一的污染系数不可避免存在一定误差；二是在影响因素分析中只考虑了对耕地绿色利用效率有直接影响的因素，对其有间接影响的因素有待于在今后的研究中进一步完善。

7.6.2 政策建议

强化农民职业技能培训，大力培育新型职业农民，壮大耕地规模经营主体；放活农村土地流转形式，健全农村土地流转市场，促进耕地适度规模经营；促进农业生产方式向绿色、生态、可持续发展转变，发展传统生态农业、生产绿色有机食品；强化农田水利建设，完善农业基础设施建设；建立新型农业技术推广体系，推广测土配方施肥、秸秆还田等环境友好型技术；合理适度引入农业机械装备，研发和使用适合于不同地形地貌条件的农业机械，推广"节药""低碳"等环境友好型农业机械以及免耕、少耕的保护性耕作农机产品；加快制定回收残膜的相关政策，制定耕地农膜残留量标准；推广农业保险，提升农户抵御风险能力。

第8章 中国耕地休养机理分析

8.1 地下水漏斗区冬小麦休耕政策的农户响应研究

8.1.1 引言

社会经济的发展和一些不合理的土地利用方式，使得华北平原已经成为我国水资源最缺乏的地区之一，大部分水资源的供给来自地下水的开采，然而长期超采地下水造成了该地区地下水位下降、海水入侵、地面沉降等一系列问题的产生（孟素花等，2011；吴爱民等，2010），在河北衡水地区尤为突出，使得地下水超采治理迫在眉睫。河北省作为种粮大省，农业用水占河北平原地区总水资源的70%~80%（王学等，2013），同样农业用水也是引起河北平原地下水下降的主要原因（许月卿，2005），该地区主要农作物为冬小麦、春夏玉米，而冬小麦生育期降水量远远低于其需水量，在无地表水替代的深层地下水超采区，适当的休耕，是缓解地下水超采的有效方法（王学等，2016）。实行休耕既有利于减少水资源污染（Khanna et al.，2003），又有利于减少面源污染、土壤侵蚀（Marc et al.，1994；Luo et al.，2006）。一方面休耕改善了人民生活质量及生存质量，另一方面增加了农产品的市场竞争力。党的十八届五中全会中提出，在部分地区实行耕地轮作休耕，有利于耕地休养生息和农业可持续发展、平衡粮食供求矛盾、稳定农民收入、减轻财政压力。因此，河北省针对地下水漏斗区的地下水超采问题，并结合党的十八届五中全会提出的休耕计划，制定了相关的政策措施，如《河北省人民政府关于印发河北省地下水超采综合治理试点方案（2015年度）的通知》和《河北省农业厅、河北省财政厅关于印发2015年度河北省地下水超采综合治理试点调整农业种植结构和农艺节水相关项目实施方案通知》对地下水超采区进行"一季雨养,一季休耕"引导农户改变种植习惯来减缓地下水超采情况。

农户是土地利用最基本的主体(李鹏等,2015)。近年来,农户行为理论逐渐被引入土地利用问题研究中,很多学者认为农户土地利用行为的发生、发展和演变过程对土地利用会产生直接或间接的影响(刘成武和黄利民,2015;辛良杰等,2009)。作为耕地休耕的行为主体和具体实施者,农户对休耕政策的响应程度才是关键、才是检验地下水漏斗区轮作休耕政策合理性的主要依据。农户对休耕政策的了解度、支持度和休耕补偿金额的满意度直接影响着地下水漏斗区冬小麦休耕政策的实施效果。因此,从农户对休耕政策的了解程度、对休耕政策的支持度、农户对休耕补偿的满意度等方面,探讨农户对地下水漏斗区冬小麦休耕政策的响应机制及其影响因素,对于河北平原水资源永续利用和农业可持续发展具有重要的理论与实践价值。

目前国外一些学者针对休耕政策效果及影响因素进行大量的研究,如迪斯贝格等(Duesberg et al.,2017)等运用Logistic回归分析农户特征对休耕政策的影响,认为重视耕作的家庭传统及只收到国家养老金对休耕意愿具有负面影响,并提出相关建议。唐纳德等(Donald et al.,1963)等运用图形模型并分析补偿金额、补偿金额的满意度、休耕的多少等因素对农户自愿休耕的影响。布雷默等(Bremer et al.,2014)运用访谈法分析不同因素对PES项目参与者的影响,得出土地所有权、土地利用限制、法律、替代生计的来源可用性等因素对项目参与者分别产生不同的影响。常和陈(Chang and Chen,2011)运用Tobit模型并计算边际效应分析不同因素对休耕政策的影响,并得出参与者对休耕补偿金额不满意时,不足以产生强有力的激励。

基于国外的休耕经验,国内近几年也开始重视休耕政策的研究,有些学者从行为视角研究农户对农业政策的响应机制,如梁增芳等(2014)运用描述性统计及相关性分析计量方法实证分析农户对农业面源污染治理政策的认知与响应情况及影响因素,认为户主年龄、性别、是否是党员或村干部等基本特征对农户治理环境的态度和政策响应有不同程度的影响。朱丽娟(2013)对粮食主产区的农户采用节水灌溉技术意愿的影响因素进行分析,发现种植业收入所占比重、政府扶持、耕地面积、年龄等因素具有正向作用。还有一些学者从农户生计多样性的角度入手，如李海燕和蔡银莺（2014）利用结构方程模型分析农户生计多样性对农户参与补偿政策的支持意愿、政策实施效果响应的影响，并提出相关参考建议。还有些学者运用成本效益分析、利益相关者分析、最优尺度回归模型等方法和模型研究农户对生态补偿、粮食直补和退牧还草等政策的响应，如张卫萍（2006）运用成本效益分析方法，构建了国家补偿政策与农户响应的关联分析模型，并提出相应的措施建议。龙开胜等（2015）运用利益相关者分析和比较分析方法，辨识地方政府付费型生态补偿利益相关者属性、类型及其行为响应差异并揭示原因。袁宁（2013）通过建立有序 Logistic 模型，研究农户对粮食直接补贴政策的满意度及其影响因素，龚大鑫等（2012）运用最优尺度回归模型对当地牧民在退牧还草工程影响下的行为响应及其影响因素进行定量分析。

虽然国内外对农业政策的农户响应研究做了丰富的研究工作，但目前对休耕政策的农户响应研究比较缺乏。因此，本书的研究主要目的为：一是利用多元有序 Logistic 模型，揭示冬小麦休耕政策农户响应的影响因素；二是借助边际效应进一步分析不同因素对冬小麦休耕政策响应程度；三是提出地下水漏斗区冬小麦休耕政策的相关建议，以便进一步完善地下水漏斗区冬小麦休耕政策，为促进地下水漏斗区休耕政策的有效实施提供理论和实践依据。

8.1.2 研究方法与数据来源

8.1.2.1 有序多元 Logistic 模型

鉴于因变量是有序分类变量，因此本书借助有序 Logistic 多元回归模型分析冬小麦休耕政策农户响应的影响因素，构建有序多元 Logistic 模型如下：

$$T = \beta X + \varphi \tag{8-1}$$

式（8-1）中，T 是无法观测的潜变量，表示因变量对应的潜变量；X 为解释变量向量；β 为相应的待估参数；φ 为服从逻辑分布的误差项。

本书选择 Y 作为显示变量，取值区间为 $[1, n]$，在农户对休耕政策的了解度模型中：$Y = 1$ 代表不了解、$Y = 2$ 代表比较了解、$Y = 3$ 代表非常了解；

在农户对政策实行的支持度模型中：$Y=1$代表很不支持、$Y=2$代表不太支持、$Y=3$代表比较支持、$Y=4$代表完全支持；在农户对休耕补偿金额的满意度模型中：$Y=1$代表很不满意；$Y=2$代表不太满意、$Y=3$代表一般满意、$Y=4$代表比较满意、$Y=5$代表很满意。T与Y的关系如下：

$$\begin{cases} Y=1, T \leqslant \lambda_1 \\ Y=2, \lambda_1 < T \leqslant \lambda_2 \\ \vdots \\ Y=n, \lambda_{n-1} < T \end{cases} \quad (8-2)$$

式（8-2）中，$\lambda_1 < \lambda_2 \cdots < \lambda_{n-1}$表示通过估计获得的临界值或阈值参数$\lambda_1$等于0。有序多分类Logistic模型可研究多分类因变量与其影响因素之间的关系，适用于对不同的影响因素进行定量的评定。假设φ的分布函数为$f(\chi)$，可以得出Y取不同值的概率。

$$\begin{cases} P(Y=1|X) = f(\lambda_1 - \beta X) \\ P(Y=2|X) = f(\lambda_2 - \beta X) - f(\lambda_1 - \beta X) \\ \vdots \\ p = (Y=n|X) = 1 - f(\lambda_n - \beta X) \end{cases} \quad (8-3)$$

式（8-3）中：

$$f(\beta X) = \frac{\exp(\beta X)}{1 + \exp(\beta X)} \quad (8-4)$$

式（8-4）中，$f(\cdot)$为分布函数。有序多元Logistic模型的参数估计采用极大似然估计法。边际效应（Greene，2003；Newell and Anderson，2003）可用式（8-5）表示：

$$\begin{cases} (\partial P_1/\partial X) = -\beta_j \phi(\lambda_1 - X\beta) \\ (\partial P_2/\partial X) = -\beta_j [\phi(\lambda_1 - X\beta) - \phi(\lambda_2 - X\beta)] \\ \vdots \\ (\partial P_n/\partial X) = -\beta_j \phi(\lambda_{n-1} - X\beta) \end{cases} \quad (8-5)$$

基于以上公式，研究地下漏斗区冬小麦休耕政策农户响应的影响因素，针对不同模型选取指标，变量的含义及变量赋值说明见表8-1。

表 8-1　　　　　　　　　　变量释义、赋值与预期

一级变量	二级变量	变量的含义	预期作用方向 模型Ⅰ	模型Ⅱ	模型Ⅲ
农户决策者特征	家庭总人口数量	家庭总的人口数量（人）		-	?
	年龄	农场决策者的年龄（岁）	+	+	+
	性别	男=0；女=1	+	+	?
	文化程度	小学及以下=1；初中=2；高中或中专=3；大学及以上=4	+	+	?
家庭及生产经营特征	农户类型	纯农户=1，兼业农户=2	+	?	+
	抚养比	农户劳动力数量与总人口数量之比（%）		+	
	家庭农业劳动力总数	从事农业生产的人数（人）	+		
	人均非农收入	家庭年非农收入与人口之比（%）	-		
	务农比例	参加务农人口与家庭总人口数量之比（%）	-		
耕地状况	人均耕地面积	家庭耕地总面积与人口总数之比（%）	+	-	-
	有无使用机械	无=1，有=2			
	耕地破碎度	耕地块数与耕地总面积之比（%）	+	+	
	地块亩数	家庭耕地总面积（亩）	-		
	耕地质量	一、二等耕地面积占总耕地面积的比重（%）			-

注："纯农户"表示家庭只从事农业活动；"兼农户"表示家庭除从事农业活动外还从事其他行业的活动。模型Ⅰ表示农户对休耕政策的了解度（Y=1 表示不了解；Y=2 表示比较了解；Y=3 表示非常了解），模型Ⅱ表示农户对政策的支持度（Y=1 表示很不支持；Y=2 表示不太支持；Y=3 表示比较支持；Y=4 表示完全支持），模型Ⅲ表示农户对休耕补偿金额的满意度（Y=1 表示很不满意；Y=2 表示不太满意；Y=3 表示一般满意；Y=4 表示比较满意；Y=5 表示很满意）。

8.1.2.2　数据来源及研究区概况

本案例区为河北省衡水市，它位于河北省的东南部，研究所有数据来源于 2016 年 7~8 月中旬在河北衡水进行的农户调研问卷。具体调研地区及问卷数量如下：景县的王谦寺和北留智镇共调研两个村共 26 份；深州市的大屯乡、榆科乡和高古庄镇共调研了 5 个村一共 27 份；安平县的大子文乡 4 个村共 27 份；武邑县的河沿镇、邓家庄 5 个村共 23 份；冀州市的管道里乡、小寨乡和赵圈镇共调研了 6 个村 32 份；枣强县的唐林乡、肖张镇和枣强县共 8

个村共31份；衡水市桃城区的一个村共10份；武强县的北代乡、周窝镇与孙庄乡的8个村共36份。本研究采取随机抽样方法对农户进行问卷调查。共调研212份问卷，回收有效问卷为198份，有效问卷占93.4%。调查内容包括农户决策者特征、家庭及生产经营特征、耕地状况以及农户对休耕政策的了解度、支持度及补偿金额的满意度等。

8.1.3 结果与分析

8.1.3.1 样本的特征描述

图8-1可以看出，在了解度方面，不了解占21%，比较了解占55.1%；非常了解占23.9%，说明不同的农户对休耕政策的了解度存在着巨大的差异。总体来说，农户对休耕政策的了解度较高，但值得注意的是21%农户完全不了解，针对这一情况政府应该加大宣传，从而提高农户对休耕政策的认知度。其中，从支持度方面，很不支持及不太支持占15.9%；比较支持占67.4%；完全支持占16.7%。总体来说，农户对政策实行的支持度高达84.1%。在调研中发现小部分农户对休耕政策表示不支持，主要有两种原因：一是地方政府、村干部会强行要求休耕农户去固定点买化肥农药等；二是补偿金额时间的不确定性，农户不知道补偿金额什么时候发放，到底会不会发

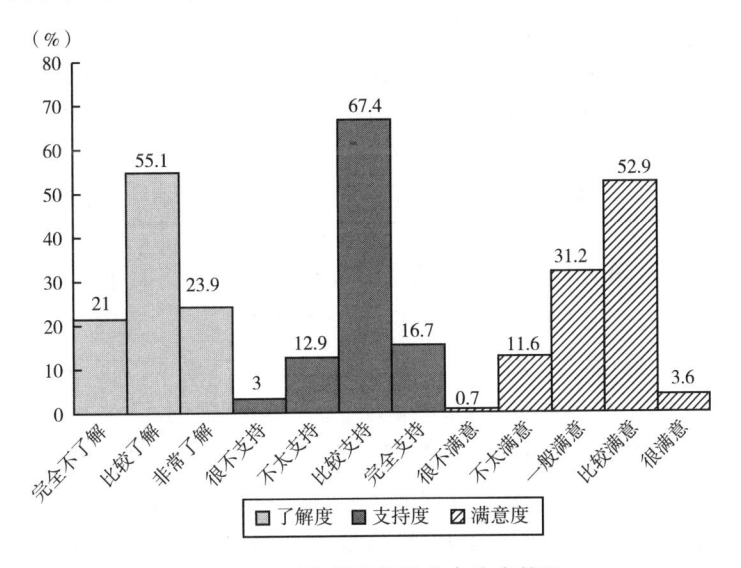

图8-1 对休耕政策的农户响应状况

放等问题。在补偿金额的满意度方面,很不满意占 0.7%;不太满意占 11.6%;一般满意占 31.2%;比较满意占 52.9%;很满意占 3.6%。总体上对休耕政策补偿金额的满意度高达 87.7%,由于化肥、机械、农药、地下水等投入成本的加大,导致大部分农户愿意休耕,对休耕补偿金额也相对满意。

根据已有的研究成果,结合实地考察情况,本书将休耕政策农户响应的影响因素从 3 大类进行选取:农户决策者特征、家庭及生产经营特征、耕地状况(见表 8-2)。

表 8-2　　　　休耕政策农户响应的影响因素描述统计分析

一级变量	二级变量	均值	标准差	方差	极小值	极大值
农户决策者特征	家庭总人口数量	1.46	0.50	0.25	0.00	2.48
	年龄	4.03	0.19	0.04	3.47	4.41
	性别	1.21	0.41	0.17	1.00	2.00
	文化程度	2.20	0.84	0.71	1.00	4.00
家庭及生产经营特征	农户类型	0.74	0.44	0.19	0.00	1.00
	抚养比	0.37	0.33	0.11	0.00	0.83
	家庭农业劳动力总数	2.39	1.19	1.41	1.00	6.00
	人均非农收入	7.22	4.11	16.85	0.00	11.18
	务农比例	0.49	0.23	0.05	0.06	1.00
耕地状况	人均耕地面积	2.15	1.21	1.46	0.36	7.80
	有无使用机械	1.02	0.19	0.04	0.00	2.00
	耕地破碎度	0.47	0.27	0.07	0.08	2.00
	地块亩数	8.91	4.28	18.31	2.00	25.00
	耕地质量	0.73	0.26	0.07	0.00	1.00

(1)农户决策者特征。调查对象主要以男性为主,由于文化程度限制,大部分男性没有稳定工作,一边干零活一边务农,调研过程中发现大部分女性对耕地状况等不熟悉,所以在有男性的农户家中一般以调查男性为主,男性占比为 78.99%;年龄主要以中年为主,平均年龄为 57 岁,最大年纪 82 岁,最小的为 32 岁,其中 40 岁以下占 5.07%,50~60 岁占比为 63.04%;农户文化程度普遍偏低,受教育程度主要处于初中及以下水平,分别占比如下:小学及以下占 21.01%;初中占 44.93%;高中及中专占 27.54%;大专及以上占 6.52%。

(2) 家庭及生产经营特征。在 138 个被调查农户中，纯农户占 26.09%，兼农户占 73.91%；平均抚养比为 36.66%；平均家庭农业劳动力总数为 2.39 人，最高家庭农业劳动力总数为 6 人，最低只有 1 人；每个家庭的平均非农收入为 12486 元，非农收入最高达 72000 元；每个家庭的平均务农比例为 49.26%，最高达 100%，最低务农比例 6%。

(3) 耕地状况。在 138 个被调查农户中，人均耕地面积最高达 7.8 亩，最低只有 0.36 亩，均值为 2.15 亩；在被调查农户中，97.10% 的农户使用机械耕作；平均耕地破碎度为 46.91%；平均地块亩数为 8.91 亩，农户家庭耕地面积最高达 25 亩，最低为 2 亩。

8.1.3.2 多元有序 Logistic 模型估计结果及分析

基于前文选取指标，运用 Stata 13.0 软件进行运算，根据 Logistic 模型回归结果，分析不同因素对农户对休耕政策的了解度、农户对休耕政策的支持度、农户对补偿金额的满意度的影响程度，从而摸清楚农户决策者特征、家庭及生产经营特征、耕地状况对休耕政策响应程度的影响，以便为我国科学合理地制定地下水漏斗区耕地轮作休耕政策提供理论依据。

(1) 休耕政策农户了解度的影响因素分析。表 8-3 是地下水漏斗区农户对冬小麦休耕政策了解度的有序 Logistic 模型回归结果。从模型拟合度检验的参考指标看出，同方差通过检验，拒绝原假设，从表 8-3 可知显著水平为 0.0000，Rseude R^2 = 0.2228，表明农户对冬小麦休耕政策了解度有序 Logistic 模型估计结果整体较为理想。

表 8-3　地下水漏斗区农户对冬小麦休耕政策了解度的有序 Logistic 模型回归结果

一级变量	二级变量	回归系数	标准误	Z 值	P 值
农户决策者特征	年龄	0.7464	1.0096	0.74	0.460
	性别	0.7295	0.4727	1.54	0.123
	文化程度	1.7141***	0.2796	6.13	0.000
家庭及生产经营特征	农户类型	2.3941**	1.0076	2.38	0.017
	家庭农业劳动力总数	0.3402*	0.2036	1.67	0.095
	人均非农收入	-0.1536	0.1093	-1.41	0.160
	务农比例	-1.4797	1.2659	-1.17	0.242

续表

一级变量	二级变量	回归系数	标准误	Z 值	P 值
耕地状况	人均耕地面积	0.4461**	0.2246	1.99	0.047
	耕地破碎度	0.569	0.727	0.78	0.434
	地块亩数	0.1326**	0.0637	-2.08	0.037

Number of obs = 138

Rseude R^2 = 0.2228

Prob > chi2 = 0.0000

注：* 代表 10%，** 代表 5%，*** 代表 1% 的显著水平。

在农户决策者特征方面，从表 8-3 可以看出文化程度这个变量的估计系数通过了 1% 的显著水平检验，表明农户的文化程度对休耕政策的响应呈正向显著影响。调研结果显示，不了解休耕政策的农户中，小学及以下占比为 55.17%、初中文化程度占 17.74%、高中文化占 5.26%、大学及以上占 0。由此可知，文化程度越高的农户对休耕政策的了解度越大，其主要原因是农户文化程度越高，认知水平也越高，获取政策的主观能动性也高，更能清楚地认识到冬小麦休耕政策带来的生态、经济和社会意义。

在农户的家庭及生产经营特征方面，从表 8-3 可以看出农户类型与家庭农业劳动力总数两个变量的估计系数分别通过了 5% 和 10% 的显著水平。其中，农户类型变量与农户对休耕的了解度呈正向显著影响，调研结果显示，非常了解休耕政策的农户中，纯农户占比 21.21%；兼农户占比 78.79%。由此可知，兼业农户对休耕政策的了解度比纯农户高，其原因是在一定程度上，兼农户收入来源不只是农业、参与休耕工程就有更多时间外出务农，所以更会关心休耕政策。家庭农业劳动力总数与农户对休耕的了解度呈正向显著影响，不同的家庭农业劳动力总数对休耕政策了解度也各不相同。调研结果显示，非常了解休耕政策的农户中，家庭农业劳动力总数为 1 个时占比为 30.3%、家庭农业劳动力总数为 2 个时占比为 30.3%、家庭农业劳动力总数为 3 个以上时占比为 39.39%。由此可知，家庭农业劳动力总数越多对休耕政策的了解度越高，其原因是家庭农业劳动力总数越多，农户对耕地的依赖性越强，越担心休耕政策对其造成影响，因此更会关注休耕政策的动向。

在农户的耕地状况方面，从表 8-3 可以看出，人均耕地面积和地块亩数的估计系数分别通过了 5% 的显著水平，这表明人均耕地面积和地块亩数等耕地状况会显著影响农户对休耕政策的了解程度。其中人均耕地面积与农户对休耕政策的了解度呈正向显著影响，调研结果显示，非常了解休耕政策的农户中，人均耕地面积低于两亩的占 36.36%、人均耕地面积在两亩以上的占 63.64%。由此可知，农户的人均耕地面积越大对休耕政策的了解度越高，这可能的原因是人均耕地面积越多，农户越想参与休耕，这样可以释放更多的劳动力从事第三产业如出去打工，从而增加家庭收入，提高生活水平，因此对休耕政策就越关心。地块亩数与农户对休耕的了解度呈正向显著影响，调研结果显示，非常了解休耕政策的农户中，地块亩数低于 5 亩的占 18.18%、5~10 亩的占 39.39%、10 亩以上的占 42.42%。这表明地块亩数越多对耕地了解程度越高，农户家庭耕地面积越大，越有可能是农业大户，其主要从事农业生产活动，担心休耕政策对其影响，因此更加关注。

（2）休耕政策农户支持度的影响因素分析。表 8-4 是地下水漏斗区农户对冬小麦休耕政策支持度的有序 Logistic 模型回归结果。从模型的拟合度检验的参考指标看出，同方差通过检验，拒绝原假设，从表 8-4 可知显著水平为 0.0001，Rseude R^2 = 0.1395，表明农户对冬小麦休耕政策的支持度有序 Logistic 模型估计结果整体较为理想。

表 8-4　　　　地下水漏斗区农户对冬小麦休耕政策支持度的
有序 Logistic 模型回归结果

一级变量	二级变量	回归系数	标准误	Z 值	P 值
农户决策者特征	家庭总人口数量	-1.121**	0.548	-2.05	0.041
	年龄	0.6363	1.0333	0.62	0.538
	性别	1.0416**	0.4859	2.14	0.032
	文化程度	-0.0085	0.2287	-0.04	0.970
家庭及生产经营特征	农户类型	-0.0089	0.5307	-0.02	0.987
	抚养比	1.5534**	0.7136	2.18	0.029
	务农比例	-2.0362*	1.186	-1.72	0.086
耕地状况	人均耕地面积	-0.4853***	0.1851	-2.62	0.009
	有无使用机械	-2.4443**	0.9588	-2.55	0.011
	耕地破碎度	1.4617**	0.7398	1.98	0.048

Number of obs = 138

Rseude R^2 = 0.1395

Prob > chi2 = 0.0001

注：* 代表 10%，** 代表 5%，*** 代表 1% 的显著水平。

在农户决策者特征方面,从表8-4可以看出,家庭总人口数量与性别变量的估计系数分别通过了5%的显著性检验,其中,农户的家庭总人口数量对政府休耕政策的支持度呈负向显著影响。这表明家庭人口数量越多的农户对政府实行的休耕政策支持度越低,这主要是因为农户家庭人口数量越大,支出越多,越贫穷导致社会地位越低,社会地位越低对政策实行的支持度越低。性别变量对政府实行政策的支持度呈正向显著影响,调查显示,女性比较支持及完全支持分别占12.32%、6.52%,而男性的比较支持及完全支持分别占55.07%、10.14%。由此可知,不同性别的农户对政策的支持度也有所不同,女性对休耕政策的支持度倾向比男性低。

在农户的家庭及生产经营特征方面,从表8-4可以看出,抚养比和务农比例分别通过了5%和10%的显著水平检验,表明抚养比与务农比例对休耕政策的响应呈显著作用。其中,抚养比变量与农户对休耕的了解度呈正向显著影响,调研结果显示,完全支持休耕政策的农户中,抚养比低于50%的占比为39.13%、抚养比高于50%的占比为60.87%。由此可知,抚养比越大的农户对休耕政策的支持度越高。务农比例对休耕政策的支持度呈显著性负向影响,这说明务农比例越大的农户对休耕政策的支持度较低。调研中发现,其主要原因是家庭中农业劳动力比例越大,家庭主要收入来源于农业,担心政府休耕补贴不能及时到位,认为还是自己种植更有保障。

在农户的耕地状况方面,人均耕地面积、有无使用机械和耕地破碎度3个变量的估计系数分别通过了1%、5%、5%的显著水平(见表8-4),这表明人均耕地面积、有无使用机械和耕地破碎度会显著影响农户对休耕政策的支持程度。其中,农户的人均耕地面积对休耕政策的支持度呈负向显著影响,这表明人均耕地面积越大的农户对休耕政策的支持度越低,主要原因是人均耕地面积大,机械化程度越高,越方便,工作效率高,也不耽误从事非农工作,家庭收入越高。有无使用机械对政府实行政策的支持度呈负向显著影响,这表明使用机械化的农户对休耕政策的支持度更低。这主要是农户可以进行大规模的机械化生产,从而减少生产成本,农产品的净收益越高,种植冬小麦能带来一定的利润,从而对休耕政策支持度较低。耕地破碎度与农户对休耕政策的支持度呈正向显著影响,这表明农户的耕地破碎度越大对休耕政策的支持度越大,这主要是当农户耕地破碎度越大,耕作越不方便,成本越高,农户作为生态补偿的受益人自然会希望政府推行冬小麦休耕政策。

（3）农户对休耕补偿满意度的影响因素分析。表8-5是地下水漏斗区农户对冬小麦休耕政策满意度的有序Logistic模型回归结果。从模型的拟合度检验的参考指标可以看出，同方差通过检验，拒绝原假设，从表8-5可知显著水平为0.0013，Rseude R^2 = 0.1002，表明农户对冬小麦休耕政策的满意度有序Logistic模型估计结果整体较为理想。

表8-5　地下水漏斗区农户对冬小麦休耕政策满意度的有序Logistic模型回归结果

一级变量	二级变量	回归系数	标准误	Z值	P值
农户决策者特征	家庭总人口数量	1.0051	0.6877	1.46	0.144
	年龄	1.6948*	0.9943	1.7	0.088
	性别	-0.9944**	0.4281	-2.32	0.020
	文化程度	0.3521	0.2222	1.58	0.113
家庭及生产经营特征	农户类型	2.0943**	0.9081	2.31	0.021
	人均非农收入	-0.2239**	0.1008	-2.22	0.026
	务农比例	-0.9272	1.0217	-0.91	0.364
耕地状况	人均耕地面积	0.167	0.2651	0.63	0.529
	有无使用机械	-1.8181**	0.8873	-2.05	0.040
	地块亩数	-0.1743**	0.071	-2.45	0.014
	耕地质量	-0.7411	0.7245	-1.02	0.306

Number of obs = 138

Rseude R^2 = 0.1002

Prob > chi2 = 0.0013

注：*代表10%，**代表5%，***代表1%的显著水平。

在农户决策者特征方面，从表8-5可以看出，年龄与性别变量的估计系数分别通过了10%和5%的显著性水平检验，这表明年龄与性别对休耕政策补偿金额的满意度呈显著性影响。其中，户主年龄对休耕补偿金额的满意度呈正向显著影响，调研结果显示，很满意补偿金额的农户中，50岁以上对休耕补偿金额很满意占100%。这一结果与陈昱等（2011）的研究成果基本一致。这主要是因为年纪越大，体力下降，从事农业活动的难度较大，政府的休耕补偿金额与耕地的纯收益相差不大，因此年纪越大的农户对国家补贴金额越满意。农户的性别对休耕补偿金额的满意度呈负向显著性影响，这一结果与施翠仙等（2014）的研究结论基本一致，调研结果显示，很满意补偿金额的农户中，男性对休耕补偿金额很满意占80%、女性对休耕补偿金额很满意占20%。这说明女性对休耕补偿金额的满意度较低,男性的休耕参与意愿高于女性,对休耕补偿金额的满意度也就越高。

在农户的家庭及生产经营特征方面,农户类型和人均非农收入分别通过了5%显著水平检验(见表8-5),表明农户类型和人均非农收入对休耕政策的响应呈显著作用。其中,农户类型对休耕补偿金额的满意度呈正向显著影响,这表明兼业户对休耕政策的满意度较高。其原因是当生态补偿达到农户承受的范围时,参与休耕就有更多的时间参与非农业就业,其家庭收入越高,兼业农户相对于纯农户来说对耕地的依赖性相对较低,农业不是兼农户唯一生计来源。人均非农收入与休耕补偿金额的满意度呈负向显著影响,这表明人均非农收入越低对休耕补偿金额越满意。笔者调研发现,很满意休耕补偿金额的农户中,人均非农收入为1.5万元以下的农户中,对休耕补偿金额很满意占60%、人均非农收入1.5万元以上的农户中,对休耕补偿金额很满意的占40%。其原因是人均非农收入越低的农户总体文化程度普遍偏低,就业渠道小,很难找到固定的工作,大部分都是临时工,对政府休耕补偿金额越满意。

在农户的耕地状况方面,从表8-5可以看出,有无使用机械和地块亩数变量的估计系数分别通过了5%的显著水平检验,这表明有无使用机械和地块亩数对休耕政策的响应呈显著作用。其中,有无使用机械与对休耕补偿金额的满意度呈负向显著影响,这表明机械化程度越高农户对休耕补偿金额的满意度越低。主要原因是农户运用机械化耕作,种植冬小麦利润越高,因此对休耕补偿金额越不满意。地块亩数对休耕补偿金额的满意度呈负向显著影响,其主要是因为地块亩数越大,农户从事农业时间、精力越多,农业生产经营成本越大,对休耕补偿金额越不满意。

8.1.3.3 边际效应分析

虽然表8-3~表8-5中的估计系数反映了不同因素的影响,但无法全面和准确地反映不同因素的影响程度,因此本书采用边际效应进一步深化研究。本书采用临界点及相关估计系数值计算不同影响因素的边际效应。一般情况下,常规的连续变量边际效应的计算方法并不适合于计算虚拟变量(Greene,2003),因此,本书在计算单个虚拟变量边际效应的同时把该变量以外的其他变量均正规化为零,并按照公式(8-5)进行计算(Newell and Anderson,2003),分析自变量对因变量的取值概率的影响程度。x 对 y 的边际效应的计算结果见表8-6。

第8章 中国耕地休养机理分析

表8-6 自变量对不同模型的边际效应（其他条件不变）

变量	休耕政策的了解度模型			休耕政策的支持度模型				休耕政策补偿金额的满意度模型				
	$Y=1$	$Y=2$	$Y=3$	$Y=1$	$Y=2$	$Y=3$	$Y=4$	$Y=1$	$Y=2$	$Y=3$	$Y=4$	$Y=5$
家庭总人口数量	-0.0972	—	—	0.0289	0.0922	0.0135	-0.1346	-0.0071	-0.0884	-0.1110	0.1732	0.0334
年龄	-0.0926	-0.0016	0.0989	-0.0164	-0.0523	-0.0077	0.0764	-0.0120	-0.1491	-0.1872	0.2920	0.0563
性别	-0.2142	-0.0036	0.0941	-0.0269	-0.0856	-0.0126	0.1251	0.0070	0.0875	0.1099	-0.1713	-0.0330
文化程度	-0.2994	-0.0050	0.2178	0.0002	0.0007	0.0001	-0.0010	-0.0025	-0.0310	-0.0389	0.0607	0.0117
农户类型	—	—	0.3045	0.0002	0.0007	0.0001	-0.0011	-0.0148	-0.1842	-0.2314	0.3608	0.0696
抚养比	-0.0463	-0.0008	0.0471	-0.0401	-0.1277	-0.0187	0.1866	—	—	—	—	—
家庭农业劳动力总数	0.0190	0.0003	-0.0194	—	—	—	—	0.0016	0.0197	0.0247	-0.0386	-0.0074
人均非农收入	0.2073	0.0035	-0.2108	0.0526	0.1674	0.0245	-0.2445	0.0066	0.0815	0.1024	-0.1597	-0.0308
务农比例	-0.0503	-0.0008	0.0512	0.0125	0.0399	0.0059	-0.0583	-0.0012	-0.0147	-0.0184	0.0288	0.0055
人均耕地面积	—	—	—	0.0631	0.2010	0.0295	-0.2936	0.0129	0.1599	0.2009	-0.3132	-0.0604
有无使用机械	-0.0726	-0.0012	0.0739	-0.0377	-0.1202	-0.0176	0.1755	—	—	—	—	—
耕地破碎度	0.0151	0.0003	-0.0153	—	—	—	—	0.0012	0.0153	0.0193	-0.0300	-0.0058
地块亩数	—	—	—	—	—	—	—	—	—	—	—	—
耕地质量	—	—	—	—	—	—	—	0.0052	0.0652	0.0819	-0.1277	-0.0246

从表 8-6 可以发现，在农户对休耕政策的了解度模型中，当文化程度、农户类型、家庭劳动力总数和人均耕地面积这 4 个变量在 $Y=3$ 时，边际效应大于零。这表明，在其他条件不变的情况下，随着这些变量的增加农户对休耕政策的了解度的可能性增加。而在因变量 $Y=1$ 和 $Y=2$ 时这 4 组变量的边际效应显著且为负，这表明随着这些变量的增加，农户对休耕政策的了解度的可能性降低。当地块亩数变量在 $Y=1$ 和 $Y=2$ 时，边际效应为正，当农户的地块亩数的增加，农户对休耕政策的了解度的可能性增加。

在农户对休耕政策的支持度模型中，家庭总人口数量、务农比例、人均耕地面积、有无使用机械这 4 组因变量取值"$Y=1$，$Y=2$，$Y=3$"时边际效应为正，当这些变量增加，农户对休耕政策的支持度的可能性增加。当性别、抚养比、耕地破碎度这 3 组因变量取值"$Y=1$，$Y=2$，$Y=3$"时边际效应为负，随着这些变量增加，农户对休耕政策的支持度的可能性减少。

在农户对休耕政策的满意度模型中，当年龄、农户类型这 2 组因变量取值"$Y=1$，$Y=2$，$Y=3$"时边际效应为负，随着这些变量增加，农户对休耕补偿政策的满意度可能减少。当性别、务农比例、有无使用机械、地块亩数这 4 组因变量取值"$Y=1$，$Y=2$，$Y=3$"时边际效应为正，随着这些变量增加，农户对休耕补偿政策的满意度可能增加。

8.1.4 政策启示

（1）妥善解决好休耕农户剩余劳动力的转移问题。休耕将会出现大量劳动力剩余，处理好这一问题对休耕政策具有重要的意义。创造更多的非农就业机会，从根本上解决参与休耕农户的未来生计问题。

（2）加强地下水漏斗区农户的文化教育水平，并进一步加强宣传冬小麦休耕政策的力度。该地区经济、交通、教育相对落后，使得地下水漏斗区实行冬小麦休耕政策相对困难。该地区大部分农户文化水平低，就业渠道相对较少而且缺乏一定的竞争能力，导致地下水漏斗区农户收入不稳定，所以提高地下水漏斗区农户的文化教育迫在眉睫。

（3）摸清楚农户个体特征对休耕政策的态度和响应的影响程度，根据不同类型的农户特征制定不同的休耕方式，充分调动农户参与休耕的积极性，从而达到最佳效果。

（4）补偿监督机制上，中央政府应该加大对地方政府执行休耕补偿政策的监管，加强补偿的公开性、透明性，加强政府对农户的支持度。

8.2 地下水漏斗区农户冬小麦休耕意愿的影响因素及其生态补偿标准研究

8.2.1 引言

2016年我国农业部等10部门联合发布《探索实行耕地轮作休耕制度试点方案》，提出重点在东北冷凉区、北方农牧交错区等地开展轮作试点，重点在地下水漏斗区、重金属污染区和生态严重退化地区开展休耕试点。华北平原是水资源最为匮乏的地区之一，是典型的地下水脆弱区（孟素花等，2011）。而该地区主要供水水源为地下水，华北平原地区气候与降水量等自然因素的变化对地下水资源产生了巨大的影响（王金翠等，2015）。目前华北地区水资源处于高度利用状态，该地区地下水开采量占总用水量的69.81%，华北平原作为全国粮食产地大省，农业开采量占地下水总开采量的78.82%（张光辉等，2013）。伴随着华北平原人口增长，粮食的需求量不断增加，农户为了提高粮食产量，无限制地利用地下水进行灌溉使得地下水逐年下降。而冬小麦又被认为是华北最耗水的农产品，导致地下水超采严重（陈博等，2012）。过度利用地下水导致地下水位下降、海水入侵、地面沉降等一系列问题（吴爱民等，2010）。由于承压水属于不可再生资源，用一方少一方，在短时间内很难复原，因此华北平原地下水的超采治理亟待解决（张人权等，2011）。进行适当的季节性休耕有助于地下水的恢复。国家在"十三五"规划的建议中提出探索实行耕地轮作休耕制度试点，并在严重干旱缺水的河北省黑龙港地下水漏斗区（沧州、衡水、邢台等地），连续多年实施季节性休耕，实行"一季休耕、一季雨养"，将需抽水灌溉的冬小麦休耕，只种植雨热同季的春玉米、马铃薯和耐旱耐瘠薄的杂粮杂豆，减少地下水用量。而生态补偿（UNEP，2011）是确保农户进行季节性休耕的前提，是休耕政策执行的重要保障（韩洪云和喻永红，2014），是弥补休耕给农户带来的经济损失。而农户又是农业生态补偿的主要利益相关者，农户的生态补偿意愿与认知度直接决定生态补偿政策的执行效果（施翠仙等，2014）。因此，探讨地下水漏斗区农户冬小麦休耕的影响因素及其生态补偿标准，对于我国科学合理地制定地下水漏斗区耕地轮作休耕政策具有重要的理论和实践价值。

在确保粮食安全的基础上，针对华北平原地下水超采情况，提出了一些关于华北平原冬小麦休耕等的相关政策建议，如郭燕枝等（2014）针对华北平原地区地下水超采情况，在保证粮食安全的基础上，提出马铃薯替代冬小麦种植，缓解地下水资源；马月姣（2009）根据当前华北地区地下水资源与利用现状，对地下水的开发利用与保护提出了一些政策建议。还有些学者从机会成本法（李晓光等，2009）、生态系统服务价值法（Daily，1997）、条件价值评估法（张眉，2011）等来研究农户生态补偿的标准，也有一些学者研究生态补偿意愿和生态补偿意愿的影响因素等。例如，王学等（2016）采用多层 Logit 模型分析农户种植制度的影响因素，并计算出沧州市退耕的机会成本；左喆瑜（2016）以山东县宁津县为例利用条件价值法，研究河北地下水超采区农户对节水灌溉的支付意愿；李芬等（2010）运用问卷调查方法和多元 Logistic 方法分析主要影响鄱阳湖区农户生态补偿意愿因素并提出相关政策建议；韩鹏等（2012）针对脆弱生态区生态补偿政策的制定，基于 Logistic 方法分析农户受偿意愿。

通过上述文献不难发现，现有文献主要集中分析华北平原地下水超采原因，但对于地下水漏斗区农户冬小麦休耕意愿的影响因素，补偿标准的合理性，以及现行休耕补偿政策的执行效果的研究还不够深入。目前我国政府出台了一些相关政策措施，如《河北省人民政府关于印发河北省地下水超采综合治理试点方案（2015 年度）的通知》和《河北省农业厅、河北省财政厅关于印发 2015 年度河北省地下水超采综合治理是试点调整农业种植结构和农艺节水相关项目实施方案通知》对地下水超采区进行"一季雨养，一季休耕"引导农户改变种植习惯，来减缓地下水超采情况。本次研究针对这一政策，以河北省衡水市为例，从农户冬小麦休耕意愿、农产品投入产出以及农户对休耕政策制度的响应等方面进行问卷调查，以分析农户进行季节性休耕意愿的影响因素，并运用机会成本法分析每亩补贴 500 元的合理性。

试点的生态补偿数量的多少、补偿标准直接影响季节性休耕制度的可行性（代明等，2013a）。因此，本书研究的主要目的为：一是利用 Logistic 回归模型揭示出农户冬小麦休耕意愿的影响因素；二是借助机会成本法探讨河北地区季节性休耕补偿标准的合理性；三是提出地下水漏斗区冬小麦休耕的相关政策建议,从而为我国制定合理的地下水漏斗区耕地轮作休耕政策提供理论依据。

8.2.2 研究方法与数据来源

8.2.2.1 研究区概况

本研究案例区为河北省衡水市,调研区农业开采量占当地总开采量的90.20%(张光辉等,2013),目前休耕面积达到4.44万公顷,分别为桃城区1.33千公顷、冀州市1.8千公顷、饶阳县2.67千公顷、深州市3.4千公顷、武强县2.67千公顷、阜城县2.93千公顷、武邑县4.67千公顷、景县6千公顷、枣强县4.6千公顷、安平县9千公顷、故城县5.33千公顷,在未休耕地区主要种植冬小麦、夏玉米、春玉米一年两熟制。而在休耕地区侧重于夏玉米、春玉米等一年一熟制。衡水地区耕地面积有844.3千公顷,人口达到442.34万人,人均耕地面积2.863亩/人(河北经济年鉴,2015),而在无地表水替代的深层地下水超采区——衡水,适当地减少冬小麦种植面积是必要的,所以2015年政府针对衡水地区情况出台《衡水市调整种植模式和推广冬小麦节水稳产配套技术持续补助项目实施方案》,对衡水地区种植模式进行调整。目前休耕地区主要种植春玉米、夏玉米、花生、棉花、杂粮等一年一熟制的农作物,实现"一季雨养、一季休耕",充分挖掘秋粮作物雨热同期的增产潜力,最大限度地减少休耕对粮食安全的影响。

8.2.2.2 研究方法

本书采用的研究方法包括:一是采用Logistic模型分析未休耕地区农户冬小麦休耕意愿的影响因素;二是采用机会成本法,计算农户冬小麦休耕的补偿标准。

(1) Logistic模型。借助Logistic模型分析农户对冬小麦季节性休耕意愿的影响因素,对衡水地区农户是否愿意接受补偿进行主动休耕冬小麦的情况主要有两种:不愿意定义为0,愿意定义为1。p_i为农户愿意休耕的概率、$1-p_i$为不愿意休耕的概率。构建的Logistic模型如下:

$$\log\left(\frac{p_i}{1-p_i}\right) = a_0 + a_1 x_1 + a_2 x_2 + \cdots + a_n x_n + \varepsilon \quad (8-6)$$

式(8-6)中,a_0为固定截距,x_1、x_2、x_n和a_1、a_2、a_n分别表示解释变量

和系数，ε 为随机扰动项。

根据 2015 年政府下达文件，衡水市试点任务为 4.44 万公顷，目前休耕目标尚未达到，因此对未休耕农户进行冬小麦休耕意愿的影响因素研究，从农户决策者特征、家庭及生产经营特征、耕地状况和农户对国家政策制度的响应四个方面共选取了 12 个变量，变量的含义及变量赋值说明见表 8-7。

表 8-7　　　　　　　　变量释义、赋值与预期作用方向

一级变量	二级变量	变量的含义	预期方向
农户决策者特征	年龄	农户决策者的年龄取对数（ln）	-
	性别	女 = 1，男 = 2	+
	文化程度	小学及以下 = 1；初中 = 2；高中或中专 = 3；大专及以上 = 4（ln）	+
家庭及生产经营特征	劳农工日	参与务农的时间（日）	-
	家庭农业劳动力总数	从事农业生产的人数（人）	-
	农户类型	纯农户 = 0，兼农户 = 1	+
	抚养比	农户劳动力数量与总人口数量之比（%）	+
	有无使用机械	有 = 1，无 = 2	?
耕地状况	耕地质量	一、二等耕地面积占总耕地面积的比重（%）	-
	人均耕地面积	地块总面积与家庭人口总数之比（%）	-
农户对国家政策制度的响应	对休耕地下水漏斗区冬小麦休耕的态度	不支持态度 = 0；持中态度 = 1；支持态度 = 2	+
	农户对政府实行政策的信任度	很不信任 = 0；不太信任 = 1；比较信任 = 2；很信任 = 3	+

（2）机会成本法。特定区域接受"一季雨养，一季休耕"的政策安排的经济底线是生态补偿足以弥补经济损失因放弃种植冬小麦而付出的机会成本，否则该区域试点农户不愿主动休耕冬小麦。不考虑成本或假设直接成本为零（代明等，2013b），可以建立生态补偿与机会成本的关系。所以在生态补偿大于或等于机会成本时农户会主动休耕冬小麦。

①采用机会成本法来确定冬小麦休耕的补偿标准：

$$C = \beta_1 - \beta_2 \qquad (8-7)$$

式（8-7）中，C 为冬小麦的机会成本；β_1 为休耕前地块的净收益；β_2 为休耕后的净收益。在 $\beta_1 < \beta_2$ 时，理性农户选择参与休耕冬小麦，说明农户参与生态补偿获益；当 $\beta_1 = \beta_2$ 时，绝大部分农户选择继续参与休耕冬小麦，说明农户参与冬小麦休耕利益不受影响；当 $\beta_1 > \beta_2$ 时，理性农户可能不愿意参与冬小麦休耕，说明农户参与休耕冬小麦休耕利益受损。当春玉米近似于夏玉米的净收益时，机会成本就等于冬小麦净收益。当春玉米与夏玉米不等时，机会成本等于两熟制与一熟制之差。

②农作物的净收益：

$$\beta = pri \times per - \lambda_1 - \lambda_2 - \lambda_3 - \lambda_4 - \lambda_5 - \lambda_6 \tag{8-8}$$

式（8-8）中，pri 为出售农产品价格（元/斤）；per 为作物单产（斤/亩）；λ_1 为种子投入成本（元/亩）；λ_2 为农药投入成本（元/亩）；λ_3 为种子灌溉投入成本（元/亩）；λ_4 为化肥投入成本（元/亩）；λ_5 为机械投入成本（元/亩）；λ_6 为农动力投入成本（元/工日）。

③劳动力投入成本：

$$\lambda_6 = \eta \times y \tag{8-9}$$

式（8-9）中，λ_6 为劳动力总投入（工日）；η 为劳动力的影子工资；y 为单位劳动力投入（工日/亩）。

④劳动力的影子工资：

$$\eta = \varepsilon \times \frac{T}{\lambda_6} \tag{8-10}$$

式（8-10）中，T 为农业总收益（元）；λ_6 为劳动力总投入（工日）；ε 为劳动投入弹性系数。利用柯布 - 道格拉斯生产函数（McCombie and Dixon，1991）估算，模型如下：

$$\ln T = b_0 + b_1 \times \ln le + b_2 \ln \lambda_6 + b_3 \ln m + \sum (b_4 \times \theta) + \varepsilon \tag{8-11}$$

式（8-11）中，b_0 为常数项；le 为土地面积；λ_6 为劳动力天数；$\ln m$ 为资本投入；b_0、b_1、b_2、b_3 分别为弹性系数；θ 为影响农业总收益的外部因素；b_4 为影响农业总收益的对应系数；ε 为残差项。

8.2.2.3 数据来源

本研究所有数据来源于 2016 年 7~8 月中旬在河北衡水进行的农户调研。

本研究在地下漏斗区严重且用地下水灌溉的村庄选取部分休耕地区和未休耕地区进行调研，具体调研地区与问卷数量同 8.1.2.2 节。

8.2.3 结果与分析

8.2.3.1 农户冬小麦休耕意愿描述性统计分析

从调查问卷情况的初步统计分析来看，87% 的农户愿意休耕，13% 的农户不愿意休耕（见表 8-8）。由于地下水位不断下降，灌溉费用越来越贵使得农民的投入成本越来越大，大部分农户希望进行冬小麦休耕。下文中运用柯布－道格拉斯生产函数算出农户冬小麦净收益为 518.83 元/亩，与国家制定的 500 元/亩补偿标准相差不大，这也是冬小麦休耕政策得到广大农户支持的原因。

表 8-8　　　　　　　　　　休耕冬小麦意愿

问卷	是否愿意改造	
	份数	比例（%）
愿意	172	87
不愿意	26	13

小部分农户不愿意接受生态补偿进行休耕。通过调查发现，主要有两种原因：一是生态补偿低于种植冬小麦收入；二是农户对耕地存在依赖，认为种植冬小麦生活才有保障。

8.2.3.2 农户冬小麦休耕的影响因素 Logistic 回归分析

依据前文选取指标，运用 EViews7.2 软件进行运算，得出农户冬小麦休耕影响因素的统计结果，具体见表 8-9。

表 8-9　　　　　　农户休耕意愿影响因素统计结果

项目	影响因素	系数	标准误差	Z 值	P 值
农户决策者特征	年龄	-4.1992	33.6468	-0.1248	0.9007
	性别	0.8804	1.2428	0.7084	0.4787
	文化程度	5.0116**	2.2715	2.2063	0.0274

续表

项目	影响因素	系数	标准误差	Z值	P值
家庭及生产经营特征	劳农工日	-6.4843**	2.8307	-2.2907	0.0220
	家庭农业劳动力总数	1.2426*	0.7218	1.7214	0.0852
	农户类型	0.7667	1.8097	0.4236	0.6718
	抚养比	3.8679*	2.0747	1.8643	0.0623
	有无使用机械	-0.8541	2.0061	-0.4258	0.6703
耕地状况	耕地质量	-8.4463*	4.4244	-1.9090	0.0563
	人均耕地面积	-1.6064*	0.9633	-1.6676	0.0954
农户对国家政策制度的响应	对休耕地下水漏斗区冬小麦休耕的态度	1.2020*	0.6812	1.7645	0.0777
	农户对政府实行政策的信任度	1.5660*	0.8399	1.8644	0.0623

McFadden R-squared = 0.6916

Prob(LR statistic) = 0.0000

Total obs = 198

注：* 代表10%，** 代表5%，*** 代表1% 的显著水平。

（1）农户决策者特征因素的影响。从表8-9可以看出，在农户决策者特征因素中，文化程度对休耕有着显著正向影响，这一结果与高佳和李世平（2014）的研究成果基本一致。文化程度对休耕意愿的估计系数通过了5%显著水平检验，P值为0.0274，表明文化程度越高的农户休耕意愿越大，与预期一致。这主要有两个方面的原因，一方面是文化程度越高的农户越了解地下水漏斗带来生产和生活的危害性，因此更愿意休耕；另一方面是农户文化程度越高，从事非农的技能水平越高，因而从事非农工作机会越多，对耕地依赖性越小，这些农户也就更愿意休耕。调查结果显示不愿意休耕的农户中，文盲占比为61%，小学文化程度占28%，初中文化水平占11%。由此可知，农户文化程度对休耕意愿起到至关重要的影响。

（2）家庭及生产经营特征因素的影响。从表8-9可以看出，在家庭及生产特征因素中，务农工日对休耕意愿的估计系数通过了5%显著性水平检验，P值为0.022，务农工日对休耕意愿呈负向显著影响，表明务农工日越长，农户越不愿休耕，与预期一致，这主要是因为农户的务农工日越少，农户投入非农产业的时间也就越多，对耕地的依赖性越小，因此更愿意休耕。家庭农业劳动力总数通过了10%水平显著性检验，P值为0.0852，家庭农业劳动力总数与农户休耕意愿呈正向显著影响，与预期不一致。这主要是因为家庭劳动力多，投入非农产业的人员越多，产生的非农收益越多，因此更愿意休耕。抚养比与休耕意愿呈正向显著影响，抚养比的估计系数值通过了10%显著水平检验，P值为0.0623，这表明抚养比越大休耕意愿越强，与预期一致，其原因是抚养比越大农户压力越大，微薄的农业收入根本不够支撑起更多的开销，所以农户支持休耕从而有更多时间从事非农工作。

（3）耕地特征的因素的影响。从表8-9可以看出，耕地质量对休耕态度成负向显著影响，这一结果与李争和杨俊（2015）的研究成果基本一致。耕地质量的估计系数值通过了10%的显著水平检验，P值为0.0563，与预期方向一致。这表明耕地质量越高农户越不愿意休耕。其原因是耕地质量好，产量高，收益越大，休耕意愿越不强烈。人均耕地面积与休耕意愿呈负向显著影响，人均耕地面积的估计系数值通过了10%显著水平检验，P值为0.0954，这表明人均耕地面积越大，农户休耕意愿越小，与预期一致。其原因是较大的农户人均耕地面积便于农户进行大规模的机械化生产，从而减少生产成本，提高农产品的净收益，能带来一定的种植冬小麦利润，因此休耕意愿越小。

（4）农户对国家政策制度的响应对休耕意愿的影响。从表8-9可以看出，农户对地下水漏斗区的休耕态度与休耕意愿呈正向显著影响，与预期一致。估计系数通过了10%的显著性水平检验，P值为0.0777。由此可知，农户越支持地下水漏斗区休耕政策，农户的冬小麦休耕意愿越大。农户对政府实行政策的信任度与休耕意愿呈正向显著影响，与预期一样，估计系数值通过了10%的显著性水平检验，P值为0.0623。由此可知农户对政府的信任度是休耕政策实行的重要前提，农户对政府实施政策的信任度直接刺激农户进行休耕的积极性，影响农户休耕意愿。

8.2.3.3 冬小麦机会成本分析

利用198份调查问卷中的数据，根据柯布—道格拉斯生产函数，运用EViews7进行最小二乘法OLS的回归。其中被解释变量就是农业总收益，解释变量分别是种植农作物的耕地面积、投入劳动力的天数、资本投入、优质耕地面积占比、务农劳动力中男性的占比、农户决策者年龄、决策者的受教育程度。回归结果如表8-10所示。

表8-10　　　　　衡水地区柯布-道格拉斯生产函数估计结果

变量	系数	标准误差	t值	P值
常数	3.549666	0.40412	8.783697	0.0000
耕地面积	0.483943	0.076475	6.328083	0.0000
劳动天数	0.017185	0.037602	0.457016	0.6482
资本投入	0.531361	0.05161	10.29575	0.0000
优质耕地面积占比	0.490016	0.11646	4.207602	0.0000
务农劳动力中男性占比	-0.133859	0.115139	-1.162589	0.2465
决策者年龄	0.010487	0.045116	0.232451	0.8164
决策者受教育程度	-0.054251	0.03066	-1.769452	0.0784

Included observations：198

R-squared = 0.821893

Prob(F - statistic) = 0.000000

根据表8-10，结果显示种植农作物的耕地面积、资本投入、优质耕地面积占比和决策者受教育程度等与农户总收益存在显著的相关关系。估计模型中，$R^2 = 0.822$，F检验效果很好，说明模型的拟合程度效果较好，可信度高。其中劳动力总投入的弹性系数为0.017185（最后取0.02）系数，代入公式（8-10）得出衡水市2015年务农劳动力的平均影子工资为31.45元/日。根据本次调研可知，在同等地块上种植春、夏玉米是投入和产出基本一样，净收益基本相等。所以将平均影子工资代入式（8-11）计算出冬小麦净收益。一般补偿标准采取均值作为生态补偿的标准（万本太和邹首民，2008），由此得出农户休耕冬小麦的机会成本为518.83元/亩，衡水地区冬小麦机会成本分布见图8-2，根据本书计算的生态补偿金额可知与国家制定的生态补偿金额有所差异，所以在实行休耕前政府应该提前进行调研，从而确定生态补偿标准。政府在实行休耕政策前，应当考虑当前设定的生态补偿是否能激起农户参与休耕的积极性，是否会阻碍休耕政策的实施等问题。

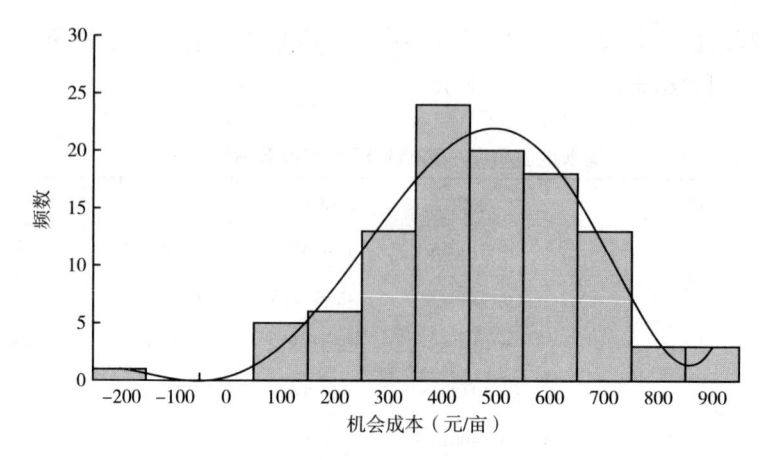

图 8-2 衡水地区冬小麦机会成本

8.2.4 政策启示

（1）本次调研结果的补偿标准为 518.83 元/亩，而王学（2016）对河北省沧县的调研结果显示休耕冬小麦的补偿参考值为 350 元/亩，这可能与当时调研时农产品价格有较大的关系。而国家给出的补偿标准为 500 元/亩，也有些差异，但相差不大。因此，生态补偿不应该"一刀切"，应因地制宜地制定补偿标准。政府应该选取试点提前进行调研，根据当地情况来进行制定休耕政策及补偿标准。同时补偿标准应该根据每年粮食价格的波动进行合理的调整。

（2）生态补偿应该主要针对选取地下水灌溉的地区且从事耕作的农户进行生态补偿。

（3）政府应该在地下水漏斗区发展绿色产业，转移休耕带来的劳动力剩余，减少农户对耕地的依赖程度。

（4）加强地下水漏斗区耕地休耕政策的宣传力度，通过电视、广播、讲座等方式提高农户对休耕政策的认知度，增强农户保护地下水资源意识。积极配合地下水保护政策实施，以保证华北平原地下水的可持续发展战略。

（5）进一步加强建立完整耕地休耕补偿制度，健全休耕农户的政策保障制度。加大财政支持，引进先进技术并进行技术指导，并对农户进行技术培训促进剩余劳动力转移是休耕顺利进行的重要保证。

（6）适当压减依靠地下水灌溉的冬小麦面积，将一年两熟制改为一年一熟制，实现"一季雨养，一季休耕"，充分挖掘秋粮作物雨热同期的增产潜力，引导农户改变种植习惯。

8.3 不同类型农户耕地休耕行为与地方政府休耕补贴行为的演化博弈分析

8.3.1 引言

耕地轮作休耕是全世界解决农业生态环境恶化、水资源短缺等问题普遍采用的方法（吴箐和谢花林，2017）。2015年《中共中央关于制定国民经济和社会发展第十三个五年规划的建议》中指出国家可以根据财力和粮食供求状况，着重在地下水漏斗区、重金属污染区、生态严重退化区开展休耕试点，并于2016年启动耕地轮作休耕制度试点，2017年进一步扩大休耕面积，达80万公顷。但我国休耕政策在试点区域具体实施过程中，由于信息不对称和经济利益的驱动，经常出现农户休耕却拿不到补贴额、农户拿了补贴额却仍然在耕地上种植农作物等问题，这些问题严重阻碍休耕政策的顺利实施，亟待解决。农户是耕地休耕的主体，国家统计局在农村住户调查方案中提出，将农业收入占总收入90%以上的农户称为纯农户，农业收入占总收入5%~90%的农户称为兼农户，农业收入占总收入5%以下的农户称为非农户。其中纯农户的生计策略为农业，休耕后劳动力不能转移到其他产业，不仅失去了种植农作物带来的收益，而且无法获取非农收益；兼农户的生计策略为兼业，休耕后劳动力可以转移到其他产业，虽然失去了种植农作物带来的收益，但可以将种植农作物的时间全部用来从事其他产业以获取更多的非农收益；非农户的生计策略为非农业，种植农作物主要为了食用，故休耕并不影响非农户的家庭收入。不同类型农户由于生计策略差异较大，导致休耕意愿及对政府休耕政策的响应度差异较大。因此具体分析不同类型农户和地方政府在休耕过程中的策略选择是保障休耕政策顺利实施，实现生态效益最大化的前提。

耕地休耕的目的是使已经受到生态破坏的耕地得以休养生息（俞振宁等，2018），也是耕作制度的一种类型或模式（黄国勤和赵其国，2017）。陈展图和杨庆媛（2017）、何浦明等（2017）、张慧芳等（2013）及汉斯等（Khan S. et al.，2008）对休耕的社会经济效益进行了研究，得出耕地休耕政策的实施有利于改善生态环境和提高社会经济发展水平的结论。耕地休耕是需要农户参与的一项政策，农户的休耕意愿决定了休耕政策的执行效果（施翠仙等，2014），国内外大量学者对农户休耕意愿的影响因素进行了深入研究，发现农户休耕意愿受农户家庭特征、土地特征、农户决策者个体特征及其对政策、环境等的认知等因素的综合影响（刘丹等，2019；柳荻等，2018；龙玉琴等，2017；俞振宁等，2017；王学等，2017；Siebert et al.，2010；Reimer et al.，2013；Sitterley et al.，1944）。农户是休耕的利益主体，合理的休耕补偿是休耕政策顺利实施的保障（韩洪云和喻永红，2014；Cooper and Osborn，1998；Fraser and Waschik，2005）。罗尔和帕克（Lohr and Park，1995）研究得出，在伊利诺伊州，补偿金额每增加 1 元，土地所有者参与休耕的概率增加 4%。实行休耕补偿政策首先得确定合理的补偿标准，谢花林等（Xie et al.，2017）对重金属污染区农户休耕补偿标准进行研究，得出江西省农户的 WTP 为 839.34 元/亩，湖南省为 934.39 元/亩。李晓光等（2009）、戴莉等（Daily et al.，1997）及张眉等（2011）分别用机会成本法、生态系统服务价值法及条件价值评估法研究休耕的补偿标准。但休耕补偿是否能推动农户参与休耕，取决于农户对补偿标准是否满意（Yu and Cai，2015），有研究表明兼业程度、家庭人均收入等农户家庭经济指标是影响农户补偿需求的主要因素（陈伊多等，2018；曾黎等，2018；俞振宁等，2018；2017；尹珂和肖轶，2015；韩鹏等，2012；Bruce et al.，2003；Ibendahl，2004）。此外，还有学者对我国休耕地的空间配置进行了研究，杨庆媛等（2018）以国家休耕试点县——贵州省晴隆县为例，综合运用 VSD 脆弱性评估框架、灰色预测模型 GM (1, 1) 和 GIS 空间分析等方法，通过休耕地初判、休耕地修正、休耕地优选三个步骤实现休耕地的分区布局，据此探讨喀斯特生态脆弱区休耕地空间配置的实现路径与技术方法。

　　综上所述，现有的文献及学者研究，偏重于分析休耕的社会经济效益、农户休耕意愿、农户休耕响应度、休耕的补偿标准等，但涉及休耕参与主体间的利益关系问题则鲜有学者探讨。尤其缺乏学者定量研究不同类型农户与地方政府行为选择的影响因素，以及如何控制这些因素使双方均向既定目标方向演化。在此基础上，本书基于有限理性和不完全信息理论，分别将不同类型农户的耕地休耕行为和地方政府休耕补贴行为进行联合分析，通过构建不同类型农户与地方政府行为的演化博弈模型,分析演化博弈稳定均衡策略;针对不理想的稳定均衡策略,引入中央政府监管机制进行经济惩罚作为约束条件,构建约束条件下不同类型农户与地方政府的演化博弈模型,并通过分析局部均衡点的演化稳定性,提出促使博弈系统向最优稳定均衡策略演化的必要条件,为政府顺利实施休耕政策提供理论上的借鉴。

8.3.2 纯农户与地方政府的演化博弈分析

8.3.2.1 模型假设

演化博弈模型有两个参与主体,即纯农户和地方政府。纯农户的行为集合是(休耕,不休耕),地方政府的行为集合是(补贴,不补贴)。

假设1:纯农户选择休耕的概率是 $x(0 \leqslant x \leqslant 1)$,选择不休耕的概率是 $1-x$;地方政府选择补贴的概率是 $y(0 \leqslant y \leqslant 1)$,选择不补贴的概率是 $1-y$。

假设2:纯农户选择休耕,便失去了种植农作物带来的收益,如果地方政府选择补贴,且每亩休耕地年补贴金额为 I,则纯农户收益为 Ia(a 为休耕面积);如果地方政府选择不补贴,则纯农户收益为0。

假设3:纯农户选择不休耕,可以获得种植农作物带来的收益 c,如果地方政府选择补贴,纯农户收益为 $Ia+c$;如果地方政府选择不补贴,纯农户收益为种植农作物带来的收益 c。

假设4:地方政府选择补贴,需要支付补贴额 Ia,如果纯农户选择休耕,地方政府可以获得生态收益 R,此时地方政府净收益为 $R-Ia$;如果纯农户选择不休耕,则地方的净收益为 $-Ia$。

假设5:地方政府选择不补贴,不需要支付补贴额,如果纯农户选择休耕,则地方政府可以获得生态收益 R;如果纯农户选择不休耕,则地方政府净收益为零。

8.3.2.2 模型构建

基于以上假设,构建纯农户与地方政府的支付矩阵如表8-11所示。

表 8-11　　　　　　　　　　纯农户与地方政府的支付矩阵

		地方政府	
		补贴（y）	不补贴（$1-y$）
纯农户	休耕（x）	($Ia, R-Ia$)	($0, R$)
	不休耕（$1-x$）	($Ia+c, -Ia$)	($c, 0$)

根据表 8-11 计算得到纯农户选择休耕策略的复制动态方程为：

$$\frac{\mathrm{d}x}{\mathrm{d}t} = F(x) = x(E_{11} - \overline{E_1}) = x(x-1)c \tag{8-12}$$

式（8-12）中，$\frac{\mathrm{d}x}{\mathrm{d}t}$ 表示纯农户选择休耕策略的概率随时间推移的变化速率。

地方政府选择补贴策略的复制动态方程为：

$$\frac{\mathrm{d}y}{\mathrm{d}t} = F(y) = y(E_{21} - \overline{E_2}) = y(y-1)Ia \tag{8-13}$$

式（8-13）中，$\frac{\mathrm{d}y}{\mathrm{d}t}$ 表示地方政府选择补贴策略的概率随时间推移的变化速率。

8.3.2.3　均衡点及稳定性分析

令 $F(x)=0$、$F(y)=0$，可得该演化博弈系统有 4 个局部均衡点，分别为 $(0,0)$、$(0,1)$、$(1,0)$ 和 $(1,1)$。可借助雅克比矩阵分析这 4 个局部均衡点的稳定性，该博弈系统的雅可比矩阵为：

$$J = \begin{bmatrix} \dfrac{\partial F(x)}{\partial x} & \dfrac{\partial F(x)}{\partial y} \\ \dfrac{\partial F(y)}{\partial x} & \dfrac{\partial F(y)}{\partial y} \end{bmatrix} \tag{8-14}$$

根据式（8-12）、式（8-13）可得该雅克比矩阵的行列式和迹分别为：

$$\det J = \frac{\partial F(x)}{\partial x} \cdot \frac{\partial F(y)}{\partial y} - \frac{\partial F(x)}{\partial y} \cdot \frac{\partial F(y)}{\partial x} = (2x-1)(2y-1)cIa \tag{8-15}$$

$$tr.J = \frac{\partial F(x)}{\partial x} + \frac{\partial F(y)}{\partial y} = (2x-1)c + (2y-1)Ia \tag{8-16}$$

根据弗里德曼的思想,如果在点 (x, y) 处有 $det.J > 0$,$tr.J < 0$,那么 (x, y) 为稳定均衡点,相应的策略为稳定均衡策略。因此,可以通过计算这 4 个局部均衡点的行列式($det.J$)和迹($tr.J$)来判断它们的稳定性。4 个局部均衡点对应的行列式和迹的值如表 8 – 12 所示。

表 8 – 12　纯农户与地方政府博弈系统雅克比矩阵行列式和迹的值

均衡点	$det.J$	符号	$tr.J$	符号
(0, 0)	cIa	+	$-c-Ia$	-
(0, 1)	$-cIa$	-	$-c+Ia$	不定
(1, 0)	$-cIa$	-	$c-Ia$	不定
(1, 1)	cIa	+	$c+Ia$	+

由表 8 – 12 可知,只有点 (0, 0) 为稳定均衡点,相应的稳定均衡策略为(不休耕,不补贴),但该策略并非理想的均衡策略。在土壤退化的耕地上种植农作物,既不利于生态修复,又不利于保障粮食安全。所以,要引入第三方加以约束,通过建立约束机制来保证休耕政策的顺利实施,从而改善生态环境,提高耕地质量,保障粮食安全。

8.3.2.4　引入约束机制的纯农户与地方政府间演化博弈分析

由上文分析可知,没有外界限定条件的情况下,纯农户和地方政府博弈的稳定均衡策略不是社会所期盼的最优策略,故要想促进休耕政策的顺利实施,改善生态环境,必须引入外界约束条件。中央政府对不合作的农民和官员给予惩罚,有利于激励地方政府和农民配合中央政策(Xie et al., 2018)。本书通过引入中央政府监管机制对纯农户及地方政府行为进行监管,如果地方政府给予了补贴,但纯农户并未休耕,则对纯农户实行金额为 T 的经济惩罚;如果纯农户休耕,但地方政府并未给予补贴,则对地方政府实行金额为 T 的经济惩罚。实行惩罚策略后,纯农户与地方政府的支付矩阵见表 8 – 13。

表 8 – 13　约束机制下纯农户与地方政府的支付矩阵

		地方政府	
		补贴 (y)	不补贴 ($1-y$)
纯农户	休耕 (x)	($Ia, R-Ia$)	($0, R-T$)
	不休耕 ($1-x$)	($Ia+c-T, -Ia$)	($c, 0$)

根据表 8-13 计算得到纯农户选择休耕策略的复制动态方程为：

$$\frac{\mathrm{d}x}{\mathrm{d}t} = F(x) = x(E_{11} - \overline{E_1}) = x(x-1)(c - yT) \qquad (8-17)$$

地方政府选择补贴策略的复制动态方程为：

$$\frac{\mathrm{d}y}{\mathrm{d}t} = F(y) = y(E_{21} - \overline{E_2}) = y(y-1)(Ia - xT) \qquad (8-18)$$

令 $F(x) = 0$、$F(y) = 0$，可得该博弈系统有 5 个局部平衡点分别为：$A(0,0)$、$B(0,1)$、$C(1,0)$、$D(1,1)$ 和 $E\left(\frac{Ia}{T}, \frac{c}{T}\right)$，并借助雅克比矩阵分析这 5 个局部均衡点的稳定性。

根据式（8-17）、式（8-18）可得，该雅克比矩阵的行列式和迹分别为：

$$\begin{aligned}\det J &= \frac{\partial F(x)}{\partial x} \cdot \frac{\partial F(y)}{\partial y} - \frac{\partial F(x)}{\partial y} \cdot \frac{\partial F(y)}{\partial x} \\ &= (2x-1)(2y-1)(c-yT)(Ia-xT) - xy(x-1)(y-1)T^2\end{aligned} \qquad (8-19)$$

$$\mathrm{tr}\, J = \frac{\partial F(x)}{\partial x} + \frac{\partial F(y)}{\partial y} = (2x-1)(c-yT) + (2y-1)(Ia-xT) \qquad (8-20)$$

由于中心点 $E\left(\frac{Ia}{T}, \frac{c}{T}\right)$ 所对应雅克比矩阵的迹为零，不满足 $\mathrm{tr}\,J < 0$，故该点肯定不是演化稳定均衡点。以下将根据稳定性的判定条件分析 A、B、C、D 4 个局部均衡点的演化稳定性，各均衡点对应的雅克比矩阵行列式和迹的值如表 8-14 所示。根据表 8-14 可知，当 $c - T \neq 0$ 且 $Ia - T \neq 0$ 时，需要分 4 种情况具体分析各局部均衡点的稳定性，结果见表 8-15。

表 8-14　纯农户与地方政府博弈系统雅克比矩阵行列式和迹的值

均衡点	$\det J$	$\mathrm{tr}\,J$
$A(0,0)$	cIa	$-c - Ia$
$B(0,1)$	$-(c-T)Ia$	$-(c-T) + Ia$
$C(1,0)$	$-c(Ia-T)$	$c - (Ia-T)$
$D(1,1)$	$(c-T)(Ia-T)$	$c - T + Ia - T$

表 8-15　　　　　纯农户与地方政府博弈系统的局部稳定性分析结果

条件	均衡点	det. J	tr. J	稳定性
$c-T>0$, $Ia-T>0$	A	+	−	ESS
	B	−	±	鞍点
	C	−	±	鞍点
	D	+	+	不稳定点
$c-T>0$, $Ia-T<0$	A	+	−	ESS
	B	−	±	鞍点
	C	+	+	不稳定点
	D	−	±	鞍点
$c-T<0$, $Ia-T>0$	A	+	−	ESS
	B	+	+	不稳定点
	C	±	±	鞍点
	D	−	±	鞍点
$c-T<0$, $Ia-T<0$	A	+	−	ESS
	B	+	+	不稳定点
	C	+	+	不稳地点
	D	+	−	ESS

从表 8-15 可以看出，只有当 $c-T<0$ 且 $Ia-T<0$ 时，社会所期盼的最优策略（休耕，补贴）才为博弈的稳定均衡策略，其余情况下（休耕，补贴）为博弈的不稳定均衡策略。因此，要使最有利于休耕政策顺利实施的策略成为博弈的稳定均衡策略，需要满足条件：$T>c$ 且 $T>Ia$。但在该条件下，（不休耕，不补贴）也为博弈的演化稳定均衡策略，故博弈系统最终可能收敛于社会所期盼的最优策略（休耕，补贴），也有可能收敛于不理想的策略（不休耕，不补贴）。根据博弈双方的复制动态方程和稳定性分析，可画出 $T>c$ 且 $T>Ia$ 条件下纯农户与政府的复制动态相位图如图 8-3 所示。其中，折线 BEC 为系统收敛于不同状态的临界线。如果博弈的初始策略组合落在折线 BEC 右上方，即区域 $BECD$，系统最终收敛于（休耕，补贴），有利于休耕政策的顺利实施；如果博弈初始策略组合落在折线 BEC 左下方，即区域 $ABEC$，系统将收敛于（不休耕—不补贴），休耕政策完全没有实施。

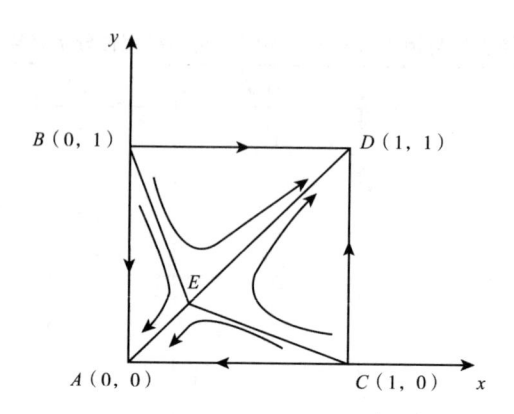

图 8-3 纯农户与地方政府复制动态相位图

由上述分析可知，区域 BECD 的面积越大，博弈系统收敛于最优策略（休耕，补贴）的概率越大，从而休耕政策顺利实施的概率越大。中心点 $E\left(\dfrac{Ia}{T},\dfrac{c}{T}\right)$ 的位置越往左下方移动，区域 BECD 的面积越大，即地方政府的补贴额度越小、纯农户种植农产品收益越小、中央政府的罚金越高，博弈系统收敛于最优策略（休耕，补贴）的概率越大。因此，在惩罚约束机制下，要实现纯农户休耕、地方政府补贴这一最优策略组合，中央政府的罚金需要同时大于纯农户种植农作物的收益以及地方政府的补贴金额，同时地方政府补贴额度不宜过高，并且纯农户种植农产品收益越低，其休耕意愿越高。

8.3.2.5 仿真分析

本节对纯农户耕地休耕行为和地方政府休耕补贴行为进行了演化博弈分析，为了验证博弈分析的结论和更加直观地展现演化路径，下面运用 Python3.7 软件演化仿真具体参数变化下，纯农户和地方政府的演化稳定均衡策略。

（1）在没有中央政府加以约束的条件下，稳定均衡点为（0，0），相应的稳定均衡策略为（不休耕，不补贴）。设定参数值 $c=6$，$I=4$，$a=5$，并分别取 x，y 的初始值为（0.3，0.7）和（0.6，0.4），仿真结果如图 8-4 所示。结果表明，无论纯农户和地方政府选择策略的初始概率值如何，纯农户最终都会选择不休耕，地方政府最终都会选择不补贴。

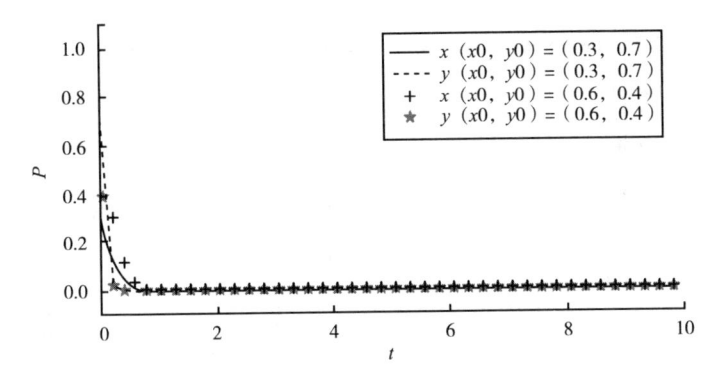

图 8-4　纯农户和地方政府在没有中央政府加以约束条件下的仿真结果

（2）在引入中央政府监管机制对纯农户和地方政府行为进行监管的约束机制下，只有当 $c-T<0$ 且 $Ia-T<0$ 时，社会所期盼的最优策略（休耕，补贴）才为博弈的稳定均衡策略，但在该条件下，（0,0）和（1,1）均为系统演化稳定均衡点，且中心点 $E\left(\dfrac{Ia}{T},\dfrac{c}{T}\right)$ 的位置越往左下方移动，系统收敛于（休耕，补贴）的概率越大。分别设置 $c=7$，$T=10$，$I=4$，$a=2$，满足 $c-T<0$，$Ia-T<0$ 且中心点 $E\left(\dfrac{Ia}{T},\dfrac{c}{T}\right)$ 位置偏右上方；$c=8$，$T=30$，$I=3$，$a=2$，满足 $c-T<0$，$Ia-T<0$ 且中心点 $E\left(\dfrac{Ia}{T},\dfrac{c}{T}\right)$ 位置偏左下方，并分别取 x，y 的初始值为（0.3，0.7）和（0.6，0.4），仿真结果分别如图 8-5、图 8-6 所示。结果表明，当 $c-T<0$，$Ia-T<0$ 且中心点 $E\left(\dfrac{Ia}{T},\dfrac{c}{T}\right)$ 位置偏右上方时，

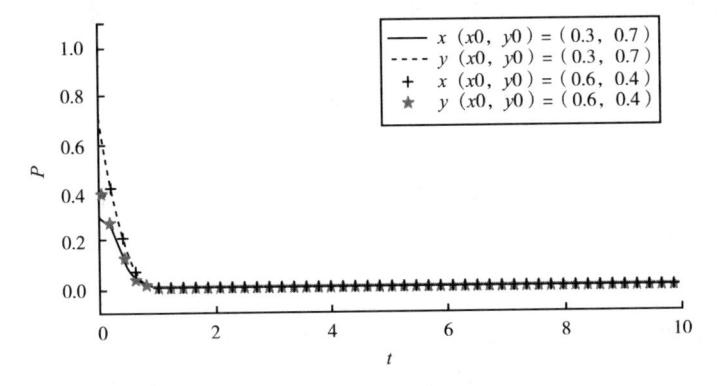

图 8-5　$c-T<0$，$Ia-T<0$ 且中心点 $E\left(\dfrac{Ia}{T},\dfrac{c}{T}\right)$ 位置偏右上方时的仿真结果

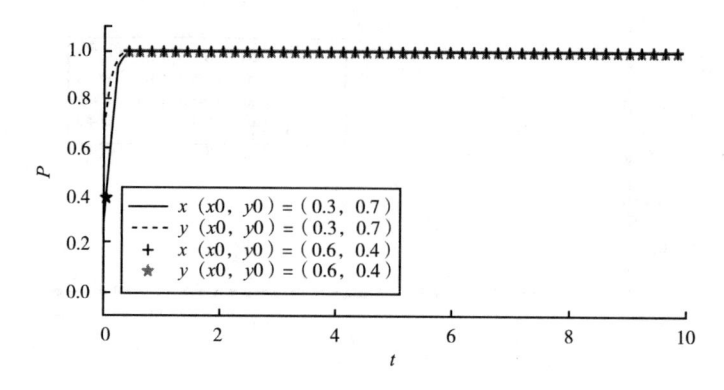

图 8-6　$c-T<0$，$Ia-T<0$ 且中心点 $E\left(\dfrac{Ia}{T},\dfrac{c}{T}\right)$ 位置偏左下方时的仿真结果

无论纯农户和地方政府选择策略的初始概率值如何，纯农户最终都会选择不休耕，地方政府最终都会选择不补贴；当 $c-T<0$，$Ia-T<0$ 且中心点 $E\left(\dfrac{Ia}{T},\dfrac{c}{T}\right)$ 位置偏左下方时，无论纯农户和地方政府选择策略的初始概率值如何，纯农户最终都会选择休耕，地方政府最终都会选择补贴。

8.3.3　纯兼农户与地方政府的演化博弈分析

8.3.3.1　模型假设

演化博弈模型有两个参与主体，即兼农户和地方政府。兼农户的行为集合是（休耕，不休耕），地方政府的行为集合是（补贴，不补贴）。

假设1：兼农户选择休耕的概率是 $x(0\leqslant x\leqslant 1)$，选择不休耕的概率是 $1-x$；地方政府选择补贴的概率是 $y(0\leqslant y\leqslant 1)$，选择不补贴的概率是 $1-y$。

假设2：兼农户选择休耕，失去了种植农作物带来的收益，但可以将种植农作物的时间全部用来从事其他产业以获取更多的非农收益 r，如果地方政府选择补贴，且每亩休耕地年补贴金额为 I，则兼农户收益为 $Ia+r$（a 为休耕面积）；如果地方政府选择不补贴，则兼农户收益为 r。

假设3：兼农户选择不休耕，可以同时获得种植农作物的收益 c，以及从事其他产业的收益 r^{*}，在此基础上，如果地方政府选择补贴，兼农户收益为政府补贴额、种植农作物带来的收益以及从事其他产业的收益之和 $Ia+r^{*}+c$；如果地方政府选择不补贴，兼农户收益为种植农作物带来的收益和从事其他

产业的收益 $r^* + c$。

假设 4：地方政府选择补贴，需要支付补贴额 Ia，如果兼农户选择休耕，地方政府可以获得生态收益 R，此时地方政府净收益为 $R - Ia$；如果兼农户选择不休耕，则地方的净收益为 $-Ia$。

假设 5：地方政府选择不补贴，不需要支付补贴额，如果兼农户选择休耕，则地方政府可以获得生态收益 R；如果兼农户选择不休耕，则地方政府净收益为零。

8.3.3.2 模型构建

基于以上假设，构建兼农户与地方政府的支付矩阵如表 8-16 所示。

表 8-16　　　　　　　　兼农户与地方政府的支付矩阵

		地方政府	
		补贴 (y)	不补贴 ($1-y$)
兼农户	休耕 (x)	($Ia+r, R-Ia$)	(r, R)
	不休耕 ($1-x$)	($Ia+r^*+c, -Ia$)	($r^*+c, 0$)

根据表 8-16 计算得到兼农户选择休耕策略的复制动态方程为：

$$\frac{dx}{dt} = F(x) = x(E_{11} - \overline{E_1}) = x(x-1)(r^*+c-r) \quad (8-21)$$

这里 $\frac{dx}{dt}$ 表示兼农户选择休耕策略的概率随时间推移的变化速率。

地方政府选择补贴策略的复制动态方程为：

$$\frac{dy}{dt} = F(y) = y(E_{21} - \overline{E_2}) = y(y-1)Ia \quad (8-22)$$

这里 $\frac{dy}{dt}$ 表示地方政府选择补贴策略的概率随时间推移的变化速率。

8.3.3.3 均衡点及稳定性分析

令 $F(x) = 0$、$F(x) = 0$，可得该演化博弈系统有 4 个局部均衡点，分别为：$(0,0)$、$(0,1)$、$(1,0)$ 和 $(1,1)$。并借助雅克比矩阵分析这 4 个局部均衡点的稳定性。

根据式（8-21）、式（8-22）可得该雅克比矩阵的行列式和迹分别为：

$$\det. J = \frac{\partial F(x)}{\partial x} \times \frac{\partial F(y)}{\partial y} - \frac{\partial F(x)}{\partial y} \times \frac{\partial F(y)}{\partial x} \quad (8-23)$$
$$= (2x-1)(r^*+c-r)(2y-1)Ia$$

$$tr. J = \frac{\partial F(x)}{\partial x} + \frac{\partial F(y)}{\partial y} = (2x-1)(r^*+c-r) + (2y-1)Ia \quad (8-24)$$

根据弗里德曼的思想，如果在点 (x,y) 处有 $\det. J > 0$，$tr. J < 0$，那么 (x,y) 为稳定均衡点，相应的策略为稳定均衡策略。各均衡点行列式和迹的值如表 8-17 所示。根据表 8-17 可知，当 $r^*+c-r \neq 0$ 时，需要分两种情况具体分析各均衡点的稳定性，结果见表 8-18。

表 8-17　兼农户与地方政府博弈系统雅克比矩阵行列式和迹的值

均衡点	$\det. J$	$tr. J$
(0,0)	$(r^*+c-r)Ia$	$-(r^*+c-r)-Ia$
(0,1)	$-(r^*+c-r)Ia$	$-(r^*+c-r)+Ia$
(1,0)	$-(r^*+c-r)Ia$	$(r^*+c-r)-Ia$
(1,1)	$(r^*+c-r)Ia$	$(r^*+c-r)+Ia$

表 8-18　兼农户与地方政府博弈系统的局部稳定性分析结果

均衡点	$r^*+c<r$ $\det. J$	$tr. J$	稳定性	$r^*+c>r$ $\det. J$	$tr. J$	稳定性
(0,0)	−	±	鞍点	+	−	ESS
(0,1)	+	+	不稳定点	−	±	鞍点
(1,0)	+	−	ESS	−	±	鞍点
(1,1)	−	±	鞍点	+	+	不稳定点

由表 8-18 可知，当 $r^*+c<r$ 时，只有点 (1,0) 为稳定均衡点，即兼农户与地方政府博弈的稳定均衡策略为（休耕，不补贴），有利于休耕政策顺利实施。即当兼农户将所有时间全部用来从事其他产业所获得收益大于一边从事其他产业一边种植农作物所获取的收益时，不仅能顺利完成休耕政策，改善当地生态环境，提高粮食安全，而且地方政府还不用给予休耕补贴，从而减轻当地政府财政压力。

当 $r^*+c>r$ 时，只有点 (0,0) 为稳定均衡点，相应的稳定均衡策略为（不休耕，不补贴），该策略并非理想的均衡策略。即当兼农户将所有时间全部用来从事其他产业所获得收益小于一边从事其他产业一边种植农作物所获取的收益时，兼农户和地方政府的博弈结果是休耕政策得不到实施，农户继续在土壤退化的耕地上种植农作物，既不利于生态环境的改善，又不利于保障粮食安全。所以，要引入第三方加以约束，通过建立约束机制来保证休耕政策的顺利实施。

8.3.3.4 引入约束机制的兼农户与地方政府间演化博弈分析

由上文分析可知，当 $r^* + c > r$，即兼农户一边种植农作物一边从事其他产业所获得的总收益大于将所有时间都用于从事其他产业所获取的收益时，在没有外界约束条件的情况下，兼农户和地方政府博弈的稳定均衡策略不是社会所期盼的最优策略，故要想促进休耕政策的顺利实施，改善生态环境，必须引入外界约束条件。本书通过引入中央政府监管机制对兼农户及地方政府行为进行监管，如果地方政府给予了补贴，但兼农户并未休耕，则对兼农户实行金额为 T 的经济惩罚；如果兼农户休耕，但地方政府并未给予补贴，则对地方政府实行金额为 T 的经济惩罚。实行惩罚策略后，兼农户与地方政府的支付矩阵见表 8-19。

表 8-19　　　　约束机制下兼农户与地方政府的支付矩阵

		地方政府	
		补贴（y）	不补贴（$1-y$）
兼农户	休耕（x）	($Ia+r, R-Ia$)	($r, R-T$)
	不休耕（$1-x$）	($Ia+r^*+c-T, -Ia$)	($r^*+c, 0$)

根据表 8-19 计算得到兼农户选择休耕策略的复制动态方程为：

$$\frac{dx}{dt} = F(x) = x(E_{11} - \overline{E_1}) = x(1-x)(r - r^* - c + yT) \quad (8-25)$$

地方政府选择补贴策略的复制动态方程为：

$$\frac{dy}{dt} = F(y) = y(E_{21} - \overline{E_2}) = y(y-1)(Ia - xT) \quad (8-26)$$

令 $F(x) = 0$、$F(y) = 0$，可得该博弈系统有 5 个局部平衡点分别为：$A(0,0)$、$B(0,1)$、$C(1,0)$、$D(1,1)$ 和 $E\left(\dfrac{Ia}{T}, \dfrac{c+r^*-r}{T}\right)$，并借助雅克比矩阵分析这 5 个局部均衡点的稳定性。

根据式（8-25）、式（8-26）可得，该雅克比矩阵的行列式和迹分别为：

$$\det J = \frac{\partial F(x)}{\partial x} \cdot \frac{\partial F(y)}{\partial y} - \frac{\partial F(x)}{\partial y} \cdot \frac{\partial F(y)}{\partial x}$$
$$= (1-2x)(2y-1)(r-r^*-c+yT)(Ia-xT) - xy(x-1)(1-y)T^2$$
$$(8-27)$$

$$tr. J = \frac{\partial F(x)}{\partial x} + \frac{\partial F(y)}{\partial y} = (1-2x)(r-r^*-c+yT) + (Ia-xT)(2y-1)$$
$$(8-28)$$

由于中心点 $E\left(\frac{Ia}{T}, \frac{c+r^*-r}{T}\right)$ 所对应雅克比矩阵迹的值为零，不满足 $tr. J < 0$，故该点肯定不是稳定均衡点。以下将根据稳定性的判定条件分析 A、B、C、D 4 个局部均衡点的演化稳定性，各均衡点对应的雅克比矩阵行列式和迹的值如表 8-20 所示。根据表 8-20 可知，当 $r^*+c>r$ 且 $Ia-T\neq 0$ 时，需要分 4 种情况具体分析各均衡点的稳定性，结果见表 8-21。

表 8-20　　兼农户与地方政府博弈系统雅克比矩阵行列式和迹的值

均衡点	det. J	tr. J
$A(0,0)$	$-(r-r^*-c)Ia$	$r-r^*-c-Ia$
$B(0,1)$	$(r-r^*-c+T)Ia$	$-(r-r^*-c+T)+Ia$
$C(1,0)$	$(r-r^*-c)(Ia-T)$	$-(r-r^*-c)-(Ia-T)$
$D(1,1)$	$-(r-r^*-c+T)(Ia-T)$	$-(r-r^*-c+T)+(Ia-T)$

表 8-21　　兼农户与地方政府博弈系统的局部稳定性分析结果

条件	均衡点	det. J	tr. J	稳定性
$r-r^*-c+T>0$, $Ia-T>0$	A	+	−	ESS
	B	+	+	不稳定点
	C	−	±	鞍点
	D	−	±	鞍点
$r-r^*-c+T>0$, $Ia-T<0$	A	+	−	ESS
	B	+	+	不稳定点
	C	+	+	不稳定点
	D	+	−	ESS

续表

条件	均衡点	det. J	tr. J	稳定性
$r-r^*-c+T<0$, $Ia-T>0$	A	+	−	ESS
	B	−	±	鞍点
	C	−	±	鞍点
	D	+	+	不稳定点
$r-r^*-c+T<0$, $Ia-T<0$	A	+	−	ESS
	B	−	±	鞍点
	C	+	+	不稳定点
	D	−	±	鞍点

从表 8-21 可以看出，当 $r^*+c>r$，即兼农户一边种植农作物一边从事其他产业所获得的总收益大于将所有时间都用于从事其他产业所获取的收益时，只有在 $r-r^*-c+T>0$ 且 $Ia-T<0$ 的情况下，社会所期盼的最优策略（休耕，补贴）才为博弈的稳定均衡策略，其余情况下（休耕，补贴）为博弈的不稳定均衡策略。因此，要使最有利于休耕政策顺利实施的策略成为博弈的稳定均衡策略，需要满足条件：$T>c+r^*-r$ 且 $T>Ia$。但在该条件下（不休耕，不补贴）也为博弈的演化稳定均衡策略，故博弈系统最终可能收敛于社会所期盼的最优策略（休耕，补贴），也有可能收敛于不理想的策略（不休耕，不补贴）。根据博弈双方的复制动态方程和稳定性分析，可画出 $T>c+r^*-r$ 且 $T>Ia$ 条件下兼农户与政府的复制动态相位图如图 8-7 所示。其中，折线 BEC 为系统收敛于不同状态的临界线。如果博弈的初始策略组

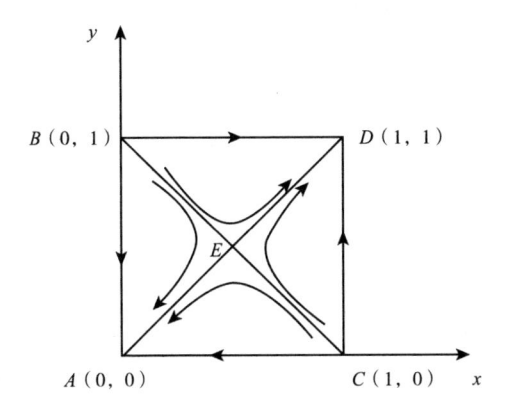

图 8-7 兼农户与地方政府复制动态相位

合落在折线 BEC 右上方, 即区域 BECD, 系统最终收敛于（休耕, 补贴), 有利于休耕政策的顺利实施; 如果博弈初始策略组合落在折线 BEC 左下方, 即区域 ABEC, 系统将收敛于（不休耕, 不补贴), 休耕政策完全没有实施。

由上述分析可知, 区域 BECD 的面积越大, 博弈系统收敛于最优策略（休耕, 补贴）的概率越大, 从而休耕政策顺利实施的概率越大。中心点 $E\left(\frac{Ia}{T}, \frac{c+r^*-r}{T}\right)$ 的位置越往左下方移动, 区域 BECD 的面积越大, 即地方政府的补贴额度越小、兼农户种植农产品收益越小、全部时间用来从事其他产业所获收益越高、中央政府的罚金越高, 博弈系统收敛于最优策略（休耕, 补贴）的概率越大。因此, 在惩罚约束机制下, 要实现兼农户休耕、地方政府补贴这一最优策略组合, 中央政府惩罚金额需要同时大于兼农户不休耕与休耕两种策略下的收益差额及地方政府的补贴金额, 同时地方政府补贴额度不宜过高, 并且兼农户种植农产品收益越低、全部时间用来从事其他产业所获收益越高, 其休耕意愿越高。

8.3.3.5 仿真分析

本节对兼农户耕地休耕行为和地方政府休耕补贴行为进行了演化博弈分析, 为了验证博弈分析的结论和更加直观地展现演化路径, 下面运用 Python3.7 软件演化仿真具体参数变化下, 兼农户和地方政府的演化稳定均衡策略。

(1) 在没有中央政府加以约束的条件下, 当 $r^*+c<r$ 时, 稳定均衡点为 (1,0), 相应的稳定均衡策略为（休耕, 不补贴）。设定参数值 $r^*=5$, $c=3$, $r=10$, $I=2$, $a=3$ 满足要求, 并分别取 x, y 的初始值为 (0.3, 0.7) 和 (0.6,0.4), 仿真结果如图 8-8 所示。结果表明, 无论兼农户和地方政府选择策略的初始概率值如何, 兼农户最终都会选择休耕, 地方政府最终都会选择不补贴; 当 $r^*+c>r$ 时, 稳定均衡点为 (0,0), 相应的稳定均衡策略为（不休耕, 不补贴）。设定参数值 $r^*=5$, $c=3$, $r=6$, $I=2$, $a=3$ 满足要求, 并分别取 x, y 的初始值为 (0.3,0.7) 和 (0.6,0.4), 仿真结果如图 8-9 所示。结果表明, 无论兼农户和地方政府选择策略的初始概率值如何, 兼农户最终都会选择不休耕, 地方政府最终都会选择不补贴。

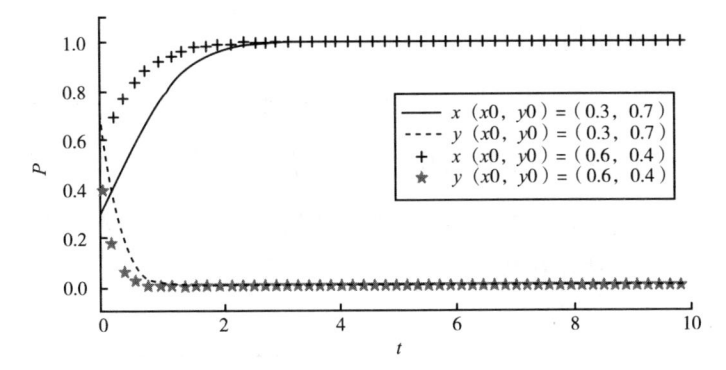

图 8-8　兼农户和地方政府在没有约束条件且 $r^*+c<r$ 时的仿真结果

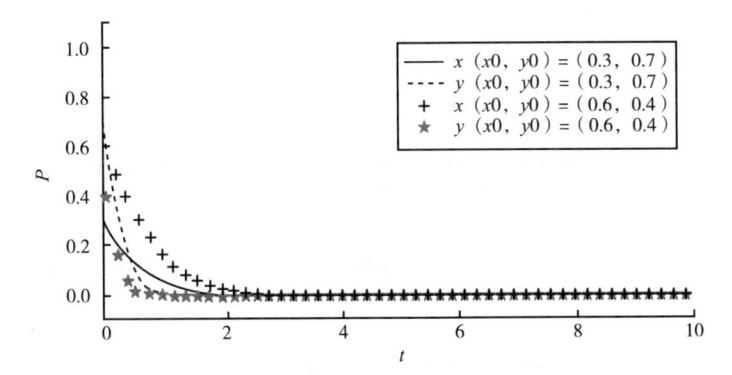

图 8-9　兼农户和地方政府在没有约束条件且 $r^*+c>r$ 时的仿真结果

（2）在引入中央政府监管机制对兼农户和地方政府行为进行监管的约束机制下，只有当 $r^*+c>r$，$T>c+r^*-r$ 且 $T>Ia$ 时，社会所期盼的最优策略（休耕，补贴）才为博弈的稳定均衡策略，但在该条件下，（0,0）和（1,1）均为系统演化稳定均衡点，且中心点 $E\left(\dfrac{Ia}{T},\dfrac{c+r^*-r}{T}\right)$ 的位置越往左下方移动，系统收敛于（休耕，补贴）的概率越大。分别设置 $r^*=5$，$c=4$，$r=3$，$I=3$，$a=2$，$T=10$ 满足 $r^*+c>r$，$T>c+r^*-r$，$T>Ia$ 且中心点 $E\left(\dfrac{Ia}{T},\dfrac{c+r^*-r}{T}\right)$ 位置偏右上方；$r^*=5$，$c=4$，$r=8$，$I=3$，$a=2$，$T=20$ 满足 $r^*+c>r$，$T>c+r^*-r$，$T>Ia$ 且中心点 $E\left(\dfrac{Ia}{T},\dfrac{c+r^*-r}{T}\right)$ 位置偏左下方，并分别取 x，y 的初始值为（0.3,0.7）和（0.6,0.4），仿真结果分别如图 8-10、图 8-11 所示。结果表明，当 $r^*+c>r$，$T>c+r^*-r$，$T>Ia$ 且中心点

$E\left(\dfrac{Ia}{T}, \dfrac{c+r^*-r}{T}\right)$ 位置偏右上方,无论兼农户和地方政府选择策略的初始概率值如何,兼农户最终都会选择不休耕,地方政府最终都会选择不补贴;当 $r^*+c>r$,$T>c+r^*-r$,$T>Ia$ 且中心点 $E\left(\dfrac{Ia}{T}, \dfrac{c+r^*-r}{T}\right)$ 位置偏左下方时,无论兼农户和地方政府选择策略的初始概率值如何,兼农户最终都会选择休耕,地方政府最终都会选择补贴。

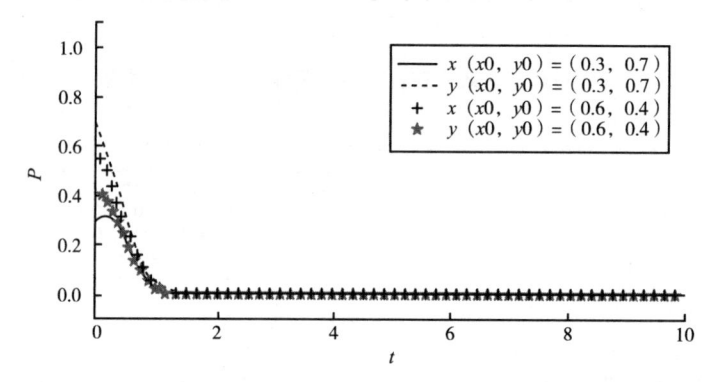

图 8-10　$r^*+c>r$,$T>c+r^*-r$,$T>Ia$ 且中心点 E 位置偏右上方的仿真结果

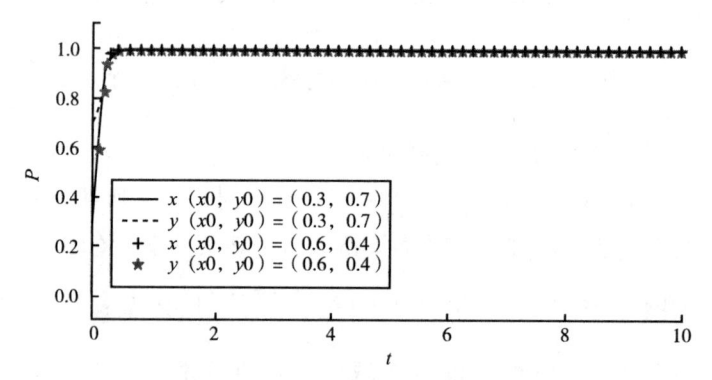

图 8-11　$r^*+c>r$,$T>c+r^*-r$,$T>Ia$ 且中心点 E 位置偏左下方时的仿真结果

8.3.4　非农户与地方政府的演化博弈分析

8.3.4.1　模型假设

演化博弈模型有两个参与主体,非农户和地方政府。非农户的行为集合

是（休耕，不休耕），地方政府的行为集合是（补贴，不补贴）。

假设1：非农户选择休耕的概率是$x(0 \leq x \leq 1)$，选择不休耕的概率是$1-x$；地方政府选择补贴的概率是$y(0 \leq y \leq 1)$，选择不补贴的概率是$1-y$。

假设2：非农户选择休耕，家庭收入为从事其他产业以获取的收益r，如果地方政府选择补贴，且每亩休耕地年补贴金额为I，则非农户收益为$Ia+r$（a为休耕面积）；如果地方政府选择不补贴，则非农户收益为r。

假设3：非农户选择不休耕，由于种植农作物并不影响非农户投入其他产业的劳动时间，故非农户不休耕时从事其他产业所获收益仍然为r，同时非农户种植农作物的收益在家庭总收入中占比很小，可以忽略不计。在此基础上，如果地方政府选择补贴，非农户收益为政府补贴额及从事其他产业所获收益$Ia+r$；如果地方政府选择不补贴，非农户收益为从事其他产业所获收益r。

假设4：地方政府选择补贴，需要支付补贴额Ia，如果非农户选择休耕，地方政府可以获得生态收益R，此时地方政府净收益为$R-Ia$；如果非农户选择不休耕，则地方的净收益为$-Ia$。

假设5：地方政府选择不补贴，不需要支付补贴额，如果非农户选择休耕，则地方政府可以获得生态收益R；如果非农户选择不休耕，则地方政府净收益为零。

8.3.4.2 模型构建

基于以上假设，构建非农户与地方政府的支付矩阵如表8-22所示。

表8-22　　　　　　　　非农户与地方政府的支付矩阵

		地方政府	
		补贴（y）	不补贴（$1-y$）
非农户	休耕（x）	（$Ia+r, R-Ia$）	（r, R）
	不休耕（$1-x$）	（$Ia+r, -Ia$）	（$r, 0$）

根据表8-22计算得到非农户选择休耕策略的复制动态方程为：

$$\frac{dx}{dt} = F(x) = x(E_{11} - \overline{E_1}) = 0 \qquad (8-29)$$

式（8-29）中，$\dfrac{dx}{dt}$表示非农户选择休耕策略的概率随时间推移的变化速率。

地方政府选择补贴策略的复制动态方程为：

$$\frac{dy}{dt} = F(y) = y(E_{21} - \overline{E_2}) = y(y-1)Ia \quad (8-30)$$

式（8-30）中，$\frac{dy}{dt}$表示地方政府选择补贴策略的概率随时间推移的变化速率。

8.3.4.3 均衡点及稳定性分析

由于$F(x)=0$，故x取值范围内的任一点均为稳定均衡点，即非农户任一策略均为稳定均衡策略。

根据演化博弈的基本理论，如果某一点y满足以下两个条件：$F(y)=0$及$F'(y)<0$，则该点是其演化博弈的稳定均衡点，据此可以分析地方政府的演化博弈稳定均衡策略。

令$F(y)=0$，得$y_1=0$，$y_2=1$，其中y_1，y_2为博弈系统2个局部均衡点。对地方政府策略的复制动态方程求导得：

$$F'(y) = (2y-1)Ia \quad (8-31)$$

由于$F'(0)<0$，$F'(1)>0$，故可得到复制动态相位图如图8-12所示，其中，$y=0$是稳定均衡点，即地方政府的稳定均衡策略是不补贴。

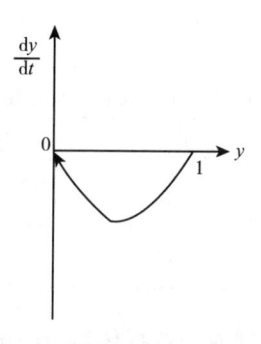

图8-12 地方政府策略的复制动态相位

根据上述分析可知，非农户任一策略均为稳定均衡策略，地方政府的稳定均衡策略是不补贴。如果地方政府不给予补贴，部分非农户由于不平衡心理，可能仍会选择不休耕，故在现有条件下，无法确保非农户一定会选择休耕策略。因此要引入第三方加以约束，通过建立约束机制来保证休耕政策的顺利实施。

8.3.4.4 引入约束机制的非农户与地方政府间演化博弈分析

由上文分析可知，在没有外界约束条件的情况下，非农户和地方政府博弈的最终结果不一定能保证休耕政策顺利完成，故需要引入外界约束条件。本书通过引入中央政府监管机制对非农户及地方政府行为进行监管，如果地方政府给予了补贴，但非农户并未休耕，则对非农户实行金额为 T 的经济惩罚；如果非农户休耕，但地方政府并未给予补贴，则对地方政府实行金额为 T 的经济惩罚。实行惩罚策略后，非农户与地方政府的支付矩阵见表 8-23。

表 8-23　　　　　约束机制下非农户与地方政府的支付矩阵

		地方政府	
		补贴（y）	不补贴（$1-y$）
非农户	休耕（x）	($Ia+r, R-Ia$)	($r, R-T$)
	不休耕（$1-x$）	($Ia+r-T, -Ia$)	($r, 0$)

根据表 8-23 计算得到非农户选择休耕策略的复制动态方程为：

$$\frac{\mathrm{d}x}{\mathrm{d}t}=F(x)=x(E_{11}-\overline{E_1})=(1-x)yT \quad (8-32)$$

地方政府选择补贴策略的复制动态方程为：

$$\frac{\mathrm{d}y}{\mathrm{d}t}=F(y)=y(E_{21}-\overline{E_2})=y(y-1)(Ia-xT) \quad (8-33)$$

令 $F(x)=0$、$F(y)=0$，可得该博弈系统有 3 个局部平衡点分别为：$A(1,0)$、$B(1,1)$ 和 $E\left(\frac{Ia}{T},0\right)$，并借助雅克比矩阵分析这 3 个局部均衡点的稳定性。

根据式（8-32）、式（8-33）可得，该雅克比矩阵的行列式和迹分别为：

$$\begin{aligned}\mathrm{det.}\,J &= \frac{\partial F(x)}{\partial x}\cdot\frac{\partial F(y)}{\partial y}-\frac{\partial F(x)}{\partial y}\cdot\frac{\partial F(y)}{\partial x} \\ &= -(2y-1)yT(Ia-xT)-y(x-1)(y-1)T^2\end{aligned} \quad (8-34)$$

$$tr. J = \frac{\partial F(x)}{\partial x} + \frac{\partial F(y)}{\partial y} = -yT + (2y-1)(Ia - xT) \qquad (8-35)$$

3 个局部均衡点对应的雅克比矩阵行列式和迹的值如表 8-24 所示。

表 8-24　非农户与地方政府博弈系统雅克比矩阵行列式和迹的值

均衡点	det. J	tr. J
$A(1,0)$	0	$T-Ia$
$B(1,1)$	$-T(Ia-T)$	$Ia-2T$
$E\left(\dfrac{Ia}{T}, 0\right)$	0	0

演化博弈稳定性判定条件为，如果在点 (x,y) 处有 det. $J>0$，tr. $J<0$，那么 (x,y) 为稳定均衡点，相应的策略为稳定均衡策略。根据表 8-24 可知，均衡点 $A(1,0)$ 和 $E\left(\dfrac{Ia}{T},0\right)$ 均不是演化稳定均衡点，相应的策略不是稳定均衡策略。均衡点 $B(1,1)$ 对应的策略为（休耕，补贴），为社会所期盼的最优策略，如果能成为该演化博弈稳定均衡点，将能有效促进休耕政策的顺利实施。故均衡点 $B(1,1)$ 需要满足条件 $-T(Ia-T)>0$ 且 $Ia-2T<0$，即 $T>Ia$。

综上所述，想要确保非农户将土壤退化的耕地进行休耕，从而改善生态环境、保护粮食安全，中央政府需要对博弈双方行为进行监管。现实中，由于非农户休耕与否并不影响其经济收益，在拿不到补贴额时选择不休耕的原因主要是出于不平衡心理，故只要中央政府对地方政府的休耕补贴行为进行监管，且罚金大于地方政府的补贴金额，便能确保非农户进行休耕。

8.3.4.5　仿真分析

本节对非农户耕地休耕行为和地方政府休耕补贴行为进行了演化博弈分析，为了验证博弈分析的结论和更加直观地展现演化路径，下面运用 Python 3.7 软件演化仿真具体参数变化下，非农户和地方政府的演化稳定均衡策略。

（1）在没有中央政府加以约束的条件下，x 取值范围内的任一点均为稳定均衡点，$y=0$ 是稳定均衡点。设定参数值 $I=6$，$a=10$，并分别取 x，y 的初始值为 (0.3, 0.7) 和 (0.6, 0.4)，仿真结果如图 8-13 所示。结果表明，非农户选择策略的概率值始终等于初始概率值，地方政府无论选择策略的初始概率值如何，最终都会选择不补贴。

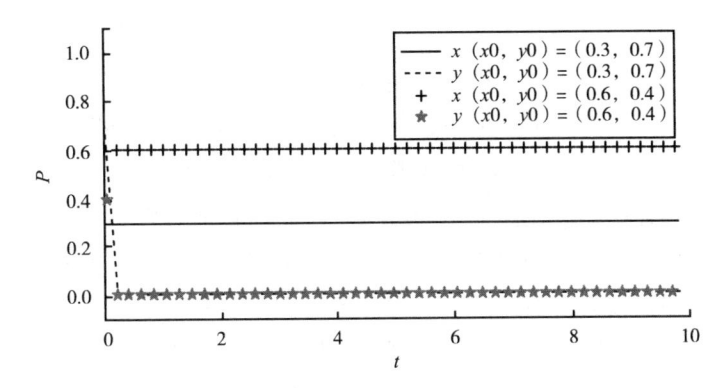

图 8 – 13　非农户和地方政府在没有中央政府加以约束条件下的仿真结果

（2）在引入中央政府监管机制对非农户和地方政府行为进行监管的约束机制下，只有当 $T>Ia$ 时，社会所期盼的最优策略（休耕，补贴）才为博弈的稳定均衡策略。分别设置 $T=10$，$I=3$，$a=3$ 满足条件，仿真结果如图 8 – 14 所示。结果表明，当 $T>Ia$ 时，无论非农户和地方政府选择策略的初始概率值如何，纯农户最终都会选择休耕，地方政府最终都会选择补贴。

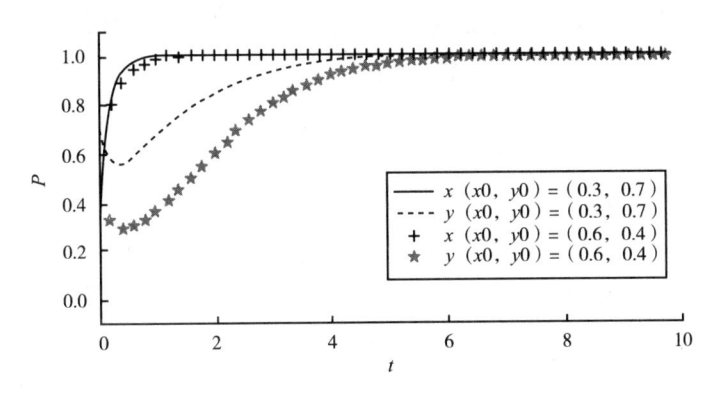

图 8 – 14　$T>Ia$ 时的仿真结果

8.3.5　政策启示

（1）实施差别化的耕地休耕监管力度和惩罚策略。不同类型农户的生计策略有差异，纯农户休耕后不能从事其他产业，故休耕对其影响最大，其休耕意愿最弱，博弈过程中违反约定的可能性也最大；兼农户休耕后能从事其他产业，故休耕意愿比纯农户大，只要地方政府遵守约定给予已经承诺好的补贴,其违约复耕的可能性不大;非农户种植农作物主要是为了自己食用,休耕不影响其收入来源,反而拥有更多闲暇时间,故其违约复耕的可能性最小。休耕使农户利益受损,地方政府是否对农户给予休耕补贴,是影响农户休耕行为的主要原因之一,故中央政府要重点监管地方政府是否对农户给予了足够力度的补贴额。在保证地方政府给予足额休耕补贴的情况下,重点监管纯农户的休耕行为,兼农户次之,非农户可以不予监管。不同类型农户休耕前后收益差别较大,因此监管机构对不同类型农户与地方政府博弈过程中出现违约现象的惩罚金额也应该不同。实施差别化的耕地休耕监管力度和惩罚策略,还有利于中央政府节省开支。

(2)完善政绩考核体系,提高耕地数量、质量和生态保护的考核比重。如果中央政府将经济发展水平作为评判地方政府政绩的重点,则会给地方政府造成一个错误的引导。当地政府为了提高政绩,往往只注重实现地方经济增长,而忽视环境污染。特别是某些以农业为主的省份,大面积休耕,会导致当地经济收入大幅度下滑,这时当地政府可能会不执行中央政府的休耕指令,放任农户在土壤退化的耕地上种植农作物。另外,由于生态环境在政绩考核中的比重低,地方政府实施休耕政策,要花费一大笔财政支出用于休耕补贴,导致地方政府休耕的积极性较小。国家改变政绩考核的方式,提高生态环境在政绩考核中的比重,地方政府实施休耕政策,改善当地生态环境的收益就会在政绩考核中体现出来,这将大大提高地方政府落实休耕政策的积极性,促进耕地休耕,保障粮食安全。

(3)构建稳定的休耕政策资金保障机制。由于耕地休耕持续时间较长,政府要确保休耕政策顺利实施,就得建立稳定的休耕政策资金保障机制,确保农户每年都能拿到补贴额。如果休耕过程中出现资金短缺,农户拿不到休耕补贴,可能会选择复耕。然而,此时土壤退化的耕地没有得到彻底修复,如果农户选择复耕,不仅粮食安全得不到保障,还使得之前休耕的成效被磨灭。因此,国家需要采取策略保障休耕资金稳定投入,如将休耕资金纳入中央财政年度预算,并提前安排好下一年度用于休耕的资金。

第9章 中国耕地利用可持续集约化测度分析

9.1 引 言

耕地是人类赖以生存和发展的最基本资源和条件（Trewavas，2002）。耕地具有食物供给、环境保护和生态服务等多种功能，并直接影响社会经济可持续发展和全球环境变化（龙禹桥等，2018）。随着社会经济的快速发展，城市化引起的建设用地急剧扩张导致耕地面积不断减少（吴红和张晓玲，2017），给我国粮食安全带来巨大挑战（He et al.，2017；Tilman et al.，2011）。

耕地利用集约化作为应对耕地面积减少同时增加单位面积产量的有效途径（Gadanakis et al.，2015；Petersen and Snapp，2015）而备受学者关注。然而，农业过度集约化会引发环境污染，如长期的化肥、农药、杀虫剂等大量投入对耕地生态系统功能产生不利影响（Wezel et al.，2015；Yang and Lin，2019）。目前，中国农业为追求产量最大化，致使过度的农业能源投入耕地中，严重破坏了耕地生态系统（Lu et al.，2015；Zuo et al.，2018）。此外，过度的耕地利用集约化带来的弊端表明，耕地集约利用和可持续发展的理论研究和实践探索均面临巨大挑战（牛善栋等，2018）。

近年来，中国政府出台了一系列政策措施，包括转变农业生产和资源利用方式，实施化肥农药使用量零增长行动，以及推动农业绿色发展等（吕晓等，2020；于法稳，2018）。中国农业发展转型的持续推进表明，推动中国耕地利用的可持续集约化将成为必然选择（于法稳，2016）。为此，如何使农业集约化的环境负面影响最小化，并保证农业生态系统的可持续发展，已成为实现中国耕地资源可持续利用和农业绿色发展的迫切需求。

目前，大多数文献主要以耕地、农场及农业生产的可持续集约化为研究对象，集中在可持续集约化的概念内涵、实证评价、影响机理等方面。加尼特（Garnett，2013）等认为可持续集约化包含多重目标，需要推行激进的议程，以减少资源密集型消费和浪费，并改善耕地治理、利用效率和复原力。费尔班克（Firbank，2013）等认为耕地利用可持续集约化不仅是一种实践，更是农业管理的一种机制，并致力于寻求农业生产可持续和集约化之间的平衡。阿雷亚尔（Areal，2018）等把可持续集约化理解为增加可持续性的农业产量，而不降低提供环境服务的能力。这些研究基于集约化的理念基础，明确了农作物产量增长不影响资源复用、资源复用不造成环境退化的可持续集约化内涵。与此同时，基于生态学的理念基础，可持续集约化被赋予"生态优先，单位面积产出高效率，维护生产系统原力"的内涵定义（Pretty et al.，2011；龙禹桥等，2018；Xie et al.，2019；Lv et al.，2020）。因此，结合现有研究，耕地利用可持续集约化的定义是"通过调节输入/输出关系来提高土地产出效率，减少对生态系统损害，并提高或维持耕地利用系统的韧性"。具体来说，在存量耕地的集约利用上，以正向调节耕地投入/产出关系、减轻环境响应压力为过程，迫使有限的耕地可持续地提供物质生产与功能服务。因而，本书更加强调耕地产出效率提升与生态环境保护同步协调，以自然资本的内外互促集约提升生产效益与环境服务效能。

虽然，对于耕地利用可持续集约化实证评价方面的研究较少，但关于可持续集约化的评价方法则呈现多样性。例如，费尔班克（Firbank，2013）等基于不同类型农场，通过农业生产变化和环境变量的对比分析，来测度可持续集约化水平。戈登内科（Gadanakis，2015）等基于 DEA 方法对生态效率进行建模和评估，以此来衡量农场耕地的可持续集约化水平。桑切斯-埃斯科瓦尔（Sánchez-Escobar，2018）等使用 EROI（energy return on energy invested）和 ABC（activity-based costing）的方法来衡量农场尺度下的农业系统可持续集约化水平。此外，还有研究表明，可以通过增加生态系统多样性、增加土壤有机质、采取土壤改良剂等方法促进耕地利用可持续集约化过程（Mccune et al.，2011；Pretty et al.，2014；Moonilal et al.，2020）。

中国作为农业大国，关于耕地利用可持续集约化的研究却鲜有报道。反而，在耕地集约化利用、耕地利用生态效率、农业可持续发展等方面引起较多学者的关注。例如，登和吉布森（Deng and Gibson，2018）利用随机前沿分析方法对耕地生产的生态效率进行了分析，以此来探讨提高山东省农业可持续发展的途径。匡兵（Kuang，2020）等认为耕地具有供给农产品和释放大量碳排放的双重效应，故需将碳排放纳入耕地利用效率的评价体系中。此外，揭示不同尺度下耕地利用的时空格局和变化特征，并探索多种因素的作用机理已成为耕地利用研究的重要内容。综合来看，虽然在提高农业生产和环境效率方面已有较多研究成果，但中国农业实践对耕地生态系统的超负荷运行与农业环境压力增大等问题仍然突出。因此，如何科学测度耕地集约化与环境效应的可持续性，并最大限度地规避集约利用产生的负面环境影响，实现耕地利用的可持续集约化等已成为亟须解决的重要问题。

为此，本书基于可持续集约化研究的理论与方法，结合中国耕地利用的时代内涵，提出耕地利用的可持续集约化理论框架，并从耕地生态系统出发，基于能值分析方法，构建耕地可持续集约化的能值评价指标体系。本书以中国瑞金市为研究案例，通过能值分析，对耕地可持续集约化水平进行测度。通过揭示瑞金市耕地可持续集约化的时空格局特征，以期为农业可持续发展提供科学依据。

9.2 数据来源和研究方法

9.2.1 研究区概况

本书选取江西省瑞金市17个乡镇级行政区为研究区域，该市位于江西省东南部，2010~2018年，瑞金市耕地面积和粮食蔬菜产量均呈增长趋势，而农作物种植面积呈下降趋势（见图9-1）。2018年的耕地面积为28853.33公顷，农作物播种面积为54099.4公顷。截至2018年底，该市总人口为71万，人口密度为每平方千米290.9人。此外，瑞金是重要的粮食和蔬菜生产基地，在2017年，绿色蔬菜种植面积超过1000公顷（Yang，2018）。

本书数据主要为2010~2017年瑞金市17个乡镇级行政区，即象湖镇、壬田镇、谢坊镇、瑞林镇、沙洲坝镇、九堡镇、武阳镇、叶坪乡、泽覃乡、黄柏乡、大柏地乡、丁陂乡、云石山乡、冈面乡、万田乡、拔英乡、日东乡

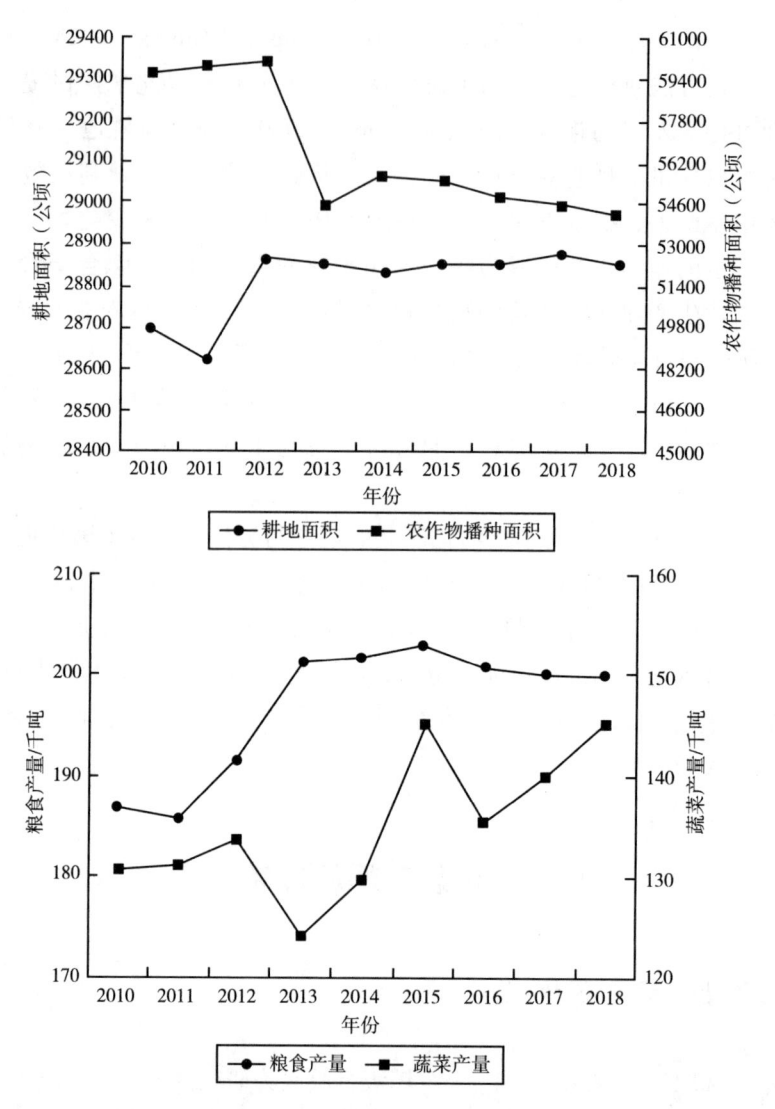

图 9 – 1 2010 ~ 2018 年瑞金市耕地面积与农作物播种面积、粮食和蔬菜产量

资料来源：历年《瑞金市统计年鉴》与《国民经济和社会发展统计公报》。

的耕地投入产出数据。其中，包括年均日照时数、年均降雨量、农林牧渔业从业人员数、农用柴油使用量、化肥使用量、农药使用量、地膜使用量、耕地面积等数据。需要指出的是，本书用农业从业人员数代替耕地劳动力投入数量。这些数据都来源于历年《瑞金市统计年鉴》和《瑞金市国民经济与社会发展统计公报》。

9.2.2 研究方法

9.2.2.1 方法选择

作为一个特殊的复合系统，耕地生态经济系统的子系统和要素是相互关联和相互依存的。物质、能量和信息在要素、系统和环境之间流动，形成稳定的结构并支持耕地生态经济系统的运行（Hu et al., 2019）。耕地利用的可持续集约化涵盖耕地系统的生态、经济和社会可持续性，并强调在集约利用的基础上增强耕地利用的可持续性（牛善栋等，2018）。特别是在耕地系统中，强调了生产要素输入的有效性和要素流动的合理性，提高耕地的生产能力，减小集约化过程对环境的压力（Garnett et al., 2013）。当要素发生变化时，耕地系统的结构和功能也会发生变化（Sánchez-Escobar et al., 2018）。因此，要实现农业集约化与耕地利用可持续性之间的稳态平衡，其中一种解决方案是准确评估能源与环境之间的相互作用（Amiri et al., 2019）。虽然，许多评价方法都可以描述耕地生态经济系统某一方面的特性，但它们不能描述要素的流动、系统之间的关系（Hu et al., 2019）。幸运的是，能值理论为解决这些困难提供了途径，并为生态经济系统过程以及格局的定量研究提供了新方法。

能值分析（EA）是对可用能量的定性和定量估计，即通过把形成任何资源、产品或劳务所需的太阳能量量化（Lan et al., 2002; Amiri et al., 2019）。"太阳能值"作为衡量各种能量的统一能值标准，其单位为太阳能焦耳（seJ），以此来解决不同层次系统和量纲不统一的问题（Odum, 1996）。应用能值可以实现能量流、物质流、货币流之间的可比性和可加性，将自然资源生态系统与人类社会经济系统结合起来（Fonseca et al., 2019）。此外，耕地利用对生态环境和社会经济的影响是一个复杂的动态过程。能值分析恰好能反映耕地系统各组成部分的能量流动方向，以及投入产出要素在整个耕地系统中的占比。因此，当专注于农业系统时，能值通过系统的不同组成部分评估能量流，不仅量化能量输入和输出，而且量化系统中执行环境工作时能量的几种转换（Odum, 1996）。通过比较不同时空下能值指标值的大小，可以系统地分析集约化过程对生态环境系统的影响。将能值法引入耕地利用可持续集约化评价研究中，构建了耕地利用可持续集约化动态变化的系统框架（见图 9-2）。

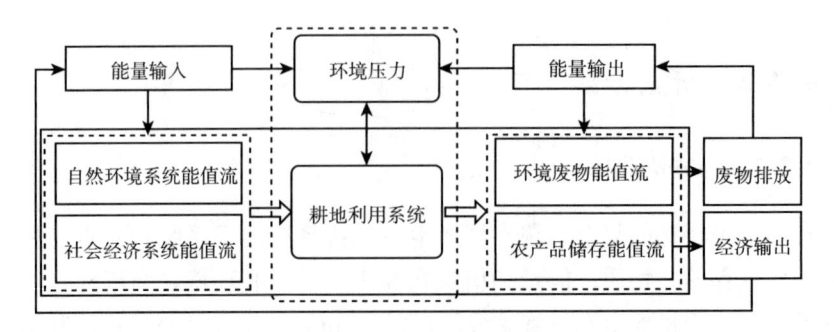

图9-2 基于能值分析（EA）的耕地利用可持续集约化动态变化系统

许多研究人员提出了能值计算的细节（Odum，1996；Odum et al.，2000；Amiri et al.，2019）。对耕地的可持续集约化进行能值评估需要以下步骤：

（1）确定耕地生态系统的时空边界，并绘制耕地利用系统的能源系统语言（ESL）图（Amiri et al.，2020）。这对于管理核心组件和系统进程之间的关系至关重要。图9-3给出了本书研究的耕地系统的ESL图。ESL是用于建模和显示系统网络特征的符号语言（Odum，1996）。此外，大矩形框代表系统边界和范围，系统的左侧显示了自然界对系统的能量输入，主要包括太阳、雨水和风。系统上部显示了人类社会的投入，主要包括肥料、农药、燃料和劳动力。系统右侧显示系统输出，主要包括环境服务和外部市场输出（Ting and Xing，2016）。

（2）确定和量化支持系统发展的物质和能量流，包括环境提供的包含可再生和不可再生类别的物质和能量流，以及区分本地资源和购买的资源。

（3）使用适当的转换因子（UEV，单位能值）将不同流量转换成能值单位，这是参照当前工作中生物圈能值基准15.83E+24 seJ/年完成的；这种转换构成了能值方法的核心，是通过以下能值方程进行的（Dong et al.，2014）。

$$E_m = \sum f_i \times UEV_i \quad i = 1,\cdots,n \quad (9-1)$$

式（9-1）中，E_m是支持该系统的总太阳能能值；f_i是物质或能力的第i个输入流；UEV_i是第i个流量的单位能值（取自文献或在本工作中计算）。

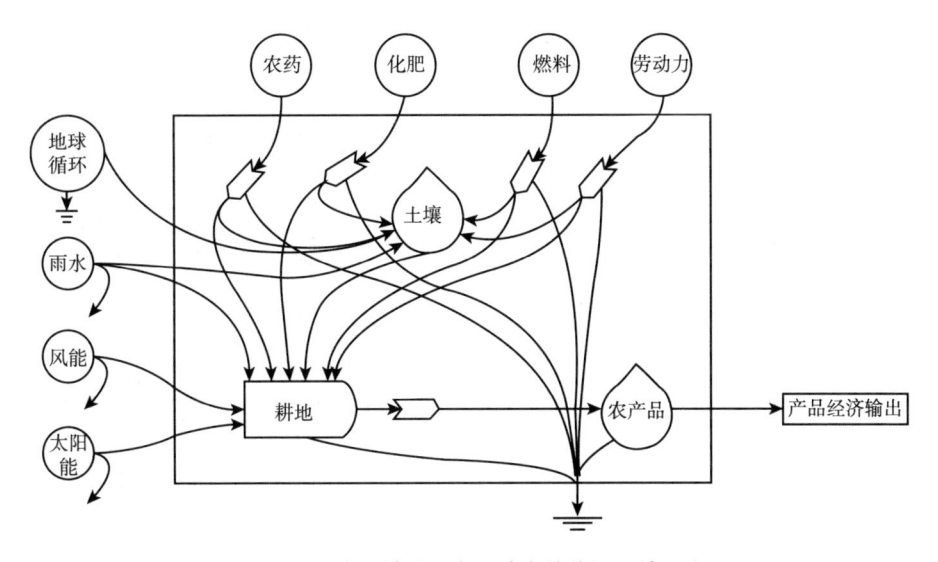

图 9-3 瑞金耕地生产系统中的能源系统语言

9.2.2.2 编制能值分析表

首先,根据能源系统图(见图9-4),列出系统中的主要能源输入和输出项目。耕地利用系统中,可再生资源能源流、不可再生资源能源流、社会经济资源能流、废物流和农业产品储存能流的含义与解释总结如下(见表9-1):

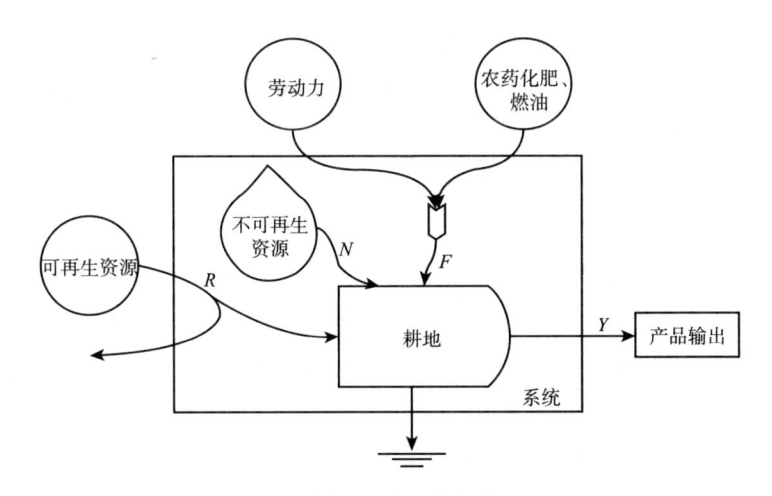

图 9-4 耕地生产系统的能源系统

表9-1　　基于能值的耕地利用系统评价指标的定义和公式

指标	公式	定义
可再生环境投入	R	来自本地环境资源的可再生流量，包括太阳、风、降雨和地球自转
不可再生环境投入	N	来自以不可再生方式使用的本地环境资源（例如，表土流失和地下水）
可再生购买的投入	F_R	来自社会经济购买资源（例如，人工）的可再生流量
不可再生的购买投入	F_N	来自社会经济购买资源（例如，燃料、农药和化肥）的不可再生流量
总能值输入	$U = R + N + F_R + F_N$	支持耕地生产系统所需的总能源
粮食产出	Y_G	耕地系统中粮食的能量流输出
蔬菜产出	Y_V	耕地系统中蔬菜的能量流输出
油料产出	Y_O	耕地系统中油料作物的能量流输出
瓜果产出	Y_F	耕地系统中瓜果的能量流输出
废水	Y_{WW}	耕地系统中废水的能量流输出
废气	Y_{WG}	耕地系统中废气的能量流输出
总能值输出	$Y_T = Y_G + Y_V + Y_O + Y_F - Y_{WW} - Y_{WG}$	耕地系统中农产品和废物的总能量

可再生能流（R）：来自生物圈的能流或多或少不断地重复发生（例如，太阳、风、雨等），并最终推动了生态系统的生物地球化学过程。本书研究系统的 R 值是通过从可再生资源（太阳、风、雨等）中选择最大能值与地球旋转能之和计算得出，以避免重复计算。

不可再生能流（N）：研究系统内部消耗的物质和能量流（例如，矿物质、土壤和地下水）的总能值，其消耗速度远远超过其产生的速度。本书研究系统的 N 值由于数据缺失，仅以净表土损失的能值代替。

从经济系统（F）购买的能流：从经济系统购买以维持系统内资源运转的物质和能源流入的总能值，例如劳动力、农药化肥和农用柴油等，本书将输入耕地经济系统的能源流分为经济可再生购买（如劳动力，用 F_R 表示）与经济不可再生购买（如农药化肥，用 F_N 表示）。

耕地系统输入的总能值（U）：输入的总能值是耕地系统中各资源输入能值之和，其表达式为：$U = R + N_0 + F_R + F_N$。

农业产品能流（Y）：从耕地系统中获得的产品，包括粮食、蔬菜、油料和瓜果等农产品。

废物流（Y_W）：在从耕地系统中获得农产品的同时，也产生了对生态环境有害的废物。在本书中耕地生态系统的非市场产出包括废水（Y_{WW}）和废气排放（Y_{WG}）。

耕地系统输出的总能值（Y_T）：耕地系统的总能值产出由农产品产出能和废物能组成。

然后，计算出各种资源和能量流的原始数据，能量和货物的单位分别为 J 和 T。之后，能值分析表总共包括 4 个内容，即项目名称、原始数据、太阳能转化率和太阳能能值。在这项研究中，借鉴了之前研究的参数计算方法。例如，太阳能、风能、雨水化学能、雨水势能、地球自转能、表土能量净损失、燃料、复合肥、氮肥、磷肥、钾肥、农药和农膜的计算方法，以及劳工、农产品和废物输出能值的计算方法，详细的计算过程见附录 B。

9.2.2.3 可持续集约化指标模型

可持续集约化的起源在于面对资源稀缺和环境挑战的有关提高单产（主要是可耕作物）的讨论。增加产量必须通过提高产量来实现，因为增加农业耕地面积会带来重大的环境成本。虽然存在可用于农业的土地，但主要由森林、湿地或草原组成，这些土地的转换将大大增加温室气体排放量和生物多样性，以及重要生态系统服务的缺失。因此，耕地利用可持续集约化需要对提高环境可持续性和提高生产力给予同等重视，即耕地利用可持续集约化是在集约利用的基础上加强耕地利用的可持续性。然而，当把耕地作为研究单元时，单一的能值指标不能完全揭示耕地生态经济系统的可持续集约化发展特征。综合分析多种能值指标可以更好地揭示耕地生态经济系统的可持续集约化。

根据能值理论，耕地生态经济系统的能量输入与输出，主要包括自然环境系统和社会经济系统的资源投入，以及耕地利用系统的产出（包括食品产出和废物产出）。本书中定义了两个新的能值指数，即能值生产率（EPR）和环境经济效率（EE），以分别评估瑞金市耕地利用系统的生产效率和废物排放到环境中的负面经济效率。能值生产率（EPR）是根据从另一个系统获得的一种或多种转化率计算出的一个产品或一组产品的能值与所研究系统中生产所需的能值之比。它既可以衡量生产过程的效率，又可以提供系统作为所涉及产品的提供者的竞争力（Lu and Daniel，2009）。环境经济效率（EE）是指耕地利用系统所产生的废弃物与可更新环境资源的能值之比，环境经济效率越高，则耕地集约化生产过程中产生的废弃物存留越多。由于耕地利用可持续集约化不是耕地利用过程中集约化和可持续性的简单复合，而是在一定的耕地面积下，在增加生产要素投入的同时，实现产出的高效化与环境负面效应的最小化（牛善栋等，2018）。因此，耕地利用可持续集约化可以看作是自然环境系统能值流、社会经济系统能值流、环境废物能值流和农产品储存能值流相互作用的函数。具体来说，与耕地利用系统的能值生产率（EPR）和净能值产出率（EYR）成正比，与环境负载率（ELR）和环境经济效率（EE）成反比。基于能值分析方法（EA）框架下耕地利用可持续集约化动态变化系统构建耕地利用可持续集约化指标模型如下：

$$ESII_i = \frac{EPR_i \times EYR_i}{ELR_i \times EE_i} \tag{9-2}$$

式（9-2）中，EPR_i 为瑞金市第 i 个乡镇的能值生产率；EYR_i 为瑞金市第 i 个乡镇的净能值产出率；ELR_i 为瑞金市第 i 个乡镇的环境负载率；EE_i 为瑞金市第 i 个乡镇的环境经济效率。

此外，通过对耕地利用过程的能值流进行汇总，并计算了几个基于能值的指数，以评估系统的效率和可持续性（见表9-2）。有关这些指数的进一步定义和讨论见（Brown and Ulgiati，2004；Wang et al.，2018）。

表9-2　　　　基于能值指数评估耕地利用系统的表述和解释

指标	表达式	解释
能值生产率（EPR）	$EPR = Y_T/U$	评估耕地利用系统的能源生产效率
能值产出率（EYR）	$EYR = Y'/(F_R + F_N)$	衡量系统产出对经济贡献大小的指标
环境负载率（ELR）	$ELR = (N + F_N)/(R + F_R)$	测量耕地利用系统产生的环境压力
环境经济效率（EE）	$EE = W/R$	测量污染物对环境的压力
可持续集约化指数（$ESII$）	$ESII = \dfrac{EPR \times EYR}{ELR \times EE}$	评价耕地利用系统的可持续集约化水平

注：Y 是耕地利用系统的总能量输出；U 是耕地利用系统的总能量输入；Y' 是不同农产品的总能量；F_R 和 F_N 分别是来自社会经济系统的可再生购买资源和不可再生购买资源的能流；R 和 N 分别是系统的可再生和不可再生的总能流；W 是废物排放的能流。

资料来源：EPR、EYR、ELR、EE 和 $ESII$ 等指标来源于 Odum（1996），Lan 等（2002），Lu 和 Daniel（2009），Wang 等（2018）。

9.3 结 果

9.3.1 耕地利用系统变化

2010~2017 年，瑞金市耕地生态系统的总输入能值从 3.00E+20seJ 增加至 3.14E+20seJ，整体呈上升趋势，总输出能值从 5.81E+20seJ 下降至 4.82E+20seJ（见附录 A 和表 9-3）。在能值输入结构中，2010 年瑞金市耕地生态系统可更新环境资源的能值输入为 3.566E+19seJ，占总输入能值的 11.88%，人类社会的能值输入为 2.076E+20seJ，占总输入能值的 69.14%。其中，可更新环境资源的能值输入占比随时间的变化呈波动状态，最高占比出现在 2016 年，为 12.75%，原因是该年的年均降雨量达 2362.5mm，为 2010~2017 年中的最高值。2017 年全市耕地面积比 2010 年增加了 259.61 公顷，增长率为 0.91%，而 2017 年比 2010 年在每公顷耕地面积上的能值输入增长 3.88%。经济不可再生购买（F_N）能值投入量增加最多，达 30.56%，主要是农用柴油和复合肥使用量的增加，而农药和农膜投入量则逐年降低。2010 年和 2017 年的耕地系统产出总能值分别为 5.81E+20seJ 和 4.82E+20seJ，减少了 17.04%。其中，油料类能值减少 36.34%，粮食、蔬菜和瓜果类产出能值分别增加 5.38%、4.69% 和 6.75%。

表 9-3　　　　2010~2017 年瑞金市耕地利用系统的能值评估

项目	太阳能值（seJ）							
	2010 年	2011 年	2012 年	2013 年	2014 年	2015 年	2016 年	2017 年
R	3.57E+19	2.65E+19	3.73E+19	2.88E+19	3.34E+19	3.55E+19	4.17E+19	2.82E+19
N	5.70E+19	5.69E+19	5.74E+19	5.73E+19	5.73E+19	5.73E+19	5.73E+19	5.74E+19
F_N	3.55E+19	3.73E+19	3.87E+19	4.21E+19	4.55E+19	4.73E+19	4.64E+19	4.64E+19
F_R	1.72E+20	1.68E+20	1.63E+20	1.73E+20	1.82E+20	1.82E+20	1.82E+20	1.82E+20
U	3.00E+20	2.88E+20	2.97E+20	3.02E+20	3.18E+20	3.22E+20	3.27E+20	3.14E+20

续表

项目	太阳能值（seJ）							
	2010 年	2011 年	2012 年	2013 年	2014 年	2015 年	2016 年	2017 年
Y'	5.98E+20	5.98E+20	6.00E+20	4.96E+20	5.00E+20	4.96E+20	5.03E+20	4.99E+20
W	1.68E+19	1.66E+19	1.69E+19	1.69E+19	1.77E+19	1.77E+19	1.75E+19	1.71E+19
Y_T	5.81E+20	5.82E+20	5.83E+20	4.79E+20	4.82E+20	4.78E+20	4.85E+20	4.82E+20

注：表中未列出各种农作物的能值流和各种废物的能值流。有关详细信息，请参阅附录 A 和附录 B。

特别值得注意的是，在 2010~2017 年中，废物排放输出能值从 1.68E+19seJ 增加至 1.71E+19seJ，且在 2010~2014 年整体呈上升趋势，2015~2017 年开始逐渐下降。此外，按最大到最小的顺序列出了社会经济购买系统中的能值投入：劳动力、化肥、柴油、农药和农膜。其中，2017 年劳动力的能值投入占能值总投入的 57.96%。因为瑞金市地处丘陵山区，耕地严重分散，无法进行大规模的农业机械化生产。尽管在 2010~2017 年期间用于农业的柴油燃料使用量有所增加，但从事农业生产的人数不降反增。

9.3.2 能值指数的变化

（1）能值生产率和能值产出率。能值生产率是瑞金市耕地利用系统生产效率的度量。能值生产率越高，在集约利用耕地过程中投入相同的资源可获得的生产率就越高。整个研究期间，瑞金市耕地利用系统的能值生产率不小于 1.4，尽管在 2011 年后开始下降（见表 9-4）。2010~2017 年，壬田、谢坊、武阳、叶坪、丁陂、大柏地、冈面、万田、黄柏、云石山和泽潭地区的能值生产率呈下降趋势，而象湖和瑞林则基本保持不变，但九堡、沙洲坝和拔英地区先升后降；只有日东地区显示出明显的上升趋势。

能值产出率反映了耕地利用系统的能值投资回报率。它可以衡量整个耕地系统对经济活动的净贡献，以及系统资源的利用效率。如果生产过程产出的能值大于来自经济系统投入的能值，则该经济系统的净能值产出率大于 1。根据表 9-4 可知，瑞金市能值产出率的最低值出现在 2015 年，为 2.160；最大值出现在 2012 年，为 2.975。这表明瑞金市耕地利用系统在整个社会经济活动中的竞争力强，耕地利用对环境造成的压力小。2010~2017 年，壬田、叶坪、丁陂和冈面地区的能值产出率呈缓慢下降趋势，而谢坊、瑞林和沙洲坝地区基本保持不变，九堡和拔英地区先升后降，只有日东地区的能值产出率呈现明显的上升趋势。2013 年，谢坊、武阳、大柏地、万田、黄柏、云石山和泽潭等地区的能值产出率呈现明显的下降趋势，并且在接下来的几年中基本保持不变。

表 9-4　　2010~2017 年瑞金市耕地利用系统的能值指数

指标	2010 年	2011 年	2012 年	2013 年	2014 年	2015 年	2016 年	2017 年
能值生产率	1.936	2.018	1.967	1.588	1.514	1.483	1.483	1.536
能值产出率	2.882	2.920	2.975	2.302	2.196	2.160	2.204	2.187
环境负载率	0.445	0.485	0.479	0.492	0.477	0.481	0.464	0.493
环境经济效率	0.472	0.628	0.453	0.587	0.532	0.499	0.420	0.606
可持续集约化指数	26.545	19.333	26.978	12.649	13.113	13.347	16.760	11.233

（2）环境负载率和环境经济效率。环境负载率是投入的经济不可再生购买能值与不可更新环境资源的能值之和与可更新环境资源能值及经济可再生购买能值之和的比值。其值越大说明耕地环境压力越大，系统可持续性越弱。在 2010~2017 年，瑞金大部分地区的环境负载率低于 1。其中，壬田、谢坊、九堡、冈面、日东、云石山和拔英地区基本保持稳定，而瑞林、武阳、万田和泽潭等地区呈上升趋势，沙洲坝、谢坊、叶坪、丁陂、大柏地和黄柏呈下降趋势。在瑞金环境负载率的最大值为 0.493，最小值为 0.445（见表 9-4），表明耕地生态环境承受的压力很小，其生态功能是可持续的。2013 年拔英地区的环境负载率大于 1，这是由于该年从事农业生产的劳动力人数急剧减少，导致环境负载率急剧增加。另外，近年来，泽潭地区的环境负载率均大于 1，其环境负载率几乎呈直线上升趋势，表明生态环境承受着越来越大的压力，这是由于对农业生产要素（如农业柴油、农药、化肥和农膜）的投资增加了。

实际上，所谓的"废物"是生产过程中产生的副产品，从生态角度来看，它们作为原材料参与生物圈的循环。但是，从经济和社会的角度看，在较短的时空范围内，由于它们的浓度较高，它们是无法获得的产品，甚至是对人类环境有害的产品。在这项研究中，环境经济效率用于反映废弃物对环境的压力。从 2010~2017 年，瑞金市乡镇的环境经济效率由西向东增加，如

表9-4所示，瑞金市的整体环境经济效率呈现先减少后增加的趋势。2017年，环境经济效率值明显高于往年，也就是说，在集约利用耕地过程中，产生了大量的废弃物。

（3）耕地可持续集约化利用的时空格局。2010年，耕地利用可持续集约化水平相对较高的地区是叶坪和泽潭乡，可持续集约化指数分别为43.382和38.793。象湖镇和冈面乡的可持续集约化指数最低；日东、大柏地、九堡和拔英等地均处于较低的状态，耕地利用可持续集约化呈现明显的"中间高两边低"分布。2013年，日东和拔英的耕地利用可持续集约化水平最高，可持续集约化指数分别为23.942和31.699；万田乡和象湖镇最低，可持续集约化指数分别为4.370和5.940。黄柏、九堡和谢坊等地均处于相对中等的水平；瑞林、云石山和武阳分别处于降低的变化状态。瑞金市耕地利用可持续集约化水平呈现"东部高西部低"分布。

2015年与2013年相比，丁陂和泽潭地区的可持续集约化水平变化较为明显。瑞金市耕地利用的可持续集约化整体水平有所提升，其可持续集约化水平的空间分布呈现明显的北部地区"集群化"趋势。需要指出的是，沙洲坝地区的可持续集约化水平一直维持相对中等的状态，而位于县城中心的象湖也一直处于较低状态。2017年，耕地利用可持续集约化水平整体均较上一阶段呈现递减趋势。但东北部地区的可持续集约化水平明显高于西北部地区，且集群分布格局未出现明显的变化。

2010~2017年，瑞金市各个乡镇的耕地利用可持续集约化水平时空分布较不均衡，逐渐由"中间高两边低"的分布状态向"两边高中间低"转变。2013~2017年，瑞金市耕地利用的可持续集约化水平在空间上集群分布，边缘地区呈现逐渐增强的趋势，而中部地区呈现逐渐降低的趋势。

9.4 讨 论

将输入和输出能量表示为能值流可以观察到这些能量在研究系统中的相对值。相对值通常不同于通过经济方式确定的值，并且总能为决策者提供有关该系统的其他信息（Luand Campbell，2009）。此外，量化能值流使我们能够计算一套标准能值指数（Odum，1996），以表征所研究系统的重要内容。

中国有着最严格的土地用途管制制度，耕地则特指用于种植农作物的土地。作为一个人为干扰的生态经济系统，农业经济的发展得益于购买的不可再生资源的使用。增加经济投资已成为实现产量最大化、减少劳动密集型做法、确保有效生产的主要手段。但由于瑞金市地形和土地细碎化的限制，在耕地利用过程中使用机械、化肥和农药等购买的投入与劳动力投入相比，显得很小。因此，即使在推动农业现代化发展之后，从社会经济系统中购买的化肥、农药和机械化能值仍不到整个农业系统能值投入的15%。另外，可更新环境能值流与不可更新环境能值流相比，也显得很小。而在本书中，不可更新环境资源只考虑了表土侵蚀造成的能值损失，这也与瑞金市年降雨量较高和降雨集中有关。

确保有效的粮食供应，特别是粮食安全，一直以来都是中国农业发展的首要任务（Li et al.，2016）。县级政府更是承担保障粮食生产的重任，这体现在农作物产量上面。瑞金市历年来的农作物产出能值基本保持稳定状态，但消费者的饮食习惯和食品需求的变化会直接影响到食品的生产。例如，油料作物的产量在2012年后急剧下降，而蔬菜和水果的产量则大幅上升。对高价值农产品需求的激增，不仅将导致土地集约化利用的加剧，而且相比于粮食和油料作物，水果和蔬菜的生长周期更短，需要较多的资源投入并产生更多的环境外部性（Hallström et al.，2015；Yue et al.，2017）。

许多学者在不同的尺度上评估了耕地生态经济系统的可持续性和集约度，但大多集中在大区域尺度上，如从国家层面（Yao et al.，2009）、省级层面（于元赫和李子君，2017；孙奇等，2010）、市级层面（金丹和卞正富，2010）、地区层面（Xie et al.，2016；Chang et al.，2018），很少有研究分析并评价县级尺度上耕地利用的可持续集约化状况，尤其是在家庭联产承包责任制下，农户作为耕地利用的直接行为主体，其行为决策直接影响耕地利用的可持续集约化水平。需要指出的是，由于县级尺度对数据精确度要求较高、数据获取难度加大，致使不同研究间结果有差异。农业生产还应考虑农业活动的环境绩效和相关的环境承载能力（Zhang et al.，2019）。此外，耕地系统中并非所有产出都是有益于人类的正效益产出，有的产出甚至是极其有害的负效益产出，如污染物、废弃物的产出等（Lei et al.，2016）。由于缺乏数据，本书只考虑耕地生产过程中的废水和废气排放，这可能会导致计算结果偏高。

相比于2010年，2017年的化肥、农药、机械化能值投入增长了30.56%，而农作物产出能值降低了 16.52%。显然，在减少资源使用和环境影响的同时，还有很大的空间可以提高农业总生产率。因此，瑞金市未来的农业政策方向需要在促进农业绿色发展的基础上进行结构调整，尤其是需要协调农业生产在空间上的合理布局。相关措施包括：测土配方施肥，土地整理与恢复，优化种植结构和多样化的耕作制度。对于生态脆弱区，如丁陂、冈面、瑞林和大柏地等乡镇，环境压力较高，需采用生态种植和加大污染控制力度。位于生态保育区内的日东、万田、叶坪和拔英等乡镇的可持续集约化水平则维持较高水平。由于全球气候变化给有效农业生产带来了巨大压力（Zhang et al., 2019），因此，发展适应气候变化的适应性技术和实践对于维持农业经济的生产力也必不可少。

9.5 结　　论

在经济分析中考虑生态系统和农业系统之间的相互联系对于向决策者提供有用的建议至关重要。但是，这种关系很难建模，而且可持续集约化包含多重目标，这使对农业生态系统和相关问题进行经济分析变得困难。即便如此，从能量守恒分析投入产出关系的变化，为评价耕地利用的可持续集约化提供了一个可行视角。根据耕地生态系统的能值分析结果得出以下主要结论：

（1）2010~2017 年 8 年间瑞金市总输出能值呈波动下降趋势。虽然，8 年平均输出能值是输入能值的 0.69 倍，但耕地利用造成的水土能值损失是耕地系统复原力的 1.75 倍。由于瑞金市农业生产基地众多，因此需要大量的耕地资源来支持本地的农业发展。

（2）从农作物产量上看，粮食类产量仍是瑞金市耕地利用产出中最大的组成部分，占农业总产出的 49%。油料作物的产量在 2012 年后急剧下降，而蔬菜和水果的产量则大幅上升，但占比仍不超过 10%。另外，2017 年农业生产中的废物排放能值是 2010 年的 1.66 倍。这表明瑞金市的农业管理者应该寻求减少农业生产废物排放的方法，可探索通过测土配方施肥来改善生产要素投入，并优化种植结构来调整耕地利用强度。

（3）在区域方面，日东、壬田、叶坪和拔英等地区的耕地利用可持续集约化水平较高，环境负载和废物排放较小。这些地区都是政府严格控制的生态保护红线区，以及瓜果和特色作物种植集聚区。然而，不在政府严格控制范围内的其他地区则并不符合这一特征。这意味着，瑞金市的土地管理人员应通过优化农业生产的空间布局等方法来提升耕地利用可持续集约化水平。

附录

表A1　2010年、2012年、2014年、2016年、2017年瑞金市耕地系统能值投入产出结构及变化

项目			单位	能值转换率/(seJ/J or seJ/t)	太阳能值/(seJ)				
					2010年	2012年	2014年	2016年	2017年
自然系统的能值输入	可更新环境资源（R）	太阳能	J	1.00E+00	1.304E+16	1.244E+17	1.162E+17	9.251E+16	1.200E+17
		雨水势能	J	8.89E+03	2.130E+19	2.275E+19	1.920E+19	2.00E+19	1.453E+19
		雨水化学能	J	1.54E+04	2.359E+19	2.520E+19	2.126E+19	2.960E+19	1.609E+19
		地球旋转能	J	2.90E+04	1.206E+19	1.214E+19	1.212E+19	1.213E+19	1.214E+19
		合计			3.566E+19	3.734E+19	3.339E+19	4.173E+19	2.824E+19
	不可更新环境资源（N_0）	净表土层损失能	J	6.25E+04	5.702E+19	5.737E+19	5.730E+19	5.734E+19	5.740E+19
		合计			5.702E+19	5.737E+19	5.730E+19	5.734E+19	5.740E+19
社会经济能值输入	经济不可再生购买（F_N）	农用柴油	t	4.82E+15	2.617E+18	2.747E+18	4.781E+18	4.762E+18	4.801E+18
		氮肥	t	3.80E+15	1.597E+19	1.730E+19	1.905E+19	1.881E+19	1.916E+19
		磷肥	t	3.90E+15	7.114E+18	8.108E+18	8.397E+18	8.483E+18	8.451E+18
		钾肥	t	1.10E+15	2.346E+18	2.191E+18	2.877E+18	2.870E+18	2.891E+18
		复合肥	t	2.80E+15	5.986E+18	7.162E+18	9.232E+18	1.032E+19	9.934E+18
		农药	t	1.62E+15	1.221E+18	9.558E+17	9.266E+17	9.266E+17	9.234E+17
		农膜	t	3.80E+14	2.436E+17	2.470E+17	1.934E+17	1.957E+17	1.938E+17
		合计			3.550E+19	3.871E+19	4.546E+19	4.637E+19	4.635E+19

续表

项目		单位	能值转换率/(seJ/J or seJ/t)	太阳能值/(seJ)				
				2010 年	2012 年	2014 年	2016 年	2017 年
社会经济能值输入	经济可再生购买（F_R）	劳动力	J	3.80E+05	1.721E+20	1.631E+20	1.820E+20	1.818E+20	1.820E+20
		合计	J		1.721E+20	1.631E+20	1.820E+20	1.818E+20	1.820E+20
	经济能值输出（Y'）	粮食	J	8.30E+04	2.510E+20	2.555E+20	2.712E+20	2.690E+20	2.645E+20
		蔬菜类	J	2.70E+04	8.676E+18	8.869E+18	8.604E+18	8.993E+18	9.083E+18
		油脂类	J	6.90E+04	3.145E+20	3.140E+20	1.959E+20	1.984E+20	2.002E+20
		瓜果类	J	5.30E+05	2.399E+19	2.196E+19	2.380E+19	2.653E+19	2.561E+19
		合计	J		5.982E+20	6.003E+20	4.995E+20	5.029E+20	4.994E+20
	废物输出（W）	废水	J	6.66E+05	7.576E+18	7.607E+18	7.989E+18	7.898E+18	7.704E+18
		废气	J	4.80E+04	9.253E+18	9.291E+18	9.758E+18	9.646E+18	9.409E+18
		合计	J		1.683E+19	1.690E+19	1.775E+19	1.754E+19	1.711E+19

注：其中柴油、氮肥、磷肥、钾肥、复合肥、农药、农膜的能值的转化形式，为了避免重复计算，故计算时只取其中最大的一项与地球旋转能投入总量、雨水化学能均为太阳辐射能的转化形式，为了避免重复计算，故计算时只取其中最大的一项与地球旋转能投入总量。因太阳能、雨水势能、雨水化学能的能值转换率单位为"seJ/t"，其余的能值转换率单位为"seJ/J"；农产品中粮食包括水稻、玉米、豆类、薯类；其中，豆类主要为大豆，薯类主要是红薯；油料类是花生，油菜籽；蔬菜类中包含采用瓜，瓜果类主要为西瓜。

表 B1　能值计算方法（以 2010 年为例，其他年份类推）

项目	计算方法	来源
太阳辐射能	耕地面积（m^2）× 2010 年平均太阳辐射能（$4.55E+07 J/m^2$）× 太阳辐射能量转换率（$1.00 seJ/J$）	(Lan et al., 2002; Zhang et al., 2018)
雨水势能	耕地面积（m^2）× 2010 年年均降雨量（$1.8934 m$）× 水密度（$1E+06 g/m^3$）× 平均海拔高度（$450 m$）× 重力加速度（$9.8 m/s^2$）× 能值转换率（$8.89E+03 seJ/J$）	(马凤娇与刘金铜, 2014; Zhang et al., 2018)
雨水化学能	耕地面积（m^2）× 2010 年年均降雨量（$1.8934 m$）× 水密度（$10^6 g/m^3$）× 水分蒸发率（0.57）× 吉布斯自由能（$4.94 J/g$）× 能值转换率（$1.54E+04 seJ/J$）	(Lan et al., 2002; 马凤娇与刘金铜, 2014; Yu et al., 2016; Zhang et al., 2018)
地球旋转能	耕地面积（m^2）× 单位面积热通量（J/m^2）× 能值转换率（$2.9E+04 seJ/J$）	(Lan et al., 2002; 马凤娇与刘金铜, 2014; Yu et al., 2016; Zhang et al., 2018)
净表土损失能	耕地面积（m^2）× 土壤侵蚀率 × 有机质含量 × 有机质能量 × 能值转换率（$6.25E+04 seJ/J$）	(Lan et al., 2002; 马凤娇与刘金铜, 2014; Yu et al., 2016; Zhang et al., 2018)
农用柴油能值	柴油（t）× 能值转化率（$4.82E+15 seJ/t$）	(赵桂慎等, 2014)
氮肥能值	氮肥用量（t）× 氮肥单位能量（$3.8E+15 seJ/t$）	(Fang et al., 2017)
磷肥能值	磷肥使用量（t）× 磷肥单位值（$3.9E+15 seJ/t$）	(Fang et al., 2017)
钾肥能值	钾肥用量（t）× 钾肥单位能量（$1.1E+15 seJ/t$）	(Fang et al., 2017)
复合肥能值	复合肥用量（t）× 复合肥单位能量（$2.80E+15 seJ/t$）	(Fang et al., 2017)
农药能值	农药使用量（t）× 农药单位能量（$1.62E+15 seJ/t$）	(于元赫, 李子君, 2017)

续表

项目	计算方法	来源
农膜能值	农膜使用量（t）×农膜单位能量（3.80E+14seJ/t）	（于元赫，李子君，2017）
劳动力能值	劳动力数量（人）×劳动力能量折算系数（3.50E+09J/人）×劳动力单位能量（3.80E+05seJ/J）	（于元赫，李子君，2017）
粮食能值	粮食产量（t）×粮食单位能量（1.62E+10J/t）×粮食能转化率（8.3E+04seJ/J）	(Zhu et al., 2012; Zhang et al., 2018)
蔬菜类能值	蔬菜产量（t）×蔬菜单位能量（2.46E+09J/t）×蔬菜转化率（2.70E+04seJ/J）	(Zhu et al., 2012; Zhang et al., 2018)
油料类能值	油籽作物产量（t）×油籽作物单位能量（3.86E+10J/t）×油料作物转化率（6.90E+05seJ/J）	(Zhu et al., 2012; Zhang et al., 2018)
瓜果类能值	果实产量（t）×果实单位能量（2.65E+09J/t）×果实转化率（5.30E+05seJ/J）	(Zhu et al., 2012; Zhang et al., 2018)
废水能值	水稻种植面积（ha）×单位面积污水灌溉量（260m³/ha）×污染物截留率（30%）×水密度（1E+06g/m³）×吉布斯自由能（4.94J/g）×水的太阳能转化率（6.66E+05seJ/J）	(Ting and Xiang, 2016; Hu et al., 2019)
废气能值	水稻种植面积（ha）×100（d）×1.3（kg/d×ha）×热值（5.023E+07J/kg）×太阳能转换率（4.8E+04seJ/J）	(Ting and Xiang, 2016; Lei et al., 2016)

参 考 文 献

1. 曹阳，胡继亮. 中国土地家庭承包制度下的农业机械化——基于中国17省（区、市）的调查数据［J］. 中国农村经济，2010（10）：57-65，76.

2. 陈博，欧阳竹，程维新，等. 近50a华北平原冬小麦—夏玉米耗水规律研究［J］. 自然资源学报，2012，27（7）7：1186-1199.

3. 陈国富. 契约的演进与制度变迁［M］. 北京：经济科学出版社，2002.

4. 陈珏，雷国平，王元辉. 黑龙江省耕地集约利用评价与空间差异分析［J］. 水土保持通报，2011，31（5）：154-157，234.

5. 陈美球，袁东波，邝佛缘，等. 农户分化、代际差异对生态耕种采纳度的影响［J］. 中国人口·资源与环境，2019，29（2）：79-86.

6. 陈倩茹，谢花林. 耕地撂荒研究进展及启示（英文）［J］. Journal of Resources and Ecology，2021，12（2）：165-174.

7. 陈强. 高级计量经济学及Stata应用（第二版）［M］. 北京：高等教育出版社，2014.

8. 陈秋计，付梅臣，等. 基于能值理论的整理区土地集约利用研究［J］. 生态经济（学术版），2007（9）：52-54.

9. 陈素琼，李杨，张广胜. 代际差异间劳动力转移对农户土地流转行为的影响——以辽宁省501个农户样本为调研分析数据［J］. 沈阳农业大学学报（社会科学版），2016，18（1）：1-8.

10. 陈伊多，杨庆媛，曾黎等. 不同生计条件下的休耕农户差别化补偿需求研究——以河北省邢台市为例［J］. 中国农业资源与区划，2018，39（10）：196-203，223.

11. 陈奕山，钟甫宁. 代际差异、长期非农收入与耕地转出稳定性［J］. 南京农业大学学报（社会科学版），2017，17（3）：112-120，159.

12. 陈瑜琦，李秀彬. 1980年以来中国耕地利用集约度的结构特征［J］.

地理学报，2009，64（4）：469-478.

13. 陈玉明，崔勋. 代际差异理论与代际价值观差异的研究评述[J]. 中国人力资源开发，2014（13）：43-48.

14. 陈昱，陈银蓉，马文博. 基于Logistic模型的水库移民安置区居民土地流转意愿分析——四川、湖南、湖北移民安置区的调查[J]. 资源科学，2011（6）：1178-1185.

15. 陈展图，杨庆媛. 中国耕地休耕制度基本框架构建[J]. 中国人口·资源与环境，2017，27（12）：126-136.

16. 成振华，刘淑萍，孙占潮，孙春元，韩桐华，门士阳，张文霞，赵宝福. 天津市农用地膜残留状况调查及影响因素分析[J]. 农业环境与发展，2011，28（2）：90-94.

17. 程建，程久苗，费罗成，等. 农地流转农户心理决策模型研究[J]. 资源科学，2017，39（5）：818-826.

18. 程维明，高晓雨，马廷，徐新良，陈印军，周成虎. 基于地貌分区的1990—2015年中国耕地时空特征变化分析[J]. 地理学报，2018，73（9）：1613-1629.

19. 仇童伟，罗必良. 种植结构"趋粮化"的动因何在？——基于农地产权与要素配置的作用机理及实证研究[J]. 中国农村经济，2018（2）：65-80.

20. 揣小伟，黄贤金，钟太洋. 休耕模式下我国耕地保有量初探[J]. 山东师范大学学报（自然科学版），2008（3）：99-102.

21. 崔宁波，王欣媛，于尊. 东北粮食主产区耕地生态效率评价及影响因素分析[J]. 生态经济，2021，37（7）：104-110.

22. 崔晓，张屹山. 中国农业环境效率与环境全要素生产率分析[J]. 中国农村经济，2014（8）：4-16.

23. 代明，刘燕妮，陈罗俊. 基于主体功能区划和机会成本的生态补偿标准分析[J]. 自然资源学报，2013b，28（8）：1310-1317.

24. 代明，刘燕妮，江思莹. 主体功能区划下的生态补偿标准——基于机会成本和佛冈样域的研究[J]. 中国人口·资源与环境，2013a，23（2）：18-22.

25. 邓楚雄，谢炳庚，李晓青，等. 基于投影寻踪法的长株潭城市群地区耕地集约利用评价[J]. 地理研究，2013，32（11）：2000-2008.

26. 丁明军, 陈倩, 辛良杰, 李兰晖, 李秀彬. 1999—2013 年中国耕地复种指数的时空演变格局 [J]. 地理学报, 2015, 70 (7): 1080 - 1090.

27. 定光平, 刘成武, 黄利民. 惠农政策下丘陵山区农地边际化的理论分析与实证——以湖北省通城县为例 [J]. 地理研究, 2009, 28 (1): 109 - 117.

28. 杜国明, 刘彦随. 黑龙江省耕地集约利用评价及分区研究 [J]. 资源科学, 2013, 35 (3): 554 - 560.

29. 段龙龙. 我国耕地质量危机的引发原因及对策论析 [J]. 现代经济探讨, 2016 (10): 40 - 44.

30. 段伟杰. 外部性理论探讨 [J]. 经济师, 2011 (12): 23 - 24.

31. 段文婷, 江光荣. 计划行为理论述评 [J]. 心理科学进展, 2008 (2): 315 - 320.

32. 范锦龙, 吴炳方. 基于 GIS 的复种指数潜力研究 [J]. 遥感学报, 2004, 8 (6): 637 - 643.

33. 费罗成, 程久苗, 吴次芳. 中国中部地区耕地集约利用时空比较分析 [J]. 国土资源情报, 2012 (1): 46 - 51.

34. 封永刚, 彭珏, 邓宗兵, 王炬. 面源污染、碳排放双重视角下中国耕地利用效率的时空分异 [J]. 中国人口·资源与环境, 2015, 2508: 18 - 25.

35. 冯长根, 王亚军. 2006 年中国安全生产事故与自然灾害状况 [J]. 安全与环境学报, 2007, 7 (6): 131 - 146.

36. 高佳, 李世平. 城镇化进程中农户土地退出意愿影响因素分析 [J]. 农业工程学报, 2014, 30 (6): 212 - 220.

37. 宫大鹏, 赵涛, 慈兆程, 姚浩. 基于超效率 SBM 的中国省际工业化石能源效率评价及影响因素分析 [J]. 环境科学学报, 2015, 3502: 585 - 595.

38. 龚斌磊, 张书睿, 王硕, 等. 新中国成立 70 年农业技术进步研究综述 [J]. 农业经济问题, 2020, 41 (6): 11 - 29.

39. 龚大鑫, 金文杰, 窦学诚, 等. 牧户对退牧还草工程的行为响应及其影响因素研究——以高寒牧区玛曲县为例 [J]. 中国沙漠, 2012 (4): 1169 - 1175.

40. 龚小丽. 基于代际差异理论的建筑工人安全行为研究 [D]. 重庆:

重庆大学, 2019.

41. 顾惊雷著. 蛙跳式制度变迁和职业经理人的使用 [M]. 上海: 上海财经大学出版社, 2018.

42. 郭柏林. 我国复种指数变化特征、效益和潜力 [J]. 经济地理, 1997, 17 (3): 8 - 13.

43. 郭贝贝, 方叶林, 周寅康. 农户尺度的耕地撂荒影响因素及空间分异 [J]. 资源科学, 2020, 42 (4): 696 - 709.

44. 郭贯成, 丁晨曦. 土地细碎化对粮食生产规模报酬影响的量化研究——基于江苏省盐城市、徐州市的实证数据 [J]. 自然资源学报, 2016, 31 (2): 202 - 214.

45. 郭晓鸣, 曾旭晖, 王蔷, 等. 中国小农的结构性分化: 一个分析框架——基于四川省的问卷调查数据 [J]. 中国农村经济, 2018 (10): 7 - 21.

46. 郭燕枝, 王小虎, 孙君茂. 华北平原地下水漏斗区马铃薯替代小麦种植及由此节省的水资源量估算 [J]. 中国农业科技导报, 2014 (6): 159 - 163.

47. 韩国莹, 刘同山. 农地流转价格对非粮种植的影响研究 [J]. 价格理论与实践, 2020 (7): 66 - 69, 112.

48. 韩洪云, 喻永红. 退耕还林生态补偿研究——成本基础、接受意愿抑或生态价值标准 [J]. 农业经济问题, 2014 (4): 64 - 72, 112.

49. 韩鹏, 黄河清, 甄霖等. 基于农户意愿的脆弱生态区生态补偿模式研究——以鄱阳湖区为例 [J]. 自然资源学报, 2012, 27 (4): 625 - 642.

50. 韩长赋. 中国农村土地制度改革 [J]. 农业经济问题, 2019 (1): 4 - 16.

51. 何蒲明, 贺志锋, 魏君英. 基于农业供给侧改革的耕地轮作休耕问题研究 [J]. 经济纵横, 2017 (7): 88 - 92.

52. 何文斯, 吴文斌, 余强毅, 胡文君, 谭杰扬, 胡亚楠. 1980—2010年中国耕地复种可提升潜力空间格局变化 [J]. 中国农业资源与区划, 2016, 37 (11): 7 - 14.

53. 何艳秋, 戴小文. 中国农业碳排放驱动因素的时空特征研究 [J]. 资源科学, 2016, 3809: 1780 - 1790.

54. 河北省人民政府办公厅. 河北经济年鉴 [M]. 北京: 中国统计出版

社, 2015.

55. 胡伟艳, 李梦燃, 张娇娇, 等. 农户农地生态功能供给行为研究——基于拓展的计划行为理论[J]. 中国农业资源与区划, 2019, 40 (8): 156-163.

56. 胡晓宇, 杨璐嘉. 中部崛起下农业大省的技术效率比较分析——基于超效率 SBM—DEA 模型[J]. 经济研究导刊, 2012, 27: 170-172.

57. 胡振通, 孔德帅, 焦金寿, 靳乐山. 草场流转的生态环境效率——基于内蒙古甘肃两省份的实证研究[J]. 农业经济问题, 2014, 35 (6): 90-97.

58. 黄国勤, 赵其国. 轮作休耕问题探讨[J]. 生态环境学报, 2017, 26 (2): 357-362.

59. 黄国勤, 赵其国. 中国典型地区轮作休耕模式与发展策略[J]. 土壤学报, 2018, 55 (2): 283-292.

60. 黄季焜, 靳少泽. 未来谁来种地: 基于我国农户劳动力就业代际差异视角[J]. 农业技术经济, 2015 (1): 4-10.

61. 黄利民, 张安录, 刘成武. 耕地撂荒及其定量分析[J]. 咸宁学院学报, 2008, 28 (3): 113-116.

62. 黄宗智. 长江三角洲小农家庭与乡村发展[M]. 北京: 中华书局, 2000: 8-9.

63. 黄宗智. 中国农业的过密化与现代化: 规范认识危机及出路[M]. 上海: 上海科学出版社, 1992: 58-59.

64. 纪月清, 王许沁, 陆五一, 刘亚洲. 农业劳动力特征、土地细碎化与农机社会化服务[J]. 农业现代化研究, 2016, 37 (5): 910-916.

65. 纪月清, 熊晶白, 刘华. 土地细碎化与农村劳动力转移研究[J]. 中国人口·资源与环境, 2016, 26 (8): 105-115.

66. 蒋和平, 尧珏, 蒋黎. 新时期我国粮食安全保障的发展思路与政策建议[J]. 经济学家, 2020 (1): 110-118.

67. 金丹, 卞正富. 基于能值分析的徐州生态经济系统可持续性评价[J]. 国土与自然资源研究, 2010 (1): 50-52.

68. 金姝兰, 徐彩球, 潘华华. 我国粮食主产区耕地复种指数变化特征与潜力分析[J]. 贵州农业科学, 2011, 39 (4): 201-204.

69. 康清林, 李春蕾, 张玉虎. 2001—2010 年江苏省复种指数变化及其影响因子分析[J]. 首都师范大学学报 (自然科学版), 2017, 38 (5): 86-94.

70. 康晓慧. 绵阳茶园土壤农药残留现状分析 [J]. 中国植保导刊, 2006 (12): 38-40.

71. 柯新利, 马才学. 城镇化对耕地集约利用影响的典型相关分析及其政策启示 [J]. 中国土地科学, 2013, 27 (11): 4-10.

72. 孔祥斌. "休养生息"意在提质增效 [J]. 国土资源, 2016 (2): 9.

73. 赖斯芸. 非点源调查评估方法及其应用研究 [D]. 北京: 清华大学硕士学位论文, 2003.

74. 兰德尔. 资源经济学 [M]. 北京: 商务印书馆, 1989: 155.

75. 李芬, 甄霖, 黄河清, 等. 鄱阳湖区农户生态补偿意愿影响因素实证研究 [J]. 资源科学, 2010, 32 (5): 824-830.

76. 李广泳, 姜广辉, 张永红, 刘小龙, 陈淑娟. 我国耕地撂荒机理及盘活对策研究 [J]. 中国国土资源经济, 2021, 34 (2): 36-41.

77. 李海燕, 蔡银莺. 生计多样性对农户参与农田生态补偿政策响应状态的影响——以上海闵行区、苏州张家港市发达地区为例 [J]. 自然资源学报, 2014, 10: 1696-1708.

78. 李晶, 任志远. 基于SPOTNDVI的陕西省耕地复种指数时空变化 [J]. 干旱区资源与环境, 2011, 25 (10): 86-91.

79. 李阔, 许吟隆. 适应气候变化的中国农业种植结构调整研究 [J]. 中国农业科技导报, 2017, 19 (1): 8-17.

80. 李琳凤, 李孟刚. 提高复种指数是保障我国粮食安全的有效途径 [J]. 管理现代化, 2012 (3): 26-28.

81. 李鹏, 肖池伟, 封志明, 等. 鄱阳湖平原粮食主产区农户水稻熟制决策行为分析 [J]. 地理研究, 2015 (12): 2257-2267.

82. 李平衡. 我国农业水资源利用存在的问题及对策分析 [J]. 农村经济与科技, 2016, 27 (1): 39-40, 42.

83. 李庆, 韩菡, 李翠霞. 老龄化、地形差异与农户种植决策 [J]. 经济评论, 2019 (6): 97-108.

84. 李升发, 李秀彬. 耕地撂荒研究进展与展望 [J]. 地理学报, 2016, 71 (3): 370-389.

85. 李升发, 李秀彬. 中国山区耕地利用边际化表现及其机理 [J]. 地理学报, 2018, 73 (5): 803-817.

86. 李世杰, 朱雪兰, 洪潇伟, 韦开蕾. 农户认知、农药补贴与农户安全农产品生产用药意愿——基于对海南省冬季瓜菜种植农户的问卷调查 [J]. 中国农村观察, 2013 (5): 55-69, 97.

87. 李文辉, 戴中亮. 一个基于农户家庭特征的耕地抛荒假说 [J]. 中国人口·资源与环境, 2014, 24 (10): 143-149.

88. 李晓光, 苗鸿, 郑华等. 机会成本法在确定生态补偿标准中的应用——以海南中部山区为例 [J]. 生态学报, 2009, 29 (9): 4875-4883.

89. 李欣. 黑龙江省水稻休耕的生态溢价生成机理与实现路径研究 [D]. 东北林业大学, 2020.

90. 李洋, 王辉. 利益相关者理论的动态发展与启示 [J]. 现代财经——天津财经学院学报, 2004 (7): 32-35.

91. 李逸波, 王文信, 彭建强. 农民职业分化与城市化的关系研究——基于理论与实证的双重角度 [J]. 世界农业, 2013 (8): 50-53.

92. 李赞红, 阎建忠, 花晓波, 等. 不同类型农户撂荒及其影响因素研究——以重庆市12个典型村为例 [J]. 地理研究, 2014, 33 (4): 721-734.

93. 李兆亮, 罗小锋, 薛龙飞, 张俊飚. 中国农业绿色生产效率的区域差异及其影响因素分析 [J]. 中国农业大学学报, 2017, 22 (10): 203-212.

94. 李争, 杨俊. 鄱阳湖粮食产区农户休耕意愿及影响因素研究 [J]. 广东农业科学, 2015 (22): 162-167.

95. 李中豪. 农地抛荒的生成机理与我国农地制度的创新路径 [J]. 农村经济, 2013 (6): 33-36.

96. 梁宏. 代际差异视角下的农民工精神健康状况 [J]. 人口研究, 2014 (4): 87-100.

97. 梁守真, 马万栋, 施平, 等. 基于MODISNDVI数据的复种指数监测: 以环渤海地区为例 [J]. 中国生态农业学报, 2012, 20 (12): 1657-1663.

98. 梁书民. 我国各地复种发展潜力与复种行为研究 [J]. 农村经济问题, 2007 (5): 85-90.

99. 梁增芳, 肖新成, 倪九派. 三峡库区农户对农业面源污染治理的态度与政策响应——基于重庆市涪陵区南沱镇农户的调查问卷 [J]. 农村经济, 2014 (7): 92-97.

100. 林毅夫. 小农与经济理性 [J]. 农村经济与社会, 1988 (3): 31-33.

101. 刘彬彬, 崔菲菲, 史清华. 劳动力流动与村庄离婚率 [J]. 中国农村经济, 2018 (10): 71-92.

102. 刘成武, 黄利民. 农地边际化过程中农户土地利用行为变化及其对粮食生产的影响 [J]. 地理研究, 2015 (12): 2268-2282.

103. 刘丹, 杨文杰, 巩前文. 重金属污染区农户休耕意愿的影响因素及其差异性分析——基于湖南省243个农户的问卷调查 [J]. 中国农业大学学报, 2019, 24 (2): 215-227.

104. 刘芳, 张红旗. 我国农产品主产区土地可持续利用评价 [J]. 自然资源学报, 2012, 27 (7): 1138-1152.

105. 刘嘉尧, 吕志祥. 美国土地休耕保护计划及借鉴 [J]. 商业研究, 2009 (8): 134.

106. 刘克春. 农户农地流转决策行为研究 [D]. 浙江大学, 2006.

107. 刘蒙罢, 张安录, 文高辉. 长江中下游粮食主产区耕地利用生态效率时空格局与演变趋势 [J]. 中国土地科学, 2021, 35 (2): 50-60.

108. 刘清, 吴振天. 我国农业水资源可持续利用面临的问题与对策 [J]. 南方农机, 2017, 48 (15): 92, 98.

109. 刘润秋, 宋艳艳. 农地抛荒的深层次原因探析 [J]. 农村经济, 2006 (1): 31-34.

110. 任晓敏. 对农村耕地撂荒的原因及影响的分析 [J]. 商, 2015 (52): 27.

111. 刘巽浩. 耕作学 [M]. 北京: 中国农业出版社, 2001.

112. 刘亚男, 杨庆媛, 童小容. 休耕地管护中利益主体的博弈分析 [J]. 西南师范大学学报 (自然科学版), 2019, 44 (4): 49-56.

113. 刘亚琼, 黄英. 农业机械化对农村环境影响的实证研究 [J]. 农机化研究, 2016, 38 (12): 75-80.

114. 刘炎周, 王芳, 郭艳, 等. 农民分化、代际差异与农房抵押贷款接受度 [J]. 中国农村经济, 2016 (9): 16-29.

115. 刘耀彬, 刘皓宇. 赣南地区土地利用与经济重心迁移特征及影响因素分析 [J]. 江西师范大学学报 (哲学社会科学版), 2018, 51 (1): 116-123.

116. 刘玉, 杨庆媛. 我国耕地可持续利用的障碍因素和对策 [J]. 地域研究与开发, 2004, 23 (3): 102-105.

117. 柳荻, 胡振通, 靳乐山. 华北地下水超采区农户对休耕政策的满意度及其影响因素分析 [J]. 干旱区资源与环境, 2018, 32 (1): 22-27.

118. 龙开胜, 王雨蓉, 赵亚莉, 等. 长三角地区生态补偿利益相关者及其行为响应 [J]. 中国人口·资源与环境, 2015 (8): 43-49.

119. 龙禹桥, 吴文斌, 余强毅, 胡琼, 陆苗, 陈迪. 耕地集约化利用研究进展评述 [J]. 自然资源学报, 2018, 33 (2): 337-350.

120. 龙玉琴, 王成, 邓春等. 地下水漏斗区不同类型农户耕地休耕意愿及其影响因素——基于邢台市598户农户调查 [J]. 资源科学, 2017, 39 (10): 1834-1843.

121. 卢华, 胡浩, 耿献辉. 土地细碎化、地块规模与农业生产效益——基于江苏省调研数据的经验分析 [J]. 华中科技大学学报 (社会科学版), 2016, 30 (4): 81-90.

122. 卢华, 胡浩. 土地细碎化、种植多样化对农业生产利润和效率的影响分析——基于江苏农户的微观调查 [J]. 农业技术经济, 2015 (7): 4-15.

123. 卢新海, 匡兵, 李菁. 碳排放约束下耕地利用效率的区域差异及其影响因素 [J]. 自然资源学报, 2018, 33 (4): 657-668.

124. 陆宏芳, 沈善瑞, 陈洁, 蓝盛芳. 生态经济系统的一种整合评价方法: 能值理论与分析方法 [J]. 生态环境, 2005 (1): 121-126.

125. 栾江, 李婷婷, 马凯. 劳动力转移对中国农业化肥面源污染的影响研究 [J]. 世界农业, 2016 (2): 63-69, 199.

126. 吕晓, 李振波, 刘新平, 等. 耕地集约利用评价指标体系研究——以新疆为例 [J]. 新疆农垦经济, 2007 (9): 30-33.

127. 吕晓, 牛善栋, 李振波, 黄贤金, 钟太洋. 中国耕地集约利用研究现状及趋势分析 [J]. 农业工程学报, 2015, 31 (18): 212-224.

128. 罗纳德·H. 科斯著. 财产权利与制度变迁 产权学派与新制度学派译文集 [M]. 刘守英等译. 上海: 格致出版社, 2014.

129. 马爱慧, 蔡银莺, 张安录. 基于土地优化配置模型的耕地生态补偿框架 [J]. 中国人口·资源与环境, 2010, 20 (10): 97-102.

130. 马凤娇, 刘金铜. 基于能值分析的农田生态系统服务评估——以河

北省栾城县为例 [J]．资源科学，2014，36（9）：1949-1957.

131. 马立强．工矿废弃地再开发的利益冲突治理研究——基于利益相关者视角 [M]．成都：西南交通大学出版社，2016.

132. 马歇尔．经济学原理 [M]．北京：北京出版社，2007：97.

133. 马月姣．华北平原地下水资源的开发利用与保护 [J]．能源科学技术，2016（4）：44.

134. 孟素花，费宇红，张兆吉，等．华北平原地下水脆弱性评价 [J]．中国地质，2011（6）：1607-1613.

135. 孟素花，费宇红，张兆吉等．华北平原地下水脆弱性评价 [J]．中国地质，2011，38（6）：1607-1613.

136. 纳哈德·埃斯兰贝格，何玉长，汪晨．庇古的《福利经济学》及其学术影响 [J]．上海财经大学学报，2008，10（5）：89-96.

137. 牛善栋，吕晓，史洋洋．山东省农地利用可持续集约化的时空格局 [J]．应用生态学报，2018，29（2）：607-616.

138. 农业农村部关于统筹利用撂荒地促进农业生产发展的指导意见 [J]．中国农业综合开发，2021（2）：16-17.

139. 欧名豪，王坤鹏，郭杰．耕地保护生态补偿机制研究进展 [J]．农业现代化研究，2019，40（3）：359.

140. 潘丹，应瑞瑶．中国农业生态效率评价方法与实证——基于非期望产出的SBM模型分析 [J]．生态学报，2013：3312，3837-3845.

141. 逄焕成，陈阜．黄淮平原不同多熟模式生产力特征与资源利用效率研究 [J]．自然资源学报，1998，13（3）：199-206.

142. 彭继权，吴海涛，宋嘉豪，等．农业机械化水平对湖北农户耕地复种指数的影响 [J]．中国生态农业学报（中英文），2019，27（3）：380-390.

143. 彭继权．土地流转对农户耕地复种指数的影响 [J]．农业工程学报，2021，37（5）：285-294.

144. 彭文龙，吕晓，辛宗斐，牛善栋．国际可持续集约化发展经验及其对中国耕地保护的启示 [J]．中国土地科学，2020，34（4）：18-25.

145. 钱龙，刘景景，陈方丽．农地细碎化经营对粮食种植结构的影响——基于农业部农村固定观察点的微观实证 [J]．农林经济管理学报，2018，17（2）：150-158.

146. 青木昌彦. 比较制度分析 [M]. 周黎安译. 上海: 上海远东出版社, 2016.

147. 萨缪尔森. 经济学 [M]. 北京: 人民邮电出版社, 1999: 31.

148. 邵景安, 张仕超, 李秀彬. 山区耕地边际化特征及其动因与政策含义 [J]. 地理学报, 2014, 69 (2): 227-242.

149. 邵景安, 张仕超, 李秀彬. 山区土地流转对缓解耕地撂荒的作用 [J]. 地理学报, 2015, 70 (4): 636-649.

150. 邵彦敏, 杨印生. 耕地保护外部性内部化的路径选择 [J]. 农业技术经济, 2008 (2): 19-24.

151. 沈磊. 心理学模型与协同过滤集成的算法研究 [D]. 北京航空航天大学, 2010.

152. 沈满洪, 何灵巧. 外部性的分类及外部性理论的演化 [J]. 浙江大学学报 (人文社会科学版), 2002, 32 (1): 152-160.

153. 沈萌, 甘臣林, 陈银蓉, 梅昀. 基于DTPB理论农户农地转出意愿影响因素研究——以武汉城市圈为例 [J]. 农业现代化研究, 2019, 40 (3): 441-449.

154. 施翠仙, 郭先华, 祖艳群, 等. 基于CVM意愿调查的洱海流域上游农业生态补偿研究 [J]. 农业环境科学学报, 2014 (4): 730-736.

155. 石淑芹, 曹玉青, 吴文斌, 杨鹏, 蔡为民, 陈佑启. 耕地集约化评价指标体系与评价方法研究进展 [J]. 中国农业科学, 2017, 50 (7): 1210-1222.

156. 史常亮, 张益, 郭焱, 朱俊峰. 耕地细碎化对农户化肥使用效率的影响 [J]. 自然资源学报, 2019, 34 (12): 2687-2700.

157. 史铁丑, 李秀彬. 欧洲耕地撂荒研究及对我国的启示 [J]. 地理与地理信息科学, 2013, 29 (3): 101-103.

158. 宋浩楠, 栾敬东, 张士云, 江激宇. 土地细碎化、多样化种植与农业生产技术效率——基于随机前沿生产函数和中介效应模型的实证研究 [J]. 农业技术经济, 2021 (2): 18-29.

159. 宋敏. 耕地资源利用中的环境成本分析与评价: 以湖北省武汉市为例 [J]. 中国人口·资源与环境, 2013, 23 (12): 76-83.

160. 宋世雄, 梁小英, 梅亚军, 等. 基于CBDI的农户耕地撂荒行为模型构建及模拟研究——以陕西省米脂县冯阳圪村为例 [J]. 自然资源学报,

2016, 31 (11): 1926-1937.

161. 苏畅, 杨子生. 日本环境保全型耕地农业系统对中国耕地保护的启示 [J]. 中国农学通报, 2020, 36 (31): 86-91.

162. 苏炜. 粮食安全海关"数"评 [J]. 中国海关, 2020 (9): 52-53.

163. 苏旭霞, 王秀清. 农用地细碎化与农户粮食生产——以山东省莱西市为例的分析 [J]. 中国农村观察, 2002 (3): 22-28, 80.

164. 孙奇, 孙鹏媛, 高永生, 秦明周. 基于能值分析的河南省耕地生态经济系统可持续利用研究 [J]. 中国农业资源与区划, 2010, 31 (3): 37-42.

165. 谭术魁. 中国耕地撂荒问题研究 [M]. 北京: 科学出版社, 2004.

166. 谭术魁. 土地资源学 [M]. 上海: 复旦大学出版社, 2019.

167. 谭永忠, 赵越, 俞振宁, 曹宇. 代表性国家和地区耕地休耕补助政策及其对中国的启示 [J]. 农业工程学报, 2017, 33 (19): 249-257.

168. 檀竹平, 洪炜杰, 罗必良. 农业劳动力转移与种植结构"趋粮化" [J]. 改革, 2019 (7): 111-118.

169. 唐华俊, 吴文斌, 杨鹏, 周清波, 陈仲新. 农作物空间格局遥感监测研究进展 [J]. 中国农业科学, 2010, 43 (14): 2879-2888.

170. 唐鹏钦, 吴文斌, 姚艳敏, 杨鹏. 基于小波变换的华北平原耕地复种指数提取 [J]. 农业工程学报, 2011, 27 (7): 220-225.

171. 唐鹏钦, 姚艳敏, 吴文斌等. 基于遥感技术的耕地复种指数研究进展 [J]. 中国农业资源与区划, 2010, 31 (2): 21-27.

172. 田玉军, 李秀彬, 马国霞, 等. 劳动力析出对生态脆弱区耕地撂荒的影响 [J]. 中国土地科学, 2010, 24 (7): 4-9.

173. 田玉军, 李秀彬, 马国霞. 耕地和劳动力禀赋对农村劳动力外出务工影响的实证分析——以宁夏南部山区为例 [J]. 资源科学, 2010, 32 (11): 2160-2164.

174. 田玉军, 李秀彬, 辛良杰等. 农业劳动力机会成本上升对农地利用的影响——以宁夏回族自治区为例 [J]. 自然资源学报, 2009, 24 (3): 369-377.

175. 涂正革. 环境、资源与工业增长的协调性 [J]. 经济研究, 2008 (2): 93-105.

176. 万本太, 邹首民. 走向实践的生态补偿 [M]. 北京: 中国环境科学出版社, 2008.

177. 万广华,程恩江. 规模经济、土地细碎化与我国的粮食生产 [J]. 中国农村观察,1996 (3):31-36,64.

178. 王宝义,张卫国. 中国农业生态效率的省际差异和影响因素——基于1996~2015年31个省份的面板数据分析 [J]. 中国农村经济,2018 (1):46-62.

179. 王国刚,刘彦随,陈秧分. 中国省域耕地集约利用态势与驱动力分析 [J]. 地理学报,2014,69 (7):907-915.

180. 王宏宇. 黑龙江寒地井灌稻地休耕问题研究——基于利益博弈的视角 [J]. 时代经贸,2019 (27):30-32.

181. 王金翠,张英,温吉利,等. 华北平原气候时空演变特征 [J]. 现代地质,2015,29 (2):299-306.

182. 王金南,庄国泰. 生态补偿机制与政策设计 [M]. 北京:中国环境科学出版社,2006:100.

183. 王嫚嫚,刘颖,蒯昊,周晓时. 土地细碎化、耕地地力对粮食生产效率的影响——基于江汉平原354个水稻种植户的研究 [J]. 资源科学,2017,39 (8):1488-1496.

184. 王茂林. 美国土地休耕保护计划的制度设计及若干启示 [J]. 农业经济问题,2020 (5):119-122.

185. 王千,李哲,范洁,等. 沿海地区耕地集约利用与生态服务价值动态变化及相关性分析 [J]. 中国农学通报,2012,28 (35):186-191.

186. 王树涛,许策,李子良,等. 县域尺度耕地生产能力的空间变异 [J]. 农业工程学报,2013,29 (17):230-239.

187. 王思琪,陈美球,彭欣欣,刘桃菊. 农户分化对环境友好型技术采纳影响的实证研究——基于554户农户对测土配方施肥技术应用的调研 [J]. 中国农业大学学报,2018,23 (6):187-196.

188. 王兴稳,钟甫宁. 土地细碎化与农用地流转市场 [J]. 中国农村观察,2008 (4):29-34,80.

189. 王学,李秀彬,辛良杰. 河北平原冬小麦播种面积收缩及由此节省的水资源量估算 [J]. 地理学报,2013 (5):694-707.

190. 王学,李秀彬,辛良杰,等. 华北地下水超采区冬小麦退耕的生态补偿问题探讨 [J]. 地理学报,2016,71 (5):829-839.

191. 王学,李秀彬. 土地休耕与粮食安全政策背景下中国小麦优化配置的潜在区域——基于1990—2014年县域小麦面积与产量时空变化的分析（英文）[J]. *Journal of Resources and Ecology*, 2018, 9 (6): 592-608.

192. 王志强, 黄国勤, 赵其国. 新常态下我国轮作休耕的内涵、意义及实施要点简析 [J]. 土壤, 2017, 49 (4): 651-657.

193. 魏琦, 张斌, 金书秦. 中国农业绿色发展指数构建及区域比较研究 [J]. 农业经济问题, 2018, 39 (11): 11-20.

194. 温良友, 张蚌蚌, 孔祥斌, 党昱譞, 王轩. 基于区域协同的我国耕地保护补偿框架构建及其测算 [J]. 中国农业大学学报, 2021, 26 (7): 155-171.

195. 文华成. 四川丘区农村耕地撂荒问题研究 [J]. 农村经济, 2003 (10): 18-20.

196. 吴爱民, 李长青, 徐彦泽, 刘久荣, 等. 华北平原地下水可持续利用的主要问题及对策建议 [J]. 南水北调与水利科技, 2010 (6): 110-113, 128.

197. 吴红, 张晓玲. 安徽省城镇化与耕地利用集约化的动态响应关系 [J]. 农业工程学报, 2017, 33 (12): 262-269.

198. 吴明隆. 结构方程模型——AMOS的操作与应用 [M]. 重庆: 重庆大学出版社, 2010.

199. 吴箐, 谢花林. 土地休耕制度研究: 回顾与启示（英文）[J]. *Journal of Resources and Ecology*, 2017, 8 (3): 223-231.

200. 吴文斌, 余强毅, 陆苗, 项铭涛, 谢安坤, 杨鹏, 唐华俊. 耕地复种指数研究的关键科学问题 [J]. 中国农业科学, 2018, 51 (9): 1681-1694.

201. 吴宇哲, 钱恬楠, 郭珍. 休养生息制度背景下耕地保护生态补偿机制研究 [J]. 郑州大学学报 (哲学社会科学版), 2020, 53 (3): 27-31, 127.

202. 吴郁玲, 顾湘, 周勇. 农户视角下湖北省耕地集约利用影响因素分析 [J]. 中国土地科学, 2012, 26 (2): 50-55.

203. 夏柱智, 贺雪峰. 半工半耕与中国渐进城镇化模式 [J]. 中国社会科学, 2017 (12): 117-137, 207-208.

204. 向荣. 敞田制与英国的传统农业 [J]. 中国社会科学, 2014 (1): 181-203, 208.

205. 谢花林, 何亚芬. 中国耕地利用研究 [M]. 北京: 经济科学出版社, 2018.

206. 谢花林, 刘曲, 姚冠荣, 等. 基于PSR模型的区域土地利用可持续性水平测度: 以鄱阳湖生态经济区为例 [J]. 资源科学, 2015, 37 (3): 449-457.

207. 谢花林, 王伟, 刘志飞. 中国耕地利用研究 [M]. 北京: 中国农业出版社, 2016.

208. 谢花林, 张道贝, 王伟, 谢雪, 吴箐, 程玲娟. 鄱阳湖生态经济区耕地利用效率时空差异及其影响因素分析 [J]. 水土保持研究, 2016, 23 (5): 214-221.

209. 谢花林, 邹金浪, 彭小琳. 基于能值的鄱阳湖生态经济区耕地利用集约度时空差异分析 [J]. 地理学报, 2012, 67 (7): 889-902.

210. 辛良杰, 李秀彬, 朱会义, 等. 农户土地规模与生产率的关系及其解释的印证——以吉林省为例 [J]. 地理研究, 2009 (5): 1276-1284.

211. 辛良杰, 李秀彬, 谈明洪等. 近年来我国普通劳动者工资变化及其对农地利用的影响 [J]. 地理研究, 2011, 30 (8): 1392-1400.

212. 辛良杰, 李秀彬. 近年来我国南方双季稻区复种的变化及其政策启示 [J]. 自然资源学报, 2009, 24 (1): 58-65.

213. 辛良杰, 王佳月, 王立新. 基于居民膳食结构演变的中国粮食需求量研究 [J]. 资源科学, 2015, 37 (7): 1347-1356.

214. 徐莉. 我国农地抛荒的经济学分析 [J]. 经济问题探索, 2010 (8): 60-64.

215. 徐秋, 雷国平, 杨厚翔. 黑龙江省耕地利用效率时空差异及影响因素研究 [J]. 中国农业资源与区划, 2017, 38 (12): 33-40.

216. 徐水太, 黄锴强, 薛飞. 基于演化博弈视角下的耕地重金属污染治理式休耕问题研究 [J]. 生态经济, 2020, 36 (7): 120-125.

217. 徐昔保, 杨桂山. 太湖流域1995—2010年耕地复种指数时空变化遥感分析 [J]. 农业工程学报, 2013, 29 (3): 148-155.

218. 徐玉婷, 郭淑红, 赵飞燕. 耕地轮作休耕对农业土地利用变化的影响研究综述 [J]. 土地经济研究, 2018 (1): 20-31.

219. 许恒周, 郭忠兴, 郭玉燕. 农民职业分化、养老保障与农村土地流转——基于南京市372份农户问卷调查的实证研究 [J]. 农业技术经济,

2011（1）：80-85.

220. 许咏梅，房世杰，马晓鹏，朱倩倩. 农用地膜污染防治战略研究[J]. 中国工程科学，2018，20（5）：96-102.

221. 许月卿. 土地利用对地下水位下降的影响——以河北平原为例[J]. 地理研究，2005（2）：222-228.

222. 闫慧敏，刘纪远，曹明奎. 近20年中国耕地复种指数的时空变化[J]. 地理学报，2005，60（4）：559-566.

223. 闫岩. 计划行为理论的产生、发展和评述[J]. 国际新闻界，2014，36（7）：113~129.

224. 颜丙金，石培基. 甘肃省耕地集约利用及其驱动力研究[J]. 中国农学通报，2011，27（33）：108-113.

225. 杨丹，叶长盛. 基于县域单元的江西省复种指数时空格局分析[J]. 农业现代化研究，2013，34（6）：722-727.

226. 杨钢桥，胡柳，汪文雄. 农户耕地经营适度规模及其绩效研究——基于湖北6县市农户调查的实证分析[J]. 资源科学，2011，33（3）：505-512.

227. 杨浩然，刘悦，刘合光. 中美农业土地制度比较研究[J]. 经济社会体制比较，2013（2）：65-75.

228. 杨红梅，刘卫东，刘红光. 土地市场发展对土地集约利用的影响[J]. 中国人口·资源与环境，2011，21（12）：129-133.

229. 杨慧莲，李艳，韩旭东，郑风田. 土地细碎化增加"规模农户"农业生产成本了吗？——基于全国776个家庭农场和1166个专业大户的微观调查[J]. 中国土地科学，2019，33（4）：76-83.

230. 杨慧琳，袁凯华，陈银蓉，等. 农户分化、代际差异对宅基地退出意愿的影响——基于宅基地价值认知的中介效应分析[J]. 资源科学，2020，42（9）：1680-1691.

231. 杨金帆. 新疆生态效率研究：基于能值理论和SBM模型[D]. 北京：中国地质大学（北京），2019.

232. 杨进，陈志钢. 劳动力价格上涨和老龄化对农村土地租赁的影响[J]. 中国农村经济，2016（5）：71-83.

233. 杨庆媛，毕国华，陈展图，曾黎，杨人豪. 喀斯特生态脆弱区休耕地的空间配置研究——以贵州省晴隆县为例[J]. 地理学报，2018，73（11）：2250-2266.

234. 杨庆媛,陈展图,信桂新,曾黎.中国耕作制度的历史演变及当前轮作休耕制度的思考[J].西部论坛,2018,28(2):1-8.

235. 杨忍,刘彦随,陈玉福,李婷婷.环渤海地区耕地复种指数的时空变化遥感反演及影响因素探测[J].地理科学,2013,33(5):588-593.

236. 杨朔,李世平,聂鹏.陕西省耕地全要素生产率的区域差异及其收敛性分析[J].统计与信息论坛,2013,28(7):82-88.

237. 杨万江,王绎.我国双季稻区复种变化及影响因素分析——基于10个水稻主产省的实证研究[J].农村经济,2013(11):24-28.

238. 杨志海,王雨濛.不同代际农民耕地质量保护行为研究——基于鄂豫两省829户农户的调研[J].农业技术经济,2015(10):48-56.

239. 杨智慧,路欣怡,孔祥斌,黄海潮,温良友.中国耕地刚性管制与弹性调控框架构建[J].中国土地科学,2021,35(6):11-19.

240. 姚成胜,黄琳,吕晞,段敏.基于能值理论的中国耕地利用集约度时空变化分析[J].农业工程学报,2014,30(8):1-12.

241. 叶浩,濮励杰.我国耕地利用效率的区域差异及其收敛性研究[J].自然资源学报,2011,26(9):1467-1474.

242. 殷志扬,程培堽,王艳,等.计划行为理论视角下农户土地流转意愿分析——基于江苏省3市15村303户的调查数据[J].湖南农业大学学报(社会科学版),2012,13(3):1-7.

243. 尹珂,肖轶.三峡库区消落带农户生态休耕经济补偿意愿及影响因素研究[J].地理科学,2015,35(9):1123-1129.

244. 尤佳,孙遇春,雷辉.中国新生代员工工作价值观代际差异实证研究[J].软科学,2013,27(6):83-88+93.

245. 于法稳,黄鑫.保障我国粮食生产综合能力的对策研究[J].中国国情国力,2020(5):12-14.

246. 于法稳.高质量推动农业面源污染治理[N].中国环境报,2021-04-06(003).

247. 于法稳.习近平绿色发展新思想与农业的绿色转型发展[J].中国农村观察,2016(5):2-9,94.

248. 于伟咏,漆雁斌,何悦,邓鑫.水稻灌溉用水效率和要素禀赋对化肥面源污染的影响——基于分位数回归的分析[J].农业环境科学学报,2017,36(7):1274-1284.

249. 于元赫,李子君. 山东省耕地利用集约度时空变化及政策启示 [J]. 中国土地科学, 2017, 31 (4): 52-60.

250. 俞振宁, 谭永忠, 练款, 等. 基于计划行为理论分析农户参与重金属污染耕地休耕治理行为 [J]. 农业工程学报, 2018, 34 (24): 266-273.

251. 俞振宁, 谭永忠, 茅铭芝等. 重金属污染耕地治理式休耕补偿政策: 农户选择实验及影响因素分析 [J]. 中国农村经济, 2018 (2): 109-125.

252. 俞振宁, 谭永忠, 吴次芳等. 基于兼业分化视角的农户耕地轮作休耕受偿意愿分析——以浙江省嘉善县为例 [J]. 中国土地科学, 2017, 31 (9): 43-51.

253. 俞振宁, 吴次芳, 沈孝强. 基于IAD延伸决策模型的农户耕地休养意愿研究 [J]. 自然资源学报, 2017, 32 (2): 198-209.

254. 俞振宁. 重金属污染耕地区农户参与治理式休耕行为研究 [D]. 浙江大学, 2019.

255. 喻锋, 李晓波, 王宏, 张丽君, 徐卫华, 符蓉. 基于能值分析和生态用地分类的中国生态系统生产总值核算研究 [J]. 生态学报, 2016, 36 (6): 1663-1675.

256. 袁宁. 农户对粮食直接补贴政策的评价研究——基于豫东平原地区的农户调查资料 [J]. 经济问题, 2013 (4): 75-78.

257. 岳远贺. 外部性理论探讨研究 [J]. 现代商业, 2016 (29): 62-63.

258. 张闯娟, 何洪鸣. 西南地区耕地复种指数的时空格局演变及影响因素 [J]. 干旱地区农业研究, 2020, 38 (3): 222-230.

259. 张光辉, 费宇红, 刘春华, 等. 华北平原灌溉用水强度与地下水承载力适应性状况 [J]. 农业工程学报, 2013, 29 (1): 1-10.

260. 张海鑫, 杨钢桥. 耕地细碎化及其对粮食生产技术效率的影响——基于超越对数随机前沿生产函数与农户微观数据 [J]. 资源科学, 2012, 34 (5): 903-910.

261. 张浩, 李世平, 靳亚亚, 杨伟洲. 河北省耕地利用效率空间差异及影响因素 [J]. 水土保持研究, 2016, 23 (3): 185-191.

262. 张辉, 白长虹, 李储凤. 消费者网络购物意向分析——理性行为理论与计划行为理论的比较 [J]. 软科学, 2011, 25 (9): 130~135.

263. 张慧芳, 吴宇哲, 何良将. 我国推行休耕制度的探讨 [J]. 浙江农业学报,2013,25(1):166-170.

264. 张琳,张凤荣,安萍莉,等. 不同经济发展水平下的耕地利用集约度及其变化规律比较研究[J]. 农业工程学报,2008,24(1):108-112.

265. 张眉. 条件价值评估法下公益林生态效益补偿研究——基于广州、福州、昆明三城市居民支付意愿的调查分析[D]. 福建农林大学,2011.

266. 张鸣鸣. 新型农业经营体系和农业现代化——"新型农业经营体系和农业现代化研讨会暨第九届全国农经网络大会"综述[J]. 中国农村经济,2013(12):84-88.

267. 张茜,屈鑫涛,魏晨. 粮食安全背景下的家庭农场"非粮化"研究——以河南省舞钢市21个家庭农场为个案[J]. 东南学术,2014(3):94-100+247.

268. 张倩,许泉,王全忠,等. 补贴政策与农户稻作制度选择——基于湖南省微观调研的证据[J]. 产业经济研究,2016(6):89-99.

269. 张清,黄千函,姜国同,谢毅,朱岳松. 农户休耕意愿及补贴标准研究——基于甘肃省会宁县农户的调查[J]. 新疆农垦经济,2021(2):33-42.

270. 张人权,梁杏,靳孟贵,等. 水文地质学基础[M]. 北京:地质出版社,2011.

271. 张伟,李爱农,雷光斌. 复种指数遥感监测研究进展[J]. 遥感技术与应用,2015,30(2):199-208.

272. 张卫萍. 退耕还林补偿政策与农户响应的关联分析——以冀西北地区为例[J]. 中国人口·资源与环境,2006(6):66-68.

273. 张新焕,杨德刚,王昌燕,等. 基于地块尺度的耕地集约利用与环境压力关系——以塔里木河流域780个地块为例[J]. 中国生态农业学报,2012,20(5):635-642.

274. 张晏维. 碳排放和农业面源污染约束下我国粮食主产区耕地利用效率研究[D]. 南昌:江西财经大学,2020.

275. 张圆刚,余向洋,程静静,等. 基于TPB和TSR模型构建的乡村旅游者行为意向研究[J]. 地理研究,2017,36(9):1725-1741.

276. 赵翠薇,王世杰. 生态补偿效益、标准——国际经验及对我国的启示[J]. 地理研究,2010,29(4):597-606.

277. 赵丹丹,周宏. 农户分化背景下种植结构变动研究——来自全国31

省农村固定观察点的证据 [J]. 资源科学, 2018, 40 (1): 64-73.

278. 赵桂慎, 王一超, 唐晓伟, 李彩恋, 吴文良. 基于能值生态足迹法的集约化农田生态系统可持续性评价 [J]. 农业工程学报, 2014, 30 (18): 159-167.

279. 赵其国, 滕应, 黄国勤. 中国探索实行耕地轮作休耕制度试点问题的战略思考 [J]. 生态环境学报, 2017, 26 (1): 1-5.

280. 赵一海. 人猪大战 [J]. 南方周末, 2010-9-23.

281. 赵永敢, 李玉义, 逢焕成等. 西南地区耕地复种指数变化特征和发展潜力分析 [J]. 农业工程学报, 2010, 31 (1): 100-104.

282. 中华人民共和国国民经济和社会发展第十四个五年规划和2035年远景目标纲要 [N]. 人民日报, 2021-03-13 (001).

283. 中央经济工作会议在北京举行 [J]. 共产党员, 2021 (2): 4-6.

284. 钟方雷, 徐中民, 李兴文. 美国生态补偿财政项目的理论与实践 [J]. 财会研究, 2009 (18): 12.

285. 钟甫宁, 陆五一, 徐志刚. 农村劳动力外出务工不利于粮食生产吗？——对农户要素替代与种植结构调整行为及约束条件的解析 [J]. 中国农村经济, 2016 (7): 36-47.

286. 钟甫宁. 正确认识粮食安全和农业劳动力成本问题 [J]. 农业经济问题, 2016, 37 (1): 4-9, 110.

287. 周宝炉. 基于生命周期的稀土外部性理论及应用 [D]. 北京: 北京科技大学, 2017.

288. 周慧, 文高辉, 胡贤辉. 基于TPB框架的心理认知对农户农业面源污染治理参与意愿的影响——兼论环境规制的调节效应 [J]. 世界农业, 2021 (3): 59-69.

289. 周应恒, 杨宗之. 生态价值视角下中国省域粮食绿色全要素生产率时空特征分析 [J/OL]. 中国生态农业学报 (中英文): 1-15 [2021-08-17]. http://gfffg98fd6ef2c90249f3snukc6nnf5u6p6xw5.fgfy.lerms.jxufe.edu.cn/10.13930/j.cnki.cjea.210106.

290. 周自恒. 坚决遏制耕地撂荒 全力保障粮食安全 [N]. 中国城乡金融报, 2021-02-03 (B01).

291. 朱会义, 孙明慧. 土地利用集约化研究的回顾与未来工作重点 [J]. 地理学报, 2014, 69 (9): 1346-1357.

292. 朱会义,李秀彬,辛良杰. 现阶段我国耕地利用集约度变化及其政策启示 [J]. 自然资源学报, 2007 (6): 907-915.

293. 朱隽. 莫让休耕的土地荒芜 [N]. 人民日报, 2016-07-31 (11).

294. 朱丽娟. 玉米新品种采用的农户响应行为及影响因素分析——基于黑龙江省农户调查数据 [J]. 中国农学通报, 2013, 23: 107-111.

295. 朱满德,张梦瑶,刘超. 农业机械化驱动了种植结构"趋粮化"吗 [J]. 世界农业, 2021 (2): 27-34, 44.

296. 朱启臻,杨汇泉. 谁在种地:对农业劳动力的调查与思考 [J]. 中国农业大学学报(社会科学版), 2011, 28 (1): 162-169.

297. 朱燕芳,文高辉,胡贤辉,方慧琳. 基于计划行为理论的耕地面源污染治理农户参与意愿研究——以湘阴县为例 [J]. 长江流域资源与环境, 2020, 29 (10): 2323-2333.

298. 诸培新,卜婷婷,吴正廷. 基于耕地综合价值的土地征收补偿标准研究 [J]. 中国人口·资源与环境, 2011, 21 (9): 32-37.

299. 邹健,龙花楼. 改革开放以来中国耕地利用与粮食生产安全格局变动研究 [J]. 自然资源学报, 2009, 24 (8): 1366-1377.

300. 祖健,郝晋珉,陈丽,张益宾,王娟,康丽婷,郭稷桁. 耕地数量、质量、生态三位一体保护内涵及路径探析 [J]. 中国农业大学学报, 2018, 23 (7): 84-95.

301. 左丽君,张增祥,董婷婷等. 耕地复种指数研究的国内外进展 [J]. 自然资源学报, 2009, 24 (3): 553-560.

302. 左喆瑜. 华北地下水超采区农户对现代节水灌溉技术的支付意愿——基于对山东省德州市宁津县的条件价值调查 [J]. 农业技术经济, 2016 (6): 32-46.

303. 曾黎,杨庆媛,廖俊儒,等. 基于农户受偿意愿的休耕补偿标准探讨——以河北样本户为例 [J]. 资源科学, 2018, 40 (7): 1375-1386.

304. Ajzen I., Driver B. L. 1992, Application of the theory of planned behavior to leisure choice. Journal of Leisure Research, 24 (3): 207-224.

305. Ajzen I. The Theory of Planned Behavior. Organizational Behavior and Human Decision Process, 1991, 50: 179-211.

306. Ajzen I. Attitudes, personality and behavior. Milton Keynes: Open Uni-

versity Press, 1988.

307. Allison H. E., Hobbs R. J. 2006. Resilience, adaptive and the "lock-in" trap of the Western Australian agricultural region. Ecol. Soc. 9, 38 - 46.

308. Amiri Z., Asgharipour M. R., Campbell D. E., et al. 2019. A sustainability analysis of two rapeseed farming ecosystems in Khorramabad, Iran, based on emergy and economic analyses. Journal of Cleaner Production. 226, 1051 - 1066. DOI: 10.1016/j.jclepro.2019.04.091.

309. Amiri Z., Asgharipour M. R., Campbell D. E., et al. 2020. Comparison of the sustainability of mechanized and traditional rapeseed production systems using an emergy-based production function: A case study in Lorestan Province, Iran. Journal of Cleaner Production, 258, 120891. DOI: 10.1016/j.jclepro.2020.120891.

310. André M. F. 1998. Depopulation land use change and landscape transformation in the French Massif Central. Ambio, 27 (4): 351 - 353.

311. Areal F. J., Jones P. J., Mortimer S. R. 2018. Measuring sustainable intensification: Combining composite indicators and efficiency analysis to account for positive externalities in cereal production. Land Use Policy, 75, 314 - 326. https://doi.org/10.1016/j.landusepol.2018.04.001.

312. Asgharipour M. R., Shahgholi H., Campbell D. E., et al. 2018. Comparison of the sustainability of bean production systems based on emergy and economic analyses. Environmental Monitoring and Assessment, 191 (1).

313. Atkinson L. M., Romsdahl R. J., Hill M. J. 2011. Future participationin the conservation reserve program in North Dakota. Great Plains Research, 21 (2): 203 - 214.

314. Aurélie W. M., Jéhane P., Blancheton J. P., et al. 2013. LCA and emergy accounting of aquaculture systems: Towards ecological intensification. Journal of Environmental Management, 121 (121C): 96 - 109.

315. Barling R. D., Moore I. D. 1994. Role of buffer strips in management of waterway pollution: A review. Environmental Management, 18 (4): 543 - 558.

316. Barros C. P., Managi S., Matousek R. 2012. The technical efficiency of the Japanese banks: non-radial directional performance measurement with undesirable output. Omega, 40 (1): 1 - 8.

317. Baulcombe D., Crute I., Davies B., et al. Reaping the Benefits: Science and the Sustainable Intensification of Global Agriculture. London, UK: The Royal Society. 2009.

318. Bezlepkina I., Reidsma P., Sieber S., et al. 2011. Integrated assessment of sustainability of agricultural systems and land use: Methods, tools and applications. Agricultural Systems, 104 (2): 100 – 109.

319. Bommarco R., Kleijn D., Potts S. G. 2013. Ecological intensification: Harnessing ecosystem services for food security. Trends in Ecology & Evolution, 28 (4): 230 – 238.

320. Bremer L. L., Farley K. A., Lopez-Carr D. 2014. What factors influence participation in payment for ecosystem services programs? An evaluation of Ecuador's Socio Páramo program. Land Use Policy, 36: 122 – 133.

321. Brookfield H. C. 1993. Notes on the theory of land management. PLEC News and Views, (1): 28 – 32.

322. Brown M. T., Herendeen R. A. 1996. Embodied energy analysis and emergy analysis: a comparative view. Ecological Economics, 19: 219 – 235.

323. Brown M. T., Ulgiati S. Emergy analysis and environmental accounting. Encyclopedia of Energy, 2004, 2: 329 – 354. https://doi.org/10.1016/B0 – 12 – 176480 – X/00242 – 4.

324. Bruce C., Stefano P., Joshua B., et al. 2003. Selling Forest Environmental Services: Market-based Mechanisms for Conservation and Development. Environmental & Resource Economics, 26 (3): 496 – 498.

325. Burton R. J. F. 2004. Reconceptualising the 'behavioral approach' in agricultural studies: a socio-psychological perspective. Journal of Rural Studies, 20 (3): 0 – 371.

326. Cai R., Bergstrom J. C., Mullen J. D., et al. A dynamic optimal crop rotation model in acreage response. Faculty, 2011 (4).

327. Cao Z., Dawson R. 2005. Modeling circulation function in agro-ecosystems. Ecological Modelling, 181 (4): 557 – 565.

328. Carolina P. C., Chris J. C., Vasco D., et al. 2021. Modelling agricultural land abandonment in a fine spatial resolution multi-level land-use model: An application for the EU. Environmental Modelling and Software, 136: 104 – 946.

329. Chadwick D. , WEI J. , Yan'an T. , et al. 2015. Improving manure nutrient management towards sustainable agricultural in-tensification in China. Agriculture, Ecosystems & Environment, 209: 34 - 46.

330. Chang H. H. , Chen Y. H. Are participators in the land retirement program likely to grow energy crops? Applied Energy, 88 (2011): 3183 - 3188.

331. Chang T. , Yang D. , Huo J. , et al. 2018. Evaluation of Oasis Sustainability Based on Emergy and Decomposition Analysis. Sustainability. 10, 1856. DOI: 10.3390/su10061856.

332. Chauchard S. , Carcaillet C. , Guibal F. 2007. Patterns of land-use abandonment control tree-recruitment and forest dynamics in Mediterranean mountains. Ecosystems 10: 936 - 948.

333. Chen Y. Q. , Li X. B. , Tian Y. J. 2019. Structural change of agricultural land use intensity and its regional disparity in China. Journal of Geographical Sciences, 19 (5): 545 - 556.

334. Chen Y. Q. , Li X. B. , Wang J. 2011. Changes and effecting factors of grain production in China. Chinese Geographical Science, 21 (6): 676 - 684.

335. Chen Z. , Huffman W. E. , Rozzle S. 2011. Inverse relationship between productivity and farm size: the case of China. Contemporary Economic Policy.

336. Chung Y. H. , Färe R. , Grosskopf S. 1997. Productivity and undesirable outputs: a directional distance function approach. Journal of environmental management, 51 (3): 229 - 240.

337. Clay Nathan. 2018. Seeking justice in Green Revolutions: Synergies and trade-offs between large-scale and smallholder agricultural intensification in Rwanda. Geoforum, 97: 352 - 362.

338. Cooper J. C. , Osborn T. The effect of rental rates on the extension of Conservation Reserve Program contracts. MPRA Paper, 1998, 80 (1): 184 - 194.

339. Corbelle R. E. , Crecente M. R. 2008. El abandono de tierras: concepto teóricoy consecuencias. Revista Galega de Economía, 17 (002), 16.

340. Council N. R. Toward Sustainable Agricultural Systems in the 21st Century. National Academies Press. 2010.

341. MacDonald. , Crabtree G. , Wiesinger T. , et al. 2000. Agricultural

abandonment in mountain areas of Europe: Environmental consequences and policy response. Journal of Environmental Management, 59, 47 – 69.

342. D'Aquino P. , Bah A. 2014. Multo-level participatory design of land use policies in African drylands: A method to embed adaptability skills of drylands soietyes in a policy framework. Journal of Environmental Management, 132: 207 – 219.

343. Daily G. C. Nature's Service: Societal Dependence on Natural Eco-systems. Washington DC: Island Press. 1997, 120 – 131.

344. David L. O. , Kurt B. W. , Robert B. R. , et al. 2016. Sustainable Intensification and Farmer Preferences for Crop System Attributes: Evidence from Malawi's Central and Southern Regions. World Development, 87: 139 – 151.

345. Debussche M. , Lepart J. , Dervieux A. 1999. Mediterranean landscape changes: evidence from old postcards. Glob. Ecol. Biogeogr, 8: 3 – 15.

346. Deininger K. , Jin S. 2009. Land rental markets in the process of rural structural transformation: Productivity and equity impacts in China. Journal of comparative economics, 37 (4): 629 – 646.

347. Dencker J. C. , Joshi A. , Martocchio J. J. 2008. Towards a theoretical framework linking generational memories to workplace attitudes and behaviors. Human Resource Management Review, 18 (3): 180 – 187.

348. Deng X. , Gibson J. 2019. Improving eco-efficiency for the sustainable agricultural production: A case study in Shandong, China. Technological Forecasting and Social Change. 144, 394 – 400. https://doi.org/10.1016/j.techfore.2018.01.027.

349. Devendra C. , Thomas D. 2002. Smallholder farming systems in Asia. Agricultural Systems, 71 (1 – 2): 17 – 25.

350. Donald L. , Vogelsang. , John O. D. 1963. A Method for Analyzing the Effects of Voluntary Land-Retirement Programs. Journal of Farm Economics, 45 (4): 789 – 796.

351. Dong X. B. , Yu B. H. , Brown M. T. , et al. 2014. Environmental and economic consequences of the over exploitation of natural capital and ecosystem services in Xilinguole League, China. Energy Policy. 67: 767 – 780.

352. Dosskey M. G. 2001. Toward Quantifying Water Pollution Abatement in

Response to Installing Buffers on Crop Land. Environmental Management, 28 (5): 577 -598.

353. Duesberg S. , Bogue P. , Renwick A. 2017. Retirement farming or sustainable growth land transfer choices for farmers without a successor. Land Use Policy, 61: 526 -535.

354. Edmunds J. 2010. Global generations: Social change in the twentieth century. British Journal of Sociology, 56 (4): 559 -577.

355. Egri C. P. , Ralston D. A. 2004. Generation cohorts and personal values: a comparison of China and the United States. Organization Science, 15 (2): 210 - 220.

356. Falco. , Di S. , Penov I. , et al. 2010. Agrobiodiversity farm profits and land fragmentation: Evidence from Bulgaria. Land Use Policy, 27 (3): 763 - 771.

357. Fang M. Z. , Yue D. P. , Zhang Q. B. , et al. 2017. Sustainability of Land Ecoeconomic System in Dengkou County Based on Emergy Analysis. Journal of Northwest Forestry University, 32 (4): 178 -185. DOI: 10. 3969/j. issn. 1001 - 7461. 2017. 04. 31. (In Chinese).

358. Fanke A. C. , Vand B. G. J. , Giller K. E. 2014. Which farmers benefit most from sustainable intensification? An ex-ante impact assessment of expanding grain legume production in Malawi. European Journal of Agronomy, 58: 28 -38.

359. FAO, 2006. The Role of Agriculture and Rural Development in Revitalizing Abandoned/Depopulated Areas. Tech. Rep. June, Food and Agriculture Organization of the United Nations, Riga. URL: http://www. fao. org/fileadmin/ user upload/Europe/documents/Publications/Abandoned en. pdf.

360. Färe R. , Grosskopf S. 2010. Directional distance functions and slacks-based measures of efficiency. European Journal of Operational Research, 200 (1): 320 -322.

361. Feather P. , Hellerstein D. , Hansen L R. Economic valuation of environmental benefits and the targeting of conservation programs: the case of the CRP. Social Science Electronic Publishing, 1999, 36 (15): 2445 -2453.

362. Fennessy M. S. , Cronk J. K. 1997. The effectiveness and restoration potential of riparian ecotones for the management of nonpoint source pollution, partic-

ularly nitrate. Critical Reviews in Environmental Control, 27 (4): 285 – 317.

363. Firbank L. G., Elliott J., Drake B., et al. 2013. Evidence of sustainable intensification among British farms. Agriculture Ecosystems & Environment. 173 (173): 58 – 65. https://doi.org/10.1016/j.agee.2013.04.010.

364. Fonseca A. M. P., Marques C. A. F., Pinto-Correia T., et al. 2019. Emergy evaluation for decision-making in complex multifunctional farming systems. Agricultural Systems, 171: 1 – 12. DOI: 10.1016/j.agsy.2018.12.009.

365. Forest Trends and The Katoomba Group, UNEP. Paymens forecosystem services getting started: A primer, 2008 [EB/OL]. http://www.katoombagroup.org/documents/publications/Getting Started.pdf, 2011 – 04 – 10.

366. Franks., Jeremy R. 2014. Sustainable intensification: A UK perspective. Food Policy, 47: 71 – 80.

367. Fraser I., Waschik R. 2005. Agricultural Land Retirement and Slippage: Lessons from an Australian Case Study. Land Economics, 81 (2): 206 – 226.

368. Frolking S., Jagadeesh B. Y., Douglas E. 2006. New district-level maps of rice cropping in India: A foundation for scientific input into policy assessment. Field Crops Research, 98: 164 – 177.

369. Fukuyama H., Weber W. L. 2009. A directional slacks-based measure of technical inefficiency. Socio-Economic Planning Sciences, 43 (4): 274 – 287.

370. Fukuyama H., Weber W. L. 2010. A slacks-based inefficiency measure for a two-stage system with bad outputs. Omega, 38 (5): 398 – 409.

371. Fukuyama H., Yoshida Y., Managi S. 2011. Modal choice between air and rail: a social efficiency benchmarking analysis that considers CO_2 emissions. Environmental Economics and Policy Studies, 13 (2): 89 – 102.

372. Gadanakis Y., Bennett R., Park J., et al. 2015. Evaluating the Sustainable Intensification of arable farms. Journal of Environmental Management, 150: 288 – 298.

373. García-Ruiz J. M., Lana-Renault N. 2011. Hydrological and erosive consequences of farmland abandonment in Europe, with special reference to the Mediterranean region—a review. Agriculture Ecosystems & Environment, 140: 317 – 338.

374. Garnett T., Appleby M. C., Balmford A. 2013. Sustainable intensifica-

tion in agriculture: Premises and policies. Science, 341 (6141): 33 – 34. DOI: 10. 1126/science. 1234485.

375. Gibon A., Sibbald A. R., Flamant J. C., et al. 1999. Livestock farming systems research in Europe and its potential contribution for managing towards sustainability in livestock farming. Livestock Production Science, 61 (2 – 3): 121 – 137.

376. Giupponi C., Rosato P. 1999. Agricultural land use changes and water quality: A case study in the watershed of the Lagoon of Venice. Water Science & Technology, 39 (3): 135 – 148.

377. Glass A. 2007. Understanding generational differences for competitive success. Industrial Commercial Training, 39 (2): 98 – 103.

378. Godfray H. C. J., Beddington J. R., Crute I. R., et al. 2010. Food Security: The Challenge of Feeding 9 Billion People. Science, 327 (5967): 812 – 818.

379. Godfray H. C. J. 2015. The debate over sustainable intensification. Food Security, 7 (2): 1 – 10.

380. Gordon C., Katy W. One Billion Hungry: Can We Feed the World? Beijing: Publishing House of Electronics Industry, 2014, 113 – 135.

381. Greene W. H. Econometric Analysis. Prentice Hall. New Jersey. 2003.

382. Gursoy D., Chi C. G. Q., Karadag E. 2013. Generational differences in work values and attitudes among frontline and service contact employees. International Journal of Hospitality Management, 32: 40 – 48.

383. Hallström E., Carlsson-Kanyama A., Börjesson P. 2015. Environmental impact of dietary change: a systematic review. Journal of Cleaner Production, 91: 1 – 11.

384. He C., Liu Z., Xu M., et al. 2017. Urban expansion brought stress to food security in China: Evidence from decreased cropland net primary productivity. Science of the Total Environment, 576 (1): 660 – 670. https://doi.org/10. 1016/j. scitotenv. 2016. 10. 107.

385. Hu W., Hu Y., Hu Z., et al. 2019. Emergy-based sustainability evaluation of China's marine eco-economic system during 2006 – 2015. Ocean & Coastal Management, 179, 104811. https://doi.org/10. 1016/j. ocecoaman. 2019. 05. 013.

386. Xie H. L. , Chen Q. R. , He Y. F. , et al. 2018. Analyzing the green efficiency of arable land use in China. Technological Forecasting and Social Change, 133: 15 - 28.

387. Ibendahl G. A. 2004. Risk-Adjusted Comparison of Conservation Reserve Program Payments Versus Production Payments for a Corn-Soybean Farmer. Journal of Agricultural & Applied Economics, 36 (2): 425 - 434.

388. Kassie M. , Teklewold H. , Jaleta M. , et al. 2015. Understanding the adoption of a portfolio of sustainable intensification practices in eastern and southern Africa. Land Use Policy, 42: 400 - 411.

389. Kates R. W. , Hyden G. , Terner B. L. Population Growth and Agricultural Change in Africa. Florida: University Press of Florida. 1993.

390. Khan S. , Cao Q. , Zheng Y. M. , et al. 2008. Health risks of heavy metals in contaminated soils and food crops irrigated with wastewater in Beijing, China. Environmental Pollution, 152 (3): 600 - 692.

391. Khanna M. , Yang W. , Farnsworth R. , et al. 2003. Cost-Effective Targeting of Land Retirement to Improve Water Quality with Endogenous Sediment Deposition Coefficients. American Journal of Agricultural Economics, 85 (3): 538 - 553.

392. Kong X. 2014. China must protect high-quality arable land. Nature, 506 (7486): 7.

393. Kuang B. , Lu X. , Zhou M. , et al. 2020. Provincial cultivated land use efficiency in China: Empirical analysis based on the SBM-DEA model with carbon emissions considered. Technological Forecasting and Social Change, 151: 119874.

394. Kuosmanen T. , Kortelainen M. 2005. Measuring Eco-efficiency of Production with Data Envelopment Analysis. Journal of Industrial Ecology, 9 (4): 14.

395. Kuyper T. W. , Struik P. C. 2014. Epilogue: global food security, rhetoric, and the sustainable intensification debate. Current Opinion in Environmental Sustainability, 8: 71 - 79.

396. Lan S. F. , Qin P. , Lu H. F. Emergy analysis of eco-economic system. Beijing: Chemical Industry Press. 2002. (In Chinese).

397. Lasanta T. J. , Arnáez. , Pascual N. , et al. 2017. Space-time process and drivers of land abandonment in Europe. Catena, 149: 810 - 823.

398. Lasanta T. , Laguna M. 2007. Effects of European Common Agricultural Policy and Regional Policy on the socioeconomic development of the Central Pyrenees, Spain. Mountainresearch and development, 27 (2): 130 – 137.

399. Latruffe L. , Piet L. 2014. Does land fragmentation affect farm performance? A case study from Brittany, France. Agricultural Systems, 129: 68 – 80.

400. Layard R. , Mincer J. 1985. Trends in women's work, education, and family building. Journal of Labour Economics, 3 (1): 351 – 396.

401. Lee D. R. , Barrett C. B. , Hazell P. , et al. 2001. Assessing tradeoffs and synergies among agricultural intensification, economic development and environmental goals: conclusions and implications for policy. DOI: 10. 1079/978085 1994352. 0451.

402. Lee Y. C. , Huang S. L. 2018. Spatial emergy analysis of agricultural landscape change: Does fragmentation matter? Ecological Indicators, 93: 975 – 985.

403. Lei K. , Liu L. , Hu D. , et al. 2016. Mass, energy, and emergy analysis of the metabolism of Macao. Journal of Cleaner Production, 114: 160 – 170.

404. Li X. B. , Wang X. H. 2003. Changes in agricultural land use in China: 1981 – 2000. Asian Geographer, 22 (1/2): 27 – 42.

405. Li X. , Cai Y. , Zhu D. , et al. 2006. Agricultural land loss in China's urbanization process. Ecological Economy, 2 (1): 32 – 41.

406. Li H. , He J. , Bharucha Z. P. , et al. 2016. Improving China's foodand environmental security with conservation agriculture. International Journal of Agricultural Sustainability, 14 (4): 377 – 391. https: //doi. org/10. 1080/14735903. 2016. 1170330.

407. Liao C. , Brown D. G. 2018. Assessments of synergistic outcomes from sustainable intensification of agriculture need to include smallholder livelihoods with food production and ecosystem services. Current Opinion in Environmental Sustainability, 32: 53 – 59.

408. Lienhoop N. , Brouwer R. 2015. Agri-Environmental Policy Valuation: Farmers' Contract design preferences for afforestation schemes. Land Use Policy, 42: 568 – 577.

409. Lieskovský J. , Bezák P. , Špulervá J. , et al. 2015. The abandonment

of traditional agricultural landscape in Slovakia-Analysis of extent and driving forces. Journal of Rural Studies, 37: 75 - 84.

410. Lin G. C. S., Ho S. P. S. 2003. China's land resources and land-use change: Insights from the 1996 land survey. Land Use Policy, 20 (2): 87 - 107.

411. Liu R. Q., Yu C., Jiang J., et al. 2020. Farmer differentiation, generational differences and farmers' behaviors to withdraw from rural homesteads: Evidence fromChengdu, China. Habitat International, 103, 102231.

412. Lohr L., Park T. A. 1995. Utility-Consistent Discrete-Continuous Choices in Soil Conservation. Land Economics, 71 (4): 474 - 490.

413. Long H., Zou J. 2010. Grain production driven by variations in farm land use in China: An analysis of security patterns. Journal of Resources and Ecology, 1 (1): 60 - 67.

414. Louhichi K., Kanellopoulos A., Janssen S., et al. 2010. FSSIM. A Bio-economic farm model for simulating response of EU farming systems to agricultural and environmental policies. Agricultural Systems, 103 (8): 585 - 597.

415. Lu Y. L., Chadwick D., Norse D., et al. 2015. Sustainable intensification of China's agriculture: The key role of nutrient management and climate change mitigation and adaptation. Agriculture, Ecosystems & Environment, 209: 1 - 4.

416. Lu H. F., Campbell D. E. 2009. Ecological and economic dynamics of theShunde agricultural system under China's small city development strategy. Journal of Environmental Management, 90 (8): 2589 - 2600. https://doi.org/10.1016/j.jenvman.2009.01.019.

417. Luo B., Li J. B., Huang G. H., et al. 2006. A simulation-based interval two-stage stochastic model for agricultural nonpoint source pollution control through land retirement. Science of The Total Environment, 361: 38 - 56.

418. Lyons S., Kuron L. 2014. Generational differences in the workplace: a review of the evidence and directions for future research. Journal of Organizational Behavior, 35.

419. Ma S., Swinton S. M., Lupi F., et al. 2012. Farmers' willingness to participate in payment-for-environmental Oservices programmes. Journal of Agricultural Economics, 63 (3): 604 - 626.

420. Mahlberg B. , Sahoo B. K. 2011. Radial and non-radial decompositions of Luenberger productivity indicator with an illustrative application. International Journal of Production Economics, 131 (2): 721 -726.

421. Mahon N. , Crute I. , Di B. M. , et al. 2018. Towards a broad-based and holistic framework of Sustainable Intensification indicators. Land Use Policy, 77: 576 -597.

422. Mannheim K. The problem of generations. London: Routledge. 1952.

423. Marc O. R, Osborn. , Kazim K. 1994. Land Retirement as a Tool for Reducing Agricultural Nonpoint Source Pollution. Land Economics, 70 (1): 77 - 87.

424. Mark G. 1985. Economic Action and Social Structure: The Problem of Embeddedness. American Journal of Sociology, 91 (3): 481 -510.

425. McCombie. , Dixon R. 1991. Estimating technical change in aggregate production functions: a critique. International Review of Applied Economics, 5: 24 -46.

426. Mccun N. M. , González Y. R. , Alcántara E. A. , et al. 2011. Global Questions, Local Answers: Soil Management and Sustainable Intensification in Diverse Socioeconomic Contexts of Cuba. Journal of Sustainable Agriculture, 35 (6): 650 -670. DOI: 10. 1080/10440046. 2011. 586595.

427. Moonilall N. I. , Homenauth O. , Lal R. 2020. Emergy analysis for maize fields under different amendment applications in Guyana. Journal of Cleaner Production, 258, 120761.

428. Moravec J. , Zemeckis R. Cross compliance and land abandonment. London: Institute of European Environmental Policy, 2007, 191 -195.

429. Ndiritu S. W. , Kassie M. , Shiferaw B. 2014. Are there systematic gender differences in the adoption of sustainable agricultural intensification practices? Evidence from Kenya. Food Policy, 49: 117 -127.

430. Netting R. M. Smallholders, Householders: Farm Families and the Ecology of Intensive, Sustainable Agriculture. California: Stanford University Press. 1993.

431. Newell R. G. , Anderson S. 2003. Simplified Marginal Effects in Discete Choice Models, Economics Letters, 81 (3): 321 -326.

432. Niroula G. S., Thapa G. B. 2005. Impacts and causes of land fragmentation, and lessons learned from land consolidation in South Asia, Land Use Policy, 22 (4): 358 – 372.

433. Noble S. M., Schewe C. D. 2003. Cohort segmentation: an exploration of its validity. Journal of Business Research, 56 (12): 979 – 987.

434. Nowicki P. L., Kneirim A., Banse M. A. H., et al. 2007. Scenar 2020: Scenariostudy on agriculture and the rural world. Contract No. 30 – CE – 0040087/00 – 08 for Directorate-General Agriculture and Rural Development.

435. O'Bannon G. 2001. Managing our future: the generation X factor. Public Personnel Management, 30 (1): 95 – 109.

436. Odum H. T., Odum E. C. Energy basis of man and nature. New York: McGraw-Hill. 1981.

437. Odum H. T. Ecological and General System. Colorado: University of Colorado Press. 1994.

438. Odum H. T. Environmental Accounting: Emergy and Environmental Decision Making. New York: John Wiley & Sons. 1996: 20 – 50.

439. Odum H. T. 1987. Living with complexity. In: Crafoord Prize in the Biosciences, Crafoord Lectures. Stockholm: Royal Swedish Academy of Sciences, 19 – 85.

440. Odum H. T. 1983. Self-organization, transformity and information. Science, 1132 – 1139.

441. Odum H. T., Brown M. T., Brandt-Williams S. L. 2000. Introduction and Global Budget, Handbook of Emergy Evaluation, first ed. University of Florida, Gainesville Center for Environmental Policy, USA, 1 – 17.

442. Odum H. T., Odum E. P. 2000. The energetic basis for valuation of ecosystem services. Ecosystems, 3 (1): 21 – 23. https://doi.org/10.1007/s100210000005.

443. Suson P. D., Suson J. I., Amparado R., et al. 2020. Biomass generation of the hedgerow and open fallow systems and their implication to length of the fallow period. IOP Conference Series: Earth and Environmental Science, 528 (1).

444. Matson P. A., et al. 1997. Agricultural Intensification and Ecosystem

Properties. Science, 277 (5325): 504 - 509.

445. Parry E., Urwin P. 2011. Generational differences in work values: A review of theory and evidence. International Journal of Management Reviews, 13 (1): 79 - 96.

446. Patrick M., Florian S., Alexander V. P., et al. 2016. Drivers, constraints and trade - offs associated with recultivating abandoned cropland in Russia, Ukraine and Kazakhstan. Global Environmental Change, 37: 1 - 15.

447. Paul A., David. 1985. Clio and the Economics of Qwerty. The American Economic Review, 75 (2): 332 - 337.

448. Petersen B., Snapp S. 2015. What is sustainable intensification? Views from experts. Land Use Policy, 46: 1 - 10.

449. Pointereau P., Coulon F., Girard P., et al. 2008. Analysis of farmland abandonment and the extent and location of agricultural areas that are actually abandoned or are in risk to be abandoned. JRC Scientific and Technical Reports, EUR 23411 EN (http://publicationsjrceceuropaeu/repository/handle/111111111/166).

450. Pretty J. N. The sustainable intensification of agriculture. Natural Resources Forum. Oxford: Blackwell Publishing Ltd. 1997.

451. Pretty J. 2008. Agricultural Sustainability: Concepts, Principles and Evidence. Philosophical Transactions: Biological Sciences, 363 (1491): 447 - 465.

452. Pretty J., Bharucha Z. P. 2014. Sustainable intensification in agricultural systems. Annals of botany, 114 (8): 1571 - 1596. DOI: 10.1093/aob/mcu205.

453. Pueyo Y., Beguerua S. 2007. Modelling the rate of secondary succession after farmland abandonment in a Mediterranean mountain area. Landscape and Urban Planning, 83 (4): 245 - 254.

454. Rahman S., Rahman M. 2009. Impact of land fragmentation and resource ownership on productivity and efficiency: The case of rice producers in Bangladesh. Land Use Policy, 26 (1): 95 - 103.

455. Reichelderfer K., Boggess W. G. 1988. Government Decision Making and Program Performance: The Case of the Conservation Reserve Program. American Journal of Agricultural Economics, 70 (1): 1 - 11.

456. Reimer A. P., Gramig B. M., Prokopy L. S. 2013. Farmers and conser-

vation programs: explaining differences in Environmental Quality Incentives Program applications between states. Journal of Soil and Water Conservation, 68 (2): 110 - 119.

457. Reimer A., Prokopy L. 2014. One federal policy, four different policy contexts: an examination of agri-environmental policy implementation in the Midwestern united states. Land Use Policy, 38: 605 - 614.

458. Rey B. J. M., Martins A., Nicolau J. M., et al. 2007. Abandonment of agricultural land: an overview of drivers and consequences. Cab Reviews Perspectives in Agriculture Veterinary Science Nutrition & Natural Resources, 2 (57), 14 pp.

459. Robinson L. W., Ericksen P. J., Chesterman S., et al. 2015. Sustainable intensification in drylands: What resilience and vulnerability can tell us. Agricultural Systems, 135: 133 - 140.

460. Rodrigues G. S., Rodrigues I. A., Cláudio., et al. 2010. Integrated farm sustainability assessment for the environmental management of rural activities. Environmental Impact Assessment Review, 30 (4): 229 - 239.

461. Romero-Calcerrada R., Perry G. L. W. 2004. The role of land abandonment in landscape dynamics in the SPA' Encinares del ríoAlberchey Cofio, Central Spain, 1984 - 1999. Landscape and Urban Planning, 66 (4): 217 - 232.

462. Rounsevell M. D. A., Regmster L., Araujo M. B., et al. 2006. A coherent set of future land use change scenarios for Europe. Agriculture Ecosystems & Environment, 114: 57 - 68.

463. Ruben R., Kruseman G., Kuyvenhoven A. 2010. Strategies for sustainable intensification in East African highlands: labor use and input efficiency. Agricultural Economics, 34 (2): 167 - 181.

464. Ruerd R., Lee D. 2000. Combining internal and external inputs for sustainable intensification. Vision Briefs, 65.

465. Sánchez-Escobar F., Coq-Huelva D., Sanz-Cañada J. 2018. Measurement of sustainable intensification by the integrated analysis of energy and economic flows: Case study of the olive-oil agricultural system of Estepa, Spain. Journal of Cleaner Production, 201: 463 - 470.

466. Sang N., Dramstad W. E., Bryn A., et al. 2014. Regionality in Norwegian farmland abandonment: Inferences from production data. Applied Geogra-

phy, 55: 238 - 247.

467. Scherer L. A. , Verburg P. H. , Schulp C. J. E. 2018. Opportunities for sustainable intensification in European agriculture. Global Environmental Change, 48: 43 - 55.

468. Schmid E. , Sinabell F. 2007. On the choice of farm management practices after the reform of the Commong Agricultural Policy in 2003. Journal of Environmental Management, 82 (3SI): 332 - 340.

469. Schuman H. , Rodgers W. 2004. Cohorts, chronology and collective memories. Public Opinion Quarterly, (68): 217 - 254.

470. Shang F. , Ren S. , Yang P. , et al. 2015. Effects of different fertilizer and irrigation water types, and dissolved organic matter on soil C and N mineralization in crop rotation farmland. Water Air & Soil Pollution, 226 (12): 396.

471. Shriar A. J. 2000. Agricultural intensity and its measurement in frontier regions. Agroforestry Systems, 49 (3): 301 - 318.

472. Siebert R. , Berger G. , Lorenz J. , et al. 2010. Assessing German farmers' attitudes regarding nature conservation set-aside in regions dominated by arable farming. Journal for Nature Conservation, 18 (4): 327 - 337.

473. Silber R. , Wytrzens H. 2006. Modelling the probability of land abandonment at parcel level. Journal of the Austrian Society of Agricultural Economics, 15: 55 - 63.

474. Sineiro G. F. , López I. E. , Lorenzana R. , et al. 2004. La tipología de las explotaciones en función de su viabilidad económica y demográfica; aplicación a las explotaciones de bovino en Galicia. Economía Agrariay Recursos Naturales, 4 (8): 63 - 85.

475. Sitterley J. H. , Khanna M. , Roe B. E. , et al. 1944. Some Factors Affecting the Rate of Retirement of Farms in the Submarginal Land Area of Ohio. Journal of Farm Economics, 26 (4): 737 - 753.

476. Sklenicka P. , Janovska V. , Salek M. , et al. 2014. The Farmland Rental Paradox: Extreme land ownership fragmentation as a new form of land degradation, Land Use Policy, 38: 587 - 593.

477. Smith A. , Snapp S. , Chikowo R. , et al. 2017. Measuring sustainable intensification in smallholder agroecosystems: A review. Global Food Security, 12:

127 – 138.

478. Smith P. , House J. , Bustamante M. , et al. 2016. Global change pressures on soils from land use and management. Global Change Biology, 22 (3): 1008 – 1028.

479. Smith R. B. 1995. The Conservation Reserve Program as a Least-Cost Land Retirement Mechanism. American Journal of Agricultural Economics, 77 (1): 93 – 105.

480. Snapp S. S. , Grabowski P. , Chikowo R. , et al. 2018. Maize yield and profitability tradeoffs with social, human and environmental performance: Is sustainable intensification feasible? Agricultural Systems, 162: 77 – 88.

481. Stachetti R. G. , Roberto M. C. , De Barros Inácio. 2018. Sustainability assessment of ecological intensification practices in coconut production. Agricultural Systems, 165: 71 – 84.

482. Strijker D. , 2005. Marginal lands in Europe—causes of decline. Basic And Applied Ecology, 6: 99-106.

483. Taillefumier F. , Piégay H. 2003. Contemporary land use changes in Prealpine Mediterranean mountains. A multivariate GIS-based approach applied to two municipalities in the Southern French Prealps. Catena, 51: 267 – 296.

484. Tan R. , Wang R. , Sedlin T. 2014. Land-development offset policies in the quest for sustainability: what can China learn from Germany? Sustainability, 6 (6): 3400 – 3430.

485. Tan S. , Heerink N. , Kuyvenhoven A. , et al. 2010. Impact of land fragmentation on rice producers' technical efficiency in South-East China. NJAS-Wageningen Journal of Life Sciences, 57 (2): 117 – 123.

486. Tennent R. , Lockie S. 2013. Vale Landcare: The rise and decline of community-based natural resource management in rural Australia. Journal of Environmental Planning and Management, 56 (4): 572 – 587.

487. Theil H. Economics and Information Theory. Amsterdam: North Holland. 1967.

488. Tilman D. C. B. , Jason H. , Belinda L. B. 2011. Global food demand and the sustainable intensification of agriculture. Proceedings of the National Academy of Sciences of the United States of America, 108 (50): 20260 – 20264. DOI:

10. 1073/pnas. 1116437108.

489. Ting Y. , Xiang P. A. 2016. Emergy analysis of paddy farming in Hunan Province, China: A new perspective on sustainable development of agriculture. Journal of Integrative Agriculture, 15 (10): 2426 – 2436. DOI: 10. 1016/ S2095 – 3119 (16) 61375 – 8.

490. Tone K. A. 2002. Slacks-based measure of super-efficiency in data envelopment analysis. European Journal of Operational Research, 143 (1): 32 – 41.

491. Trewavas A. 2002. Malthus foiled again and again. Nature, 418: 668 – 670.

492. Van B. E. M. , Lammerts V. B. E. T. , Van D. Z. A. J. 2014. Understanding wicked problems and organized irresponsibility: challenges for governing the sustainable intensification of chicken meat production. Current Opinion in Environmental Sustainability, 8: 1 – 14.

493. Verburg P. H. , Van Berkel D. B. , Van Doorn A. M. , et al. 2007. Trajectories of land use change in Europe: a model – based exploration of rural futures. Landscape Ecology, 25 (2): 217 – 232.

494. Walford N. 2002. Agricultural adjustment: adoption of an adaptation to policy reform by large-scale commercial farmers. Land Use Policy, 19: 243 – 257.

495. Wang X. L. , Tan K. M. , Chen Y. Q. , et al. 2018. Emergy-based analysis of grainproduction and trade in China during 2000 – 2015. Journal of Cleaner Production, 193: 59 – 71. https: //doi. org/10. 1016/j. jclepro. 2018. 05. 072.

496. Wezel A. , Soboksa G. , McClelland S. , et al. 2015. The blurred boundaries of ecological, sustainable, and agroecological intensification: a review. Agronomy for Sustainable Development. 35: 1283 – 1295. https: //doi. org/10. 1007/s13593 – 015 – 0333 – y.

497. Wu J. J. 2005. Slippage Effects of the Conservation Reserve Program: Reply. American Journal of Agricultural Economics, 87 (1): 251 – 254.

498. Xie H. L. , Wang W. , Zhang X. M. 2018. Evolutionary game and simulation of management strategies of fallow cultivated land: A case study in Hunan province, China. Land Use Policy, 71: 86 – 97.

499. Xie H. L. , Liu G. Y. 2015. Spatiotemporal differences and influencing factors of multiple cropping index in China during 1998 – 2012. Journal of Geograph-

ical Sciences, 25 (11): 1283 - 1297.

500. Xie X. L., Xie H. L., Shu C., et al. 2017. Estimation of ecological compensation standards for fallow heavy metal-polluted farmland in China based on farmer willingness to accept. Sustainability, 9 (10): 1859.

501. Xie H. L., Chen Q. R., Wang W., et al. 2018. Analyzing the green efficiency of arable land use in china. Technological Forecasting and Social Change, 133: 15 - 28. S0040162517317390.

502. Xie H. L., He Y. F., Zou J. L., et al. 2016. Spatio-temporal differences of cultivated land use intensity based on emergy analysis in Poyang Lake eco-economic zone. Journal of Geographical Sciences, 26 (10): 1412 - 1430. DOI: 10. 1007/s11442 - 016 - 1335 - 7.

503. Xie H. L., Huang Y. Q., Chen Q. R., et al. 2019. Prospects for Agricultural Sustainable Intensification: A Review of Research. Land, 8 (11): 157.

504. Xu D. D., Deng X., Guo S. L., et al. 2019. Labor migration and farmland abandonment in rural China: Empirical results and policy implications. Journal of Environmental Management, 232: 738 - 750.

505. Xu D. D., Guo S. L., Xie F. T., et al. 2017. The impact of rural laborer migration and household structure on household land use arrangements in mountainous areas of Sichuan Province, China. Habitat International, 70: 72 - 80.

506. Yamashita K. 2015. Japanese agriculture trade polity and sustainable development. International centre for trade and sustainable development, (56): 36 - 46.

507. Yami M., Van A. P. 2017. Policy support for sustainable crop intensification in Eastern Africa. Journal of Rural Studies, 55: 216 - 226.

508. Yan J. Z., Yang Z. Y., Li Z. H., et al. 2016. Drivers of cropland abandonment in mountainous areas: A household decision model on farming scale in Southwest China. Land Use Policy, 57: 459 - 469.

509. Yang H. X. 2018. Agriculture and Food. Ruijin Yearbook. Hongkong: China Culture Publishing House. 241.

510. Yang J., Lin Y. 2019. Spatiotemporal evolution and driving factors of fertilizer reduction control in Zhejiang Province. Science of The Total Environment, 660: 650 - 659.

511. Yao Z. Y. , Zhang L. J. , Tang S. H. , et al. 2017. The basic characteristics and spatial patterns of global cultivated land change since the 1980s. Journal of Geographical Sciences, 27 (7): 771 - 785.

512. Yu L. L. , Cai Y. Y. 2015. Performance Evaluation and Obstacle Indicator Diagnoses of Economic Compensation for Farmland Protection Policy Based on Farmers' Satisfaction. Journal of Natural Resources, 30 (7): 1092 - 1103.

513. Yu F. , Li X. B. , Wang H. , et al. 2016. Accounting of Gross Ecosystem Product based on emergy analysis and ecological land classification in China. Acta Ecologica Sinica, 36 (6): 1663 - 1675. https: //doi. org/10. 5846/.

514. Yue Q. , Xu X. , Hillier J. , et al. 2017. Mitigating greenhouse gas emissions in agriculture: From farm production to food consumption. Journal of Cleaner Production, 149: 1011 - 1019. https: //doi. org/10. 1080/14735903. 2016. 1170330.

515. Zhang Y. , Li X. B. , Song W. 2014. Determinants of cropland abandonment at the parcel, household and village levels in mountain areas of China: A multi-level analysis. Land Use Policy, 41: 186 - 192.

516. Zhang B. , Jin P. , Qiao H. , et al. 2019. Exergy analysis of Chinese agriculture. Ecological Indicators, 105: 279 - 291.

517. Zhang Q. B. , Yue D. P. , Fang M. Z. , et al. 2018. Study on sustainability of land resources in Dengkou County based on emergy analysis. Journal of Cleaner Production, 171: 580 - 591. https: //doi. org/10. 1016/j. jclepro. 2017. 09. 275.

518. Zhu H. Y. , Li X. B. , Xin L. J. 2007. Intensity change in cultivated land use in China and its policy implications. Journal of Natural Resources, 22 (6): 907 - 915.

519. Zhu Y. L. , Lin M. J. , Long Y. Z. , et al. 2012. Structure, function, and efficiency of agro-ecosystem around Dongting Lake region of Hunan Province, South-central China based on emergy analysis. Chinese Journal of Ecology, 31 (12): 3086 - 3093.

520. Zuo L. , Zhang Z. , Carlson K. M. , et al. 2018. Progress towards sustainable intensification in China challenged by land-use change. Nature Sustainability, 1 (6): 304 - 313.